알렉산드르 세르계예비치 푸시킨 詩

Стихотворения Александра
Сергеевича Пушкина
(1799~1837)

알렉산드르 세르계예비치 푸시킨 詩

Стихотворения Александра
Сергеевича Пушкина
(1799~1837)

서 상 국

단국대학교출판부

서 문

19세기 러시아 시의 황금기를 대표하는 푸시킨의 시 분석 책을 세상에 내 놓는다. 푸시킨은 시에서 뿐만 아니라 러시아 문학 전반에 걸쳐 19세기를 대표한다. 산문과 희곡 및 서한 역시 푸시킨의 문학을 이루는 중요한 장르이며 당대 최고의 걸작으로 꼽힌다. 그러기에 푸시킨을 러시아 국민문학의 아버지라고 부른다. 확대 해석하자면 러시아 문학에서 아버지의 위치를 당당하게 차지하고 있는 푸시킨이야말로 이후 러시아 문학 모두에게 아버지로서의 위상을 자랑하고 있다.

푸시킨의 시를 번역한 책은 국내에서 여러 번 출판되었다. 특히 석영중의 『뿌쉬낀』은 국내 번역본 중 최대 및 최고라고 감히 평할 수 있다. 이러한 훌륭한 번역본이 있음에도 불구하고 이 책을 내는 이유는 간단하다. 이 책은 단순 번역이 아니다. 저자가 선별한 푸시킨의 시를 본문 분석을 통하여 상세하게 해설한 연구서이기 때문이다.

이 책은 푸시킨의 생애를 간략하게 소개하고 있다. 그 이후에는 시 15편에 대한 철저한 본문 분석을 하고 있다. 이 책에는 각주가 거의 없다. 참고 문헌도 거의 없다. 왜냐하면 선별한 시에 대해 저자가 하고 있는 본문 분석이 이 책의 근간이기 때문이다.

외국인이 러시아어를 학습하는 것이 대단히 어려운 일이라고 인식하고 있는 것이 보편적이다. 그러나 푸시킨의 시 한 수를 읊을 수 있다면 그 어려움은 보상을 받고도 남는다는 것 역시 보편적 인식이다. 따라서 독자들께서 러시아어 학습의 지난함을 가볍게 해결하시고 이 책을 통해 러시아어의 진수를 맛볼 뿐만 아니라 푸시킨의 시를 감상하실 수 있기를 간절히 바란다.

몇몇 분들께 감사 말씀 드리는 것을 잊을 수 없다. 우선 우리 대학에 재직하고 계시는 옐레나 필리모노바 교수님께 감사드린다. 강세 위치며 초상화 수집 등 다방면에서 도움을 주셨다. 그리고 대전대학교에 재직 중이신 필자의 은사님 라파일 고즈직 교수님께 감사드린다. 시를 분석함에 있어 언제고 전화로 또는 직접 찾아뵙고 도움 말씀을 구할 수 있었다. 한결같은 사랑으로 내조를 아끼지 않는 아내와 무한한 미래를 열어가면서도 세심한 배려를 해 주는 아들 어진에게 감사드린다. 졸고를 그토록 꼼꼼하게 읽어주시고 제언을 해 주신 최정현 박사님, 윤새라 교수님, 석영중 교수님께 감사드린다. 수많은 어려움에도 불구하고 출판을 허락해 주시고 모든 귀찮은 일을 다 처리해 주신 단국대학교출판부 관계 제위께 무한한 감사를 드린다.

2010년 1월 護岩 서상국

목 차

일러두기

1. 이 책에서 다루고 있는 시의 배열은 푸시킨이 발표한 연대별로 1810년대 시에서부터 생애 마감 1년 전에 쓴 시 순서다. 처음에는 주제별로 배열하여 연대를 무시하려는 계획도 가지고 있었으나 어떤 시의 경우에는 하나의 주제에 포함시키기에는 그 범위가 방대하여 분류 자체가 어려운 경우가 있었다. 따라서 주제별 분류는 독자의 몫으로 남기고 연대별로 배열하여 무난함을 추구했다.
2. 맨 처음에 소개하는 시가 비교적 긴 시다. 100행에 달하는 시를 소개하는 것이 문제점이 없지 않으나 차후에 분석하는 시에 비해 비교적 쉽게 읽고 감상할 수 있다는 판단을 내렸다. 푸시킨이 열다섯 나이에 집필한 시이며, 아직은 시작법의 차원이나 내용의 차원에서 그다지 복잡하고 심오한 시가 아니기에 가볍게 읽으면서 리쩨이 시절에 대한 단면을 맛볼 수 있는 기회를 제공하고자 했다. 푸시킨을 일약 당대 유명 시인으로 등극하게 해 준 시 "짜르스코예 셀로에서의 회상"(«Вспоминания в Царском Селе») 역시 이 저서의 첫 시와 마찬가지로 1814년에 집필한 시다. 이 책에서 맨 처음으로 소개하지 않은 이유는 두 가지다. 첫째는 분량이다.

저본으로 삼고 있는 책으로 약 다섯 쪽에 달하는 장시이기에 첫 시로 분석하기에는 무리가 따른다는 판단이었다. 둘째, 푸시킨을 아는 사람이라면 이 시를 모르는 사람이 없다. 최소한 들어보기는 하였을 것이다. 따라서 흥미와 호기심 자체가 역사를 뛰어넘어 여전하기에 여기에서 다루지 않아도 누구나 읽을 시라는 기대가 있었기 때문이었다. 다만, 이 시를 집필하게 권유를 했던 갈리치 교수가 이 책에서 맨 처음 소개하는 시에 직접 등장하는 것으로 만족을 할 따름이다.

3. 19세기 러시아 시를 감상함에 있어 지난해에 출판한 『러시아 시 I』과 함께 병용하면 그 효과가 더 클 것이다. 출판 상의 어려움 때문에 『러시아 시 I』에 포함 시킬 수 없었던 푸시킨 시를 단행본으로 출판함으로 두 책이 상보적 관계에 있음을 밝혀둔다.
4. 본문 분석 비평을 함에 있어 '화자', '서정적 자아', '시적 주인공' 등의 용어를 문맥에 맞게 적절하게 혼용하고 있다.
5. 각운을 표기할 때는 영어 알파벳을 사용하고 있으며 대문자는 여성 운을 뜻하고 소문자는 남성 운을 뜻한다.
6. 분석하고 있는 시가 긴 경우 로마자로 연에 번호를 붙였다.
7. 부록 I에서 작품 자체와 강세 패턴을 한 번 더 제공하고 있으므로 암송하는 데 도움이 되기를 바란다. 본문에서는 강세 패턴을 분리하였으나 부록에서는 각 연별로 제공하고 있다. 부록 II에는 시 해석을 했다. 이는 전적으로 해석이다. 번역이 아니다. 러시아 시를 우리말로 번역하는 것은 불가능하다는 것이 필자의 소신이다.
8. 푸시킨의 생애에 대한 정보는 대부분 Henry Troyat, *Pushkin: A Biography.*를 참조했다.

생 애

푸시킨이 태어난 1799년은 한 세기를 마감하는 마지막 해였던 만큼 그의 생애가 시대적으로 혼돈과 불안으로 점철될 수밖에 없었다. 푸시킨의 생애에 세계적인 사건만 해도 1812년에 나폴레옹이 러시아를 침공해 왔고 1825년에는 데카브리스트 난이 있었다. 비교적 짧은 생을 살았던 푸시킨에게 이런 역사적인 사건들은 그의 문학 세계가 개인적인 차원에 머물지 않고 우주적이고 전 인류적이며 철학적인 것에서부터, 사랑, 삶, 죽음, 환상, 정치, 자유 등 현재에 존재하는 거의 모든 개념들을 주제로 삼게 하는 시대적 배경이 된다. 푸시킨의 문학은 시, 소설, 시로 쓴 소설, 고전주의, 낭만주의, 사실주의 및 환상 소설 등 그 장르와 문예사조적 한계가 없다.

푸시킨이 살았던 시대는 낭만주의 시대였다. 아직 사실주의와 여타의 문학 장르가 인류 문명사에 등장하기 전인데도 이런 작품들을 남길 수 있었던 것은 오로지 그의 천재성과 그가 쓴 작품의 방대함에 기인한다. 그래서 푸시킨은 죽기 바로 전 해에 쓴 시에서 "나는 인간의 손으로 만들어지지 않은 기념비를 내 스스로에게 세웠다!"고 선언하면서 인간으로서의 한 작가가 가질 수밖에 없는 한계를 뛰어넘고 있으며, "쪼다들과는 다투지를 말라!"고 명령을 내려 그 어떤 이유를 들어서라도 푸시킨의 문학에 대해 폄하하는 것을 미리 막아 놓았다.

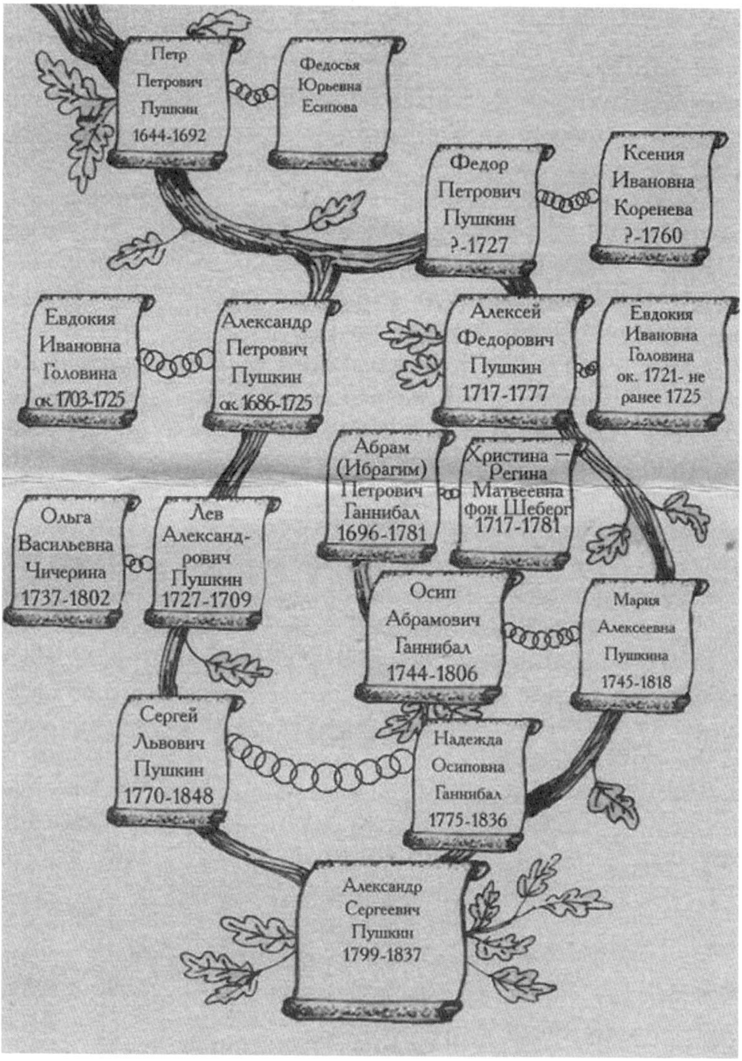

푸시킨 가계도

아버지 세르게이 푸시킨(Сергей Львович Пушкин)은 1798년 경비대 근무를 사임하고 모스크바에 가서 살았다. 1796년에 표트르 대제의 총애를 받고 있던 흑인 한니발(Негр Ганнибал)의 손녀의 조카인 나데즈다 한니발(Надежда Осиповна Ганнибал)과 아버지 푸시킨이 결혼했다. 푸시킨은 1799년 5월 29일에 태어났다.

그의 겉모습은 검은 얼굴에 두꺼운 입술, 붉게 충혈되고 튀어나온 눈, 곱슬머리, 납작코, 큰 콧구멍 등이 특징이다. 어렸을 때 그는 거의 웃지도 않았고 뛰어다니지도 않았다. 매우 게을렀는데 이것이 그의 어머니 마음에 들지 않았다. 누나 올가(Ольга)와 남동생 레프(Лев)에 비해 어머니의 마음에 들지 않는 두 가지 버릇이 더 있었다. 하나는 두 손을 끊임없이 비벼대는 버릇으로 이를 싫어한 어머니가 두 손을 뒤로 묶고 온종일 먹을 것을 주지 않았을 정도였다. 두 번째는 손수건을 마냥 잃어버렸다. 그래서 어머니가 손수건을 웃옷에 꿰매고 일주일에 두 번 이상 갈지 못하게 했다.

부모는 손님이 있을 때에는 완전히 딴 사람이었다. 예절바르고, 고상한 귀족으로서 손색이 없는 행동을 하였으나 손님이 없을 때에는 완전 폭군들이었다. 이러한 부모의 양육 속에서 푸시킨에게 위안을 준 사람은 유모인 아리나 로디오노브나(Арина Родионовна)였다. 이 유모는 많은 전설을 알고 있었고 옛날 노래를 많이 알고 있었으며 러시아어 고유의 발음을 소유한 사람이었다. 7살 때 그가 사랑하던 동생 니콜라이(Николай)가 죽자 마음에 커다란 상처를 받는다. 이때 그의 급하고 강폭하고 고집센 성질이 형성되었다.

프랑스인–독일인–영국인–러시아인 등이 차례로 바뀌면서

푸시킨을 교육했다. 푸시킨은 어렸을 때부터 독서를 좋아하여 플루타르크, 일리아드, 오디세이, 비탄베, 라 폰테인, 몰리에르, 코르네이유, 라신느, 디드로, 볼테르, 파르니 등을 읽었다. 프랑스 문학으로 가득 찬 아버지의 서재를 통독하였고 기억력이 좋아 읽은 것은 거의 모두 기억했다. 어른들을 따라 사교계에 갈 때에는 부자였던 부르툴린(Буртулин)의 서재를 독파하였다. 12살 때 부모가 예수회 학교에 보내려고 마음먹고 있었으나 짜르스코에 셀로에 리쩨이를 개교한다는 공표에 마음을 고쳐먹고 여기에 입학을 시켰다. 1811년 8월 12일 입학시험의 결과는 흥미롭다. **러시아어**; 문법이 뛰어남, **프랑스어**; 잘함, **독일어**; 아는 것이 없음, **수학**; 부족함, **용모**; 단정, **지리와 역사**; 어느 정도의 지식이 있음. 38명의 응시자 중 30명이 합격하였는데 푸시킨도 그 중 하나였다.

1811년 10월 19일에 입학식을 하고 10월 23일부터 수업을 시작하여 6년간 교육이 계속되었다. 교과목은 6개로 1) 언어

푸시킨 리쩨이 승급 시험에서 시 “차르스코예 셀로에서의 회상” 낭송

(러시아어, 라틴어, 프랑스어, 독일어) 2) 도덕학 (종교학, 철학, 윤리학, 논리학) 3) 수학 물리학 (산수, 대수, 물리, 삼각법) 4) 역사 (러시아와 다른 나라들, 지리학, 비교역사학) 5) 문예학 (문학, 분석과 수사학) 6) 예술 (습자, 디자인, 댄스, 펜싱, 승마, 수영) 등이었고 교수진은 아주 우수하였다. 코샨스키(Кошанский) 교수가 푸시킨의 시 재능을 발견하고 인정 해 주었다. 행동발달 상황에서 사용하고 있는 단어들은 "명랑함", "감수성 있음", "수다스러움", "신중하지 못함", "화를 잘 냄" 등이었다.

푸시킨의 리쩨이 졸업 메달과 졸업 증명서

1815년 1월 8일 중간시험에는 황제를 비롯하여 학부모 등 대관중이 모였다. 여기에는 당대 최고의 시인인 데르자빈도 있었다. 푸시킨은 갈리치(Галич) 교수의 권유로 "짜르스코예 셀로에서의 회상(«Вспоминания в Царском Селе» 집필 자체는 1814년)"을 지어 낭송을 하였다. 대단한 성공을 거두고 일약 유명한 시인이 되는 순간이었다. 같은 해에는 주코프스키가 시를 써서 푸시킨을 찾아오고 이듬해인 1816년에는 카람진(Карамзин)이 푸시킨에 대해 더 알고 싶어서 리쩨이를 방문하기도 한다.

리쩨이 졸업 후 잠시간의 외무성 근무 이후 푸시킨은 문학에 전념하게 된다. 1817년에 시작한 『루슬란과 류드밀라』(«Руслан и Людмила»)를 1819년 병에서부터 회복되어 요양지로부터 돌아올 때 완성하였다. 이 작품은 아주 구성이 치밀한 작품으로 지나치게 섬세한 부분도 지나치게 무덤덤한 부분도 없다. 이야기의 전개는 부드럽기 그지없다. 각운은 자연스럽고 형상들의 묘사는 그 자체가 음악성을 불러일으킨다. 1821년에는 『카프카스의 포로』(«Кавказский пленник»)를 완성하였으며 1823. 5. 28일에 키쉬뇨프에서 『예브게니 오네긴』(«Евгений Онегин»)을 집필하기 시작하여 향후 7년간 작업을 하였다. 1824년 3월 8일에 『바흐치사라이 분수』(«Бахчисарайский фонтан»)를 출간하여 4,000루블을 벌어 큰돈을 만지게 되고 러시아에서 문학을 경제적 수입의 원천으로 삼은 첫 작가가 되었다. 이전에 그가 한 문학은 "그저 즐거운 시간을 보내기 위한" 것이었다. 1825년 11월 7일에는 『보리스 고두노프』(«Борис Годунов»)를 완성하였다.

푸시킨 아내 나탈리야의 초상화

1828~29년 겨울에 당시 16세였던 나탈리야 곤차로바(Наталья Гончарова)를 연회에서 보고 결혼하고 싶어 하였으나 겨우 1831년 2월 18일에야 결혼을 했다. 첫 몇 주는 행복했다. 나탈리야는 문학을 전혀 이해하지 못하는 여자, 질투가 심한 여자, 남자들 사이에서 항상 주목을 받고 싶어 하는 여자였다. 푸시킨은 나탈리야를 단순히

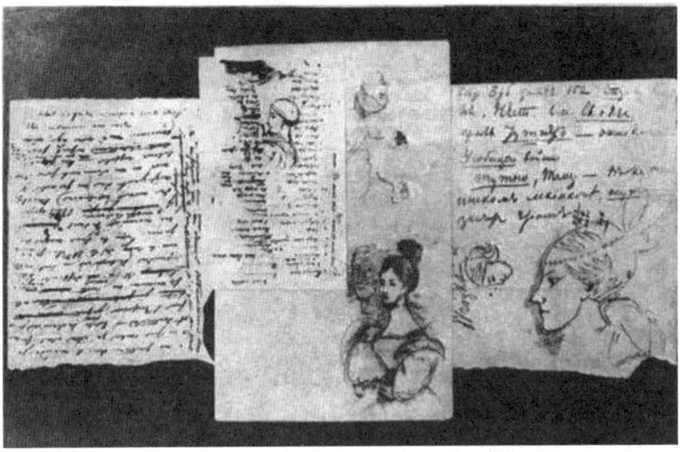

푸시킨이 그린 아내 나탈리야 콘차로바의 모습

육체적으로만 좋아했고 나탈리아는 남편이 벌어다 준 명성에 힘입은 "사회생활"을 좋아하였다.

1837년 1월 29일 단테스(d'Anthes)와의 결투에서 입은 상처로 죽어가면서 아내에게 시골 가서 2년간 과부로 살고 존경할 만한 사람 만나 재혼하라 이르고 이날 오후 2시경 파란만장한 생을 마감했다.

단테스와의 결투(나무우모프 작, 1850년)

단테스(푸시킨의 죽음을 가져온 결투 장본인)

차르 니콜라이 1세는 푸시킨의 죽음에 대해 다음 사항을 지시했다.

1. 시인의 이름을 언급하지 말 것.
2. 시인의 작품을 낭송하지 말 것.
3. 시인의 책을 존경하지 말 것.
4. 시인의 초상화를 파괴할 것.
5. 시인에 대해 애도를 표현하는 것을 금할 것. [그러나 판권을 산 스미르딘(Смирдин)으로 하여금 이틀 만에 4만 루블을 벌게 해 주었으며 차르의 명령과는 무관하게 애도는 확산되었다.]

푸시킨이 죽은 후 니콜라이 1세가 또다시 다음 사항을 지시했다.

1. 푸시킨의 빚을 갚아 줄 것.
2. 아버지의 영지에 대한 담보를 해결하여 줄 것.
3. 아내와 딸들에게 결혼할 때까지 은급을 지급할 것.
4. 아들들을 궁정 시종에 넣어주고 옷값으로 500루블을 줄 것.
5. 작품들을 정부가 출판하여 이익금을 가족에게 줄 것.
6. 만 루블을 즉각 지불할 것.

푸시킨이 임종한 서재

푸시킨의 임종

푸시킨의 죽음은 황제가 막을 수도 있었다는 주장도 존재한다. 왜냐하면 푸시킨의 펜을 무서워했던 황제가 결투를 막지 않고 묵인했다는 설도 있기 때문이다. 하지만 아내와 관련된 프랑스인 단테스와의 결투가 결정적 원인이었다. 그의 죽음은 러시아 문학의 손실일 뿐만 아니라 우리 인류가 위대한 작가를 잃은 것이었다.

<참고 문헌>

«Полное собрание сочинении в 17 томах». 1937~1959.

«Словарь языка Пушкина». 4 тома, 1956~1961.

В.В. Виноградов, «Язык Пушкина: Пушкин и история русского литературного языка». 1935.

М.А. Тявловский, «Летопись жизни и творчества А.С. Пушкина». 1951.

А.Л. Слонимский, «Мастерство Пушкина». 1963.

J. Thomas Shaw, *Pushkin's Rhymes: A Dictionary*. 1974.

______________ , *Pushkin: A Concordance to the Poetry*. 1985.

Paul Debreczeny, *The Other Pushkin: A Study of Alexander Pushkin's Prose Fiction*. 1983.

John Bayley, *Pushkin: A Comparative Commentary*. 1971.

Пирующие студенты

I

Друзья! досужный час настал;	_ ⊥ _ ⊥ _ ⊥ _ ⊥
Всё тихо, всё в покое;	∖ ⊥ _ ⊥ _ ⊥ _
Скорее скатерть и бокал!	_ ⊥ _ ⊥ _ ○ _ ⊥
Сюда, вино златое!	_ ⊥ _ ⊥ _ ⊥ _
Шипи, шампанское, в стекле.	_ ⊥ _ ⊥ _ ○ _ ⊥
Друзья, почто же с Кантом	_ ⊥ _ ⊥ _ ⊥ _
Сенека, Тацит на столе,	_ ⊥ _ ⊥ _ ○ _ ⊥
Фольянт над фолиантом?	_ ⊥ _ ○ _ ⊥ _
Под стол холодных мудрецов,	_ ⊥ _ ⊥ _ ○ _ ⊥
Мы полем овладеем;	_ ⊥ _ ○ _ ⊥ _
Под стол ученых дураков?	_ ⊥ _ ⊥ _ ○ _ ⊥
Без них мы пить умеем.	_ ⊥ _ ⊥ _ ⊥ _

II

Ужели трезвого найдем	_ ⊥ _ ⊥ _ ○ _ ⊥
За скатертью студента?	_ ⊥ _ ○ _ ⊥ _
На всякий случай изберем	_ ⊥ _ ⊥ _ ○ _ ⊥
Скорее президента.	_ ⊥ _ ○ _ ⊥ _
В награду пьяным — он нальет	_ ⊥ _ ⊥ _ ⊥ _ ⊥
И пунш и грог душистый,	_ ⊥ _ ⊥ _ ⊥ _
А вам, спартанцы, поднесет	_ ⊥ _ ⊥ _ ○ _ ⊥
Воды в стакане чистой!	_ ⊥ _ ⊥ _ ⊥ _
Апостол неги и прохлад,	_ ⊥ _ ⊥ _ ○ _ ⊥
Мой добрый Галич, vale!	_ ⊥ _ ⊥ _ ⊥ _
Ты Эпикуров младший брат,	_ ○ _ ⊥ _ ⊥ _ ⊥
Душа твоя в бокале.	_ ⊥ _ ⊥ _ ⊥ _

Главу венками убери,	_ ⊥ _ ⊥ _ ○ _ ⊥
Будь нашим президентом,	\ ⊥ _ ○ _ ⊥ _
И станут самые цари	_ ⊥ _ ⊥ _ ○ _ ⊥
Завидовать студентам.	_ ⊥ _ ○ _ ⊥ _

III

Дай руку, Дельвиг! что ты спишь?	\ ⊥ _ ⊥ _ ⊥ _ ⊥
Проснись, ленивец сонный!	_ ⊥ _ ⊥ _ ⊥ _
Ты не под кафедрой сидишь,	_ ○ _ ⊥ _ ○ _ ⊥
Латынью усыпленный.	_ ⊥ _ ○ _ ⊥ _
Взгляни: здесь круг твоих друзей;	_ ⊥ _ ⊥ _ ⊥ _ ⊥
Бутыль винем налита,	_ ⊥ _ ⊥ _ ⊥ _
За здравье нашей музы пей,	_ ⊥ _ ⊥ _ ⊥ _ ⊥
Парнасский волокита.	_ ⊥ _ ○ _ ⊥ _
Остряк любезный, по рукам!	_ ⊥ _ ⊥ _ ○ _ ⊥
Полней бокал досуга!	_ ⊥ _ ⊥ _ ⊥ _
И вылей сотню эпиграмм	_ ⊥ _ ⊥ _ ○ _ ⊥
На недруга и друга.	_ ⊥ _ ○ _ ⊥ _

IV

А ты, красавец молодой,	_ ⊥ _ ⊥ _ ○ _ ⊥
Сиятельный повеса!	_ ⊥ _ ○ _ ⊥ _
Ты будешь Вакха жрец лихой,	_ ⊥ _ ⊥ _ ⊥ _ ⊥
На прочее — завеса!	_ ⊥ _ ○ _ ⊥ _
Хотя студент, хотя я пьян,	_ ⊥ _ ⊥ _ ⊥ _ ⊥
Но скромность почитаю;	_ ⊥ _ ○ _ ⊥ _
Придвинь же пенистый стакан,	_ ⊥ _ ⊥ _ ○ _ ⊥
На брань благословляю.	_ ⊥ _ ○ _ ⊥ _

V

Товарищ милый, друг прямой,	_ ⊥ _ ⊥ _ ⊥ _ ⊥
Тряхнем рукою руку,	_ ⊥ _ ⊥ _ ⊥ _
Оставим в чаше круговой	_ ⊥ _ ⊥ _ ○ _ ⊥
Педантам сродну скуку:	_ ⊥ _ ⊥ _ ⊥ _
Не в первый раз мы вместе пьем,	_ ⊥ _ ⊥ _ ⊥ _ ⊥
Нередко и бранимся,	_ ⊥ _ ○ _ ⊥ _
Но чашу дружества нальем –	_ ⊥ _ ⊥ _ ○ _ ⊥
И тотчас помиримся.	_ ⊥ _ ○ _ ⊥ _

VI

А ты, который с детских лет	_ ⊥ _ ⊥ _ ⊥ _ ⊥
Одним весельем дышишь,	_ ⊥ _ ⊥ _ ⊥ _
Забавный, право, ты поэт,	_ ⊥ _ ⊥ _ ⊥ _ ⊥
Хоть плохо басни пишешь;	_ ⊥ _ ⊥ _ ⊥ _
С тобой тасуюсь без чинов,	_ ⊥ _ ⊥ _ ○ _ ⊥
Люблю тебя душою,	_ ⊥ _ ⊥ _ ⊥ _
Наполни кружку до краев, –	_ ⊥ _ ⊥ _ ○ _ ⊥
Рассудок! бог с тобою!	_ ⊥ _ ⊥ _ ⊥ _

VII

А ты, повеса из повес,	_ ⊥ _ ⊥ _ ○ _ ⊥
На шалости рожденный,	_ ⊥ _ ○ _ ⊥ _
Удалый хват, головорез,	_ ⊥ _ ⊥ _ ○ _ ⊥
Приятель задушевный,	_ ⊥ _ ○ _ ⊥ _
Бутылки, рюмки разобьем	_ ⊥ _ ⊥ _ ○ _ ⊥
За здравие Платова,	_ ⊥ _ ○ _ ⊥ _
В казачью шапку пунш нальем –	_ ⊥ _ ⊥ _ ⊥ _ ⊥
И пить давайте снова!..	_ ⊥ _ ⊥ _ ⊥ _

VIII

Приближься, милый наш певец,	_ ⊥ _ ⊥ _ ⊥ _ ⊥
Любимый Аполлоном!	_ ⊥ _ ○ _ ⊥ _
Воспой властителя сердец	_ ⊥ _ ⊥ _ ○ _ ⊥
Гитары тихим звоном.	_ ⊥ _ ⊥ _ ⊥ _
Как сладостно в стесненну грудь	_ ⊥ _ ○ _ ⊥ _ ⊥
Томленье звуков льется!..	_ ⊥ _ ⊥ _ ⊥ _
Но мне ли страстью воздохнуть?	_ ⊥ _ ⊥ _ ○ _ ⊥
Нет! пьяный лишь смеется!	\ ⊥ _ ○ _ ⊥ _

IX

Не лучше ль, Роде записной,	_ ⊥ _ ⊥ _ ○ _ ⊥
В честь Вакховой станицы	\ ⊥ _ ○ _ ⊥ _
Теперь скрыпеть тебе струной	_ ⊥ _ ⊥ _ ⊥ _ ⊥
Расстроенной скрыпицы?	_ ⊥ _ ○ _ ⊥ _
Запойте хором, господа,	_ ⊥ _ ⊥ _ ○ _ ⊥
Нет нужды, что нескладно;	_ ⊥ _ ⊥ _ ⊥ _
Охрипли? — это не беда:	_ ⊥ _ ⊥ _ ○ _ ⊥
Для пьяных всё ведь ладно!	_ ⊥ _ ⊥ _ ⊥ _

X

Но что?.. я вижу всё вдвоем;	_ ⊥ _ ⊥ _ ⊥ _ ⊥
Двоится штоф с араком;	_ ⊥ _ ⊥ _ ⊥ _
Вся комната пошла кругом;	_ ⊥ _ ○ _ ⊥ _ ⊥
Покрылись очи мраком...	_ ⊥ _ ⊥ _ ⊥ _
Где вы, товарищи? где я?	_ ⊥ _ ⊥ _ ○ _ ⊥
Скажите, Вакха ради...	_ ⊥ _ ⊥ _ ⊥ _
Вы дремлете, мои друзья,	_ ⊥ _ ○ _ ⊥ _ ⊥

Склоновшись на тетради...	_ ⊥ _ ○ _ ⊥ _
Писатель за свои грехи!	_ ⊥ _ ○ _ ⊥ _ ⊥
Ты с виду всех трезвее;	_ ⊥ _ ⊥ _ ⊥ _
Вильгельм, прочти свои стихи,	_ ⊥ _ ⊥ _ ⊥ _ ⊥
Чтоб мне заснуть скорее.	_ ⊥ _ ⊥ _ ⊥ _

(1814)

감 상

시작법

대단히 긴 시다. 길이를 달리하는 10연으로 구성되어 있으며 총 100행이다. 제1연과 제3연 그리고 제10연이 12행으로 구성되어 있고, 제2연만이 16행으로 구성되어 있으며 나머지 연은 모두 8행으로 구성되어 있다. 이렇게 연의 길이가 다른 것에서 특별한 의미를 추구하는 것은 무리수를 동반할 수밖에 없을 것이다. 평균적으로 각 연이 10행으로 구성되어 있다는 것을 계산하는 것은 어려운 일이 아니지만 별다른 의미를 부여하는 것 역시 견강부회가 될 것으로 사료된다. 다만 각운의 형태를 고려하여 모든 연을 짝수 행으로 만든 것은 간과할 수 없는 일이다.

시 전체의 길이 말고도 이 시의 몇 가지 특징이 주의를 요한다. 첫째는 모든 홀수 행은 약강 4보격(четрёх–стопный ямб)이며 모든 짝수 행은 약강 3보격(трёх–стопный ямб)이다. 간간히 행의 첫 머리에서 잉여 강세가 발견되기도 한다. 홀수 행의 길이와 짝수 행의 길이를 달리하고 있는 것을 설명하기 위해 이 시의 주제이자 제목이기도 한 '파티'를 벌이는 것과 무관하지 않다고 주장한다면 지나친 논리적 비약이라고 치부할지 독자들의 판단을 기다려 볼 뿐이다. 그 다음 특징으로 홀수 행은 모두가 남성 각운이며 짝수 행은 모두가 여성 각운으로 되어 있다.

각운의 특징은 차라리 평범하다고 할 수 있다. 제1연의 각운을 예로 들어보면 aBaBcDcDeFeF이다. 즉 남성 각운과 여성 각운이 교체되고 있음을 알 수 있다. 그리고 모든 각운이 지루할 정도로 정확한 운이다. 흥미로운 것은 제2연의 10행과 12행의 각운이다. 10행의 마지막 단어는 라틴어로 'vale'이고 12행의 마지막 단어는 러시아어 단어 'вокале'로 서로 다른 언어의 단어를 활용한 완전 운의 좋은 예다.

[제 목]

이 시의 제목은 "파티를 벌이고 있는 대학생들"이다. 비교적 긴 시임에도 불구하고 이 책의 맨 첫 시로 선택한 것은 두 가지 이유가 있어서이다. 첫째는 푸시킨이 이 시를 15세인 1814년에 썼다는 사실 때문이다. 당시 푸시킨은 리쩨이를 다니고 있었다. 현재 러시아의 대학 교육 체계나 우리나라의 대학 교육 체계와 직접 대비되지는 않지만 푸시킨이 러시아 최고의 고등 교육기관에서 학업을 하고 있었던 시기다. 리쩨이를 1811년에 입학하였으니 중등교육을 마치고 고등교육을 받을 준비를 하고 있던 때 쓴 시다. 따라서 열다섯 살 된 앳된 대학생의 시를 한 편 읽어볼 수 있는 기회를 제공할 수 있는 것이 그 첫 이유다. 둘째, 푸시킨의 어린 시절 시를 한편 감상하므로 향후 러시아 국민문학의 아버지로 거듭나게 될 젊은 천재 푸시킨의 모습을 찾고자 함이다. 푸시킨 이전에는 터부시되었던 일상용어들과 구어적 표현들이 이 시에는 과감하게 그러나 시 형식의 틀에 정확하게 일치하게 들어와 있음을 알 수 있다. 또한 리쩨이에서의 생활 단면을 발견하는 것 또한 큰 즐거움 중의 하나이다.

각 연을 구체적으로 분석하기 전에 이 시의 특징을 하나 더 지적할 것이 있다. 이 시는 푸시킨의 리쩨이 시절과 불가분의 관계에 있는 시다. 따라서 여러 곳에서 직접적으로 이름을 언급하지 않더라도 누군가 푸시킨 주변에 있던 사람에 관한 얘기를 하고 있으므로 그에 대한 정보를 제공하지 않을 수 없어 전형적인 본문 분석에서 이탈하여 전기적인 비평을 했다는 인식을 가질 수도 있을 것이다.

제1연

12행으로 구성된 비교적 긴 시의 첫 연이다. 이 시의 첫 문장은 한 단어로 "친구들이여!"라고 불러 돈호법을 활용하고 있다. '파티를 벌이는 대학생들'이니까 친구들을 부르는 것이 적이 자연스러운 일이며 일회성의 행위도 아닐 것이 명확하기에 아무렇게나 이해를 해도 큰 차이를 만들지 않는다. 친구들을 부르고 있으니 서정적 자아가 이 시에 등장하는 다른 친구들에게 무언가 말을 하려고 하는 것은 당연하다.

친구들을 부르고 난 다음 서정적 자아가 선언을 하고 있는 것은 '여가 시간이 되었다'이다. 결국 첫 행에서 하고 있는 얘기는 "친구들이여! 여가 시간이 되었다"이다. '여가 시간'을 이 시에서는 'досужный час'라고 표현하고 있다. 현대 러시아어에서 더욱 보편적인 표현인 'досужий час' 혹은 'досужее время,' 'часы досуга'와는 다른 표현이 사용되고 있다. 이들 표현 중 'досужий час'는 시 작법 차원에서도 아무런 차이를 만들지 않는다. 그럼에도 불구하고 푸시킨이 'досужный час'라고 한 것은 더욱 깊은 연구의 대상으로 남긴다. 그리고 이 행은 마지막 행인 100번째의 내용과 무관하지 않다. 이 시의 마지막 행에서 서정적 자아는 '빨리 잠들고 싶은 소망'을 피력하고 있다. 첫 행과 마지막 행의 내용을 보면 파티의 시작과 끝 지점을 상정해 볼 수 있다.

첫 연의 두 번째 행은 상황 설명이다. "모든 것이 조용하고 모든 것이 안정적이다." 아직은 파티 자체가 시작된 것이 아니라 '여가 시간이 된' 시각이며 이후 곧바로 준비 상황이 전개된다.

세 번째 행과 네 번째 행에서 서정적 자아는 친구들에게 해야 할 일을 지시 혹은 부탁하고 있다. "식탁에 보를 얼른 깔고 술잔을 준비하자! / 황금빛 포도주를 이리로 가져와라!" 대학생들이 여가 시간을 맞아 식탁을 준비하고 술 마실 준비를 하고 있는 모습을 눈에 떠올려 볼 수 있는 장면이다. '식탁보'니 '술잔'이니 하는 단어가 푸시킨 이전에는 시에서 활용되지 않던 일상용어들이다. 열다섯 살짜리 푸시킨이 로모노소프의 '삼문체론'을 정면으로 타파하여 새로운 장을 열고 있음을 알 수 있다.

"샴페인아 유리잔 속에서 특유의 쉬쉬 소리를 내렴. 친구들아 무슨 연유로 세네카와 타키투스를 칸트와 함께 식탁 위에 올려놓는가, 그저 포트폴리오 하나를 다른 포트폴리오 위에 올려놓는 것 아닌가?" 12행으로 구성된 제1연의 가운데 4행의 내용이다. 샴페인에 관한 것은 별다른 설명을 하지 않아도 된다. 포트폴리오를 뜻하는 단어가 두 가지 발음의 형태로 사용되고 있는 것 역시 지적하고 넘어가야 할 사항이다.

다만, 술을 마시기 위해 준비하고 있는 과정에서 세네카와 타키투스와 칸트가 언급되는 것은 분석을 해 볼 필요가 있다. 세대를 달리하는 역사적 인물 세 사람의 등장은 당연히 푸시킨이 리쩨이에서 수학하는 과정에서 교과과정에서 다루었거나 아니면 동기들 사이에서 논쟁이 되었던 사람들이라고 추정하는 것은 전혀 무리가 없다. 세네카는 후기 스토아학파의 한 사람으로 네로 황제의 스승이었던 사람이다. 그에 비해 타키투스는 역사가로 네로 황제의 기독교 박해에 관해 비판적인 글을 남긴 사람이다.

이들에 비해 18세기에 태어나 19세기에 생을 마감한 칸트의 등장은 또 다른 측면의 사고를 요구한다. 칸트는 1724년에 태어나 1804년에 생을 마감했다. 푸시킨이 리쩨이에서 수학을 시작한 1811년에서 그다지 머지않은 시기에 세계인들의 사고체계를 지배했던 당대 최고의 철학가가 바로 칸트였다는 사실은 당연히 푸시킨의 사고와 대화의 주제가 될 수 있었음을 짐작케 한다. 그리고 러시아에서 바야흐로 낭만주의가 도래하고 있는 시기에 칸트의 '비판 철학'은 당시 지성인을 대표하는 리쩨이의 상급생들에게는 커다란 정신적 지주였을 것이다.

푸시킨이 리쩨이를 다니던 시절에 젊은 지성들이 논쟁거리로 삼았던 주제 자체를 발견하는 것만도 커다란 지적 유희다. 그런데 재미있는 것은 지금은 술자리를 펴려고 하니 이런 사람들의 얘기를 꺼내지 말라는 서정적 자아의 언술이다. 심각하고 철학적이며 논쟁거리가 되는 얘기는 집어치우고 술이나 마시자는 태도를 엿볼 수 있다.

제1연 마지막 4행의 내용도 대단히 흥미롭다. "차가운 현자들은 식탁 밑으로 보내버려라, 우리는 바닥을 점령할 것이다. 바보스러운 학자들도 식탁 밑으로 보내버리면 어떨까? 우리는 그런 학자들 없이도 술 마실 줄 알잖아." 세네카와 타키투스 그리고 칸트를 식탁 위에 올리지 말라고 했던 서정적 자아다. 파티를 하려고 하니 골치 아픈 얘기는 하지 말자는 주장이다. 이와 같은 맥락에서 현자들을 식탁 밑으로 내리라고 한다. 철저히 이성적인 현자들이기에 '차가운'이라는 수식어를 붙여 표현하고 있는 것도 같은 맥락이다.

현자들과 함께 식탁 밑으로 내려야 할 사람들이 '학자들'이라고 말하고 있다. 이 학자들 역시 부정적 수식어를 동반하고 있는데 그것은 '바보스럽다'이다. 이 학자들이 현자들만큼 현명하지 않기에 '바보스럽다'고 했는지 아니면 일부 바보스런 학자들이 있었는지는 알 길이 없지만 리쩨이 학생들이 대화 거리로 삼고 있었음은 분명하다. 식탁 밑으로 현자들과 학자들을 내려 보냈다. 그런데 리쩨이 학생들이 '바닥을 점령할 것'이라고 한 담론 역시 주의를 끈다. 파티를 하고 있는 시간이 아닌 다른 시간에 학생들이 어차피 학습을 해야 할 대상들이기에 지금은 대화의 주제로 삼지 말자고 말하고 있음은 쉽게 짐작할 수 있다.

그리고 '바닥을 점령할 것'이라는 표현은 다른 의미도 내포하고 있다. 문자 그대로 이해를 하면 도무지 뜻이 통하지 않는다. 여기에서 이 표현은 파티를 열고 있는 실내 전체를 장악하겠다는 뜻이다. 파티를 학생들이 주도하겠다는 강한 의지를 보이고 있다. 현자들이나 학자들의 도움 내지는 간섭이 없는 전적으로 학생들이 주가 되는 파티를 열겠다는 뜻이다.

제2연

제2연은 16행으로 구성되어 있다. 첫 두 행은 하나의 의문문이다. "대학생의 식탁보 너머에서 술에 취하지 않은 사람을 진정 발견할 수 있단 말인가?" 파티 혹은 술자리를 '식탁보 너머'라고 표현하고 있는 것은 제유법으로 일부로서 전체를 표현하고 있다. 첫 두 행에서 서정적 자아가 의구심을 표현하는 것의 내용은 대학생들이 여는 파티에서는 모두가 술에 취한다는 것이다. 문자 그대로 해석할 일이 아니라 술을 마시는 사람들은 취하도록 마신다는 뜻으로 이해해야 한다. 술을 전혀 마시지 않고 파티에 참석한 사람들도 등장하기 때문이다.

그럼에도 불구하고 "만일을 대비하여 우리는 대표자를 서둘러 선발할 것이다." 이 파티의 대표자를 선발하겠다는 것인데 그렇게 함으로써 파생되는 상황들이 그 다음에 나온다. "그 대표자는 술을 마시는 사람들에게 상으로 펀치와 향기로운 럼주를 따를 것이다. 대신 스파르타 용사들인 술을 마시지 않는 사람들에게는 깨끗한 물을 유리잔에 담아 내 올 것이다!" 자신을 대표자로 선발해 준 대가로 펀치와 럼주를 따라 주겠다고 한다. 여기에서 '럼주'로 단순하게 번역한 단어는 'грог(grog)'로 럼주에 물을 탄 것을 일컫는다. 술을 마시지 않는 사람들을 스파르타의 용사로 부르고 있음도 흥미로운 일이다. 물론 그들에게는 술 대신 마실 물을 제공하는 파티의 일상적 단면을 볼 수 있다.

제2연의 나머지 부분에서는 대표자 선발에 관한 구체적인 정보를 제공하고 있다. "부드러움과 냉정함의 사도인 그대, 나의 선량한 갈리치여, 건강하시오!" 알렉산드르 이바노비치 갈리치(Александр Иванович Галич, 1783~1848, 원래 성은 Говоров이다.)에 관한 얘기다. '부드러움'과 '냉정함의 사도'라는 표현은 갈리치의 성격을 한 눈에 볼 수 있다. 갈리치가 공과 사를 분명히 구분하며 학생들에게 신망과 존경을 받는 젊은 교수라는 것을 짐작하는 것은 그리 어려운 일이 아니다. 갈리치의 생몰 연대로 보면 푸시킨보다 16세 연상인 동시대인인 것을 알 수 있다. 1814년부터 1818년까지 갈리치가 리쩨이에서 라틴어와 철학을 강의했기 때문에 푸시킨의 동년배들이 벌이는 파티에 초대되었을 수도 있었을 것이다. 서정적 자아는 그의 안녕을 기원해 주고 있다. 그의 안녕을 기원해 주는 "건강하시오!"라는 말은 라틴어로 되어 있다. 이는 갈리치가 라틴어 교수였기 때문에 그에게서 배운 것을 활용하는 차원과, 갈리치가 잘 알아들을 수 있는 표현을 활용하고 있는 측면도 있다.

서정적 자아는 계속해서 갈리치의 특성에 대해 논하고 있다. "그대는 에피쿠로스의 동생이며 그대의 영혼은 술잔 속에 머물러 있다." 갈리치를 에피쿠로스의 동생이라고 지칭하는 것은 두 사람 간의 동질성에 기인한다. 에피쿠로스가 인간을 미신으로부터 해방시키려고 노력했던 그리스 철학자였던 것을 상기해 볼 때 갈리치 역시 라틴어 교수로서 고대 그리스 철학 특히 에피쿠로스에 심취했었다는 가정이 가능해진다.

"왕관으로 머리를 장식하고 우리의 대표자가 되어 주오. 그러면 황제들 스스로가 대학생들을 부러워하게 될 거라오." 이것이 제2연의 마지막 두 행의 내용이다. 마지막에서 4번째 행의 마지막 동사의 의미에 대해서는 각별한 주의가 필요하다. 러시아어 동사 'убрать'가 2인칭 단수 명령형으로 활용되고 있는데 이 동사를 '치우다', '가져가다' 등의 의미로 해석하면 본문을 이해할 수 없게 된다. 이 동사는 '장식하다'의 의미로 해석해야 한다. 갈리치 교수가 학생들의 대표가 되면 그 결과 모든 황제들이 대학생들을 부러워하게 될 것이라고 한다. 갈리치가 대학생들의 대표가 되면 학생들로서는 더 이상의 선택이 없이 잘된 결정이라는 뜻이다. 더 나아가 갈리치 입장에서 보아도 학생들의 대표자가 되므로 황제들의 부러움을 살 수도 있을 것이라는 내적 주장이 포함되어 있다.

사실은 푸시킨을 유명 시인으로 만들어 준 "짜르스코예 셀로에서의 회상"이라는 시를 쓰도록 권유한 사람도 갈리치 교수였다.

제3연

"델비크여 손을 내밀어 악수를 하자! 왜 잠이나 자고 있는 거냐? 잠에서 깨어나라. 잠에 취한 게으름뱅이야!" 제3연의 첫 두 행의 내용이다. 당연히 푸시킨의 동창 델비크(Антон Антонович Дельвиг, 1798~1831)에 관한 얘기다.[1] 푸시킨보다 한 살이 더 많은 델비크는 남작으로 리쩨이 시절 절친한 친구들 중 한 명이었다. 델비크가 하루는 강의에 들어오지 않고 학과 사무실

---

1) 푸시킨과 함께 리쩨이에 입학한 30명의 명단은 다음과 같다.
Бакунин, Александр Павлович (1799~1862)
Броглио, Сильверий Францевич (1799~1820)
Вольховский, Владимир Дмитриевич (1798~1841)
Горчаков, Александр Михайлович (1798~1883)
Гревениц, Павел Фёдорович (1798~1847)
Гурьев, Константин Васильевич (1800~1833), исключен из Лицея в 1813 году.
Данзас, Константин Карлович (1801~1870)
Дельвиг, Антон Антонович (1798~1831)
Есаков, Семён Семёнович (1798~1831)
Илличевский, Алексей Демьянович (1798~1837)
Комовский, Сергей Дмитриевич (1798~1880)
Корнилов, Александр Алексеевич (1801~1856)
Корсаков, Николай Александрович (1800~1820)
Корф, Модест Андреевич (1800~1876)
Костенский, Константин Дмитриевич (1797~1830)
Кюхельбекер, Вильгельм Карлович (1797~1846)
Ломоносов, Сергей Григорьевич (1799~1857)
Малиновский, Иван Васильевич (1796~1873)
Мартынов, Аркадий Иванович (1801~1850)
Маслов, Дмитрий Николаевич (1799~1856)
Матюшкин, Фёдор Фёдорович (1799~1872)
Мясоедов, Павел Николаевич (1799~1868)
Пушкин, Александр Сергеевич (1799~1837)
Пущин, Иван Иванович (1798~1859)
Ржевский, Николай Григорьевич (1800~1817)
Саврасов, Пётр Фёдорович (1799~1830)
Стевен, Фёдор Христианович (1797~1851)
Тырков, Александр Дмитриевич (1799~1873)
Юдин, Павел Михайлович (1798~1852)
Яковлев, Михаил Лукьянович (1798~1868)

에 숨었다가 잠이 들었던 적이 있었는데 푸시킨이 이 에피소드를 여기서 활용하고 있다. 아무튼 델비크는 학업에 대단히 게으른 사람으로 정평이 나 있었다.

푸시킨의 동창생 델비크

"그대는 학과에 앉아 있는 것이 아니다. 라틴어에 심취해 있는 친구야. 주위를 둘러보라. 이곳에는 그대의 친구들이 주변에 모여 있다. 그리고 술병은 포도주로 가득 차 있다." 졸고 있는 델비크에게 '라틴어에 심취해' 있다고 서정적 자아가 농담을 하고 있다. 지금은 파티를 하고 있지 학교에서 공부를 하고 있는 것이 아니라는 지적이다. 파티 장소이기에 주변에는 친구들이 모여 있고 또 술병에는 포도주가 하나 가득하다고 한다.

서정적 자아는 계속해서 델비크에게 말을 하고 있다. "우리의 시신(詩神)의 건강을 위해 술잔을 들어라, 파르나르의 난봉꾼아." 주변에 친구들도 있고 술병에 술도 충분하니 술을 마시라고 권하는 것은 파티의 분위기를 파악하라는 제안이라고 할 수 있다.

문제는 델비크를 '파르나르의 난봉꾼'이라고 부르는 것이다. 우선 파르나르는 시의 상징인 뮤즈가 머무는 그리스의 산언덕을 말한다. 여기에서 파르나르를 이렇게 이해해도 전혀 무리가 따르지는 않는다. 다만, 짜르스코예 셀로에도 인공으로 만든 언덕이 있었다. 이 언덕을 파르나르라고 명명했었음을 상기해 볼 때 델비크를 비롯한 푸시킨의 동년배들이 여자들을 꼬드기고 연애를 주로 했던 곳이 이곳이었음을 추정해 볼 수 있다. 그리고 델비크가 게으르기는 해도 여자들 사이에서는 인기가 있는 시인이었던 것도 사실이다. 그리고 '난봉꾼'을 지칭하는 'волокита'는 일반적으로 '관료주의', '지연', '꾸물거림'을 의미한다. 그러나 일상적 표현으로는 난봉꾼을 의미하기도 하기에 푸시킨이 이 시에서 시어의 범위를 확대하고 있음을 알 수 있다.

"경구의 대가인 내 친구여, 손에서 손으로 전달하라! 파티의 잔을 가득 채워라! 그리고 적을 제물로 삼든 친구를 제물로 삼든 수백 개의 경구를 쏟아 내라." 이것이 제3연의 마지막 4행 내용이다. 여기에서 말하는 '경구의 대가'는 일리체프스키(Алексей Демьянович Илличевский, 1798~1837)다. 일리체프스키는 경구에 있어서 푸시킨보다 친구들 사이에서 더 높이 평가되는 사람이었다. 그리고 일리체프스키는 특히 큐헬베케르를 제물로 삼아 경구를 많이 쓴 것으로 정평이 나 있다. 이런 일리체프스키에게 술잔을 가득 채워 친구들에게 돌리라고 말하고 있다. 아마도 술을 한 잔씩 따라 건네주면서 한 마디씩 경구를 내 뱉음으로 웃음을 자아냈음은 쉽게 짐작이 가는 일이다.

제4연

8행으로 구성된 첫 연이며 연이어 6연이 계속해서 8행으로 구성되어 있다. 이 연의 첫 부분은 친구에 관한 얘기로 "잘 생긴 젊은이, 그대는 빛나는 난봉꾼이다! 그대는 주신 바커스의 용맹스런 전도사가 될 것이다. 오늘 우리는 공부를 하지 않을 것"이다. 여기에서 '그대'는 고르차코프(Александр Михайлович

Горчаков, 1798~1883)를 염두에 두고 하는 말이다. 고르차코프는 실제로 잘 생긴 남자였으며 이후 외교관으로 명성을 날린 사람이다. '공부를 하지 않겠다.'는 표현 역시 일상에서 잘 안 쓰이는 표현임에 주의를 기울이자.

사실 푸시킨이 리쩨이를 다니는 기간에 '빛나는 난봉꾼'이라는 별명을 가지고 있던 사람은 브로글리오(Сильверий Францевич Броглио, 1799~1820)로 이탈리아에서 이민 온 귀족의 아들이었다. 생몰 연대가 짧은 것은 전사했기 때문이다. 푸시킨은 여기에서 고르차코프에게 브로글리오의 별명을 붙여주고 있다. '바커스의 용맹스런 전도사'는 술을 권하는 사람으로 이해하면 간단하다. 파티를 하고 있음으로 오늘 공부를 하지 않겠다는 것도 당연한 일이나 원문을 확인하여 표현 자체를 러시아어로 익혀두는 것은 가치가 있는 일이다.

서정적 자아 자신에 관한 얘기는 "내가 비록 대학생이지만, 내가 비록 취해 있기는 하지만 나는 겸양을 높이 평가한다. 거품이 이는 잔을 내게로 옮겨다오, 내가 전투에 참여한 사람들을 찬미하리라"이다. 대학생이라는 사실과 술에 취해 있다는 사실 그리고 겸양을 높이 평가한다는 것은 별다른 해석을 필요로 하지 않는다. 또한 거품이 이는 잔을 건네 달라는 것도 샴페인 잔을 전해 달라는 것으로 이해하면 족하다.

마지막 담론인 '내가 전투에 참여한 사람들을 찬미하리라'는 것은 1812년 나폴레옹이 러시아를 공격해 오고 많은 젊은이들이 이 전투에 참여했었음을 상기해 보면 쉽게 이해할 수 있는 표현이다. 푸시킨이 참전 용사들을 위해 건배를 제안하겠다는 것으로 이해하면 된다.

제5연

“내 좋은 친구여, 반듯한 친구여, 악수를 하자. 학자연하는 사람들과 관련된 지겨움은 동그란 잔속에다 가둬버리자. 우리가 함께 마시는 것이 처음이 아니다. 게다가 우리가 다투는 것도 그렇게 드문 일이 아니다. 그렇다고 하더라도 우정의 잔을 한 잔 들고 나면 그 즉시 우리는 화해를 하곤 한다.” 이것이 8행으로 구성된 제5연의 내용이다. 리쩨이에서 학습을 하는 동안 서정적 자아의 동년배들이 하는 파티의 일상적 모습이다. 물론, 여기에서 친구는 푸신(Иван Иванович Пущин, 1798~1859)에 관한 것으로 알려져 있다. 푸신은 리쩨이 입학생 선발에서부터 푸시킨과 에피소드를 만들었고 그로 인해 푸시킨과 평생 동안 좋은 친구였다. 합격자 명단을 발표하는 과정에서 푸시킨을 불렀을 때 푸신이 자기를 부르는 줄로 착각하여 벌떡 일어섰다. 결국 한 사람 호명에 푸시킨과 푸신이 동시에 일어나게 되어 사람들의 웃음을 자아냈다.

본문 분석 차원에서 알 수 있는 일은 서정적 자아와 한 친구 사이에 악수를 하면서 화해를 해야 할 일이 이미 생겼었다는 것이다. 아주 사이가 좋았던 푸신을 부르면서 ‘좋은, 반듯한’이라는 수식어를 붙여주고 있음을 알 수 있다. 화해를 해야 하는 상황이 전개된 원인도 무엇인가 학문적인 것에 관한 열띤 토론이었을 가능성이 크다. 왜냐하면 ‘학자연하는 사람들과 관련 있는 슬픔’이라고 한 것 때문이다. 즉 정답 또는 해답이 없는 문제를 놓고 심각하게 논쟁을 벌인 상황을 추정할 수 있고 그런 문제는 ‘동그란 술잔 속에다 가둬버리자’고 제안을 하고 있기 때문이다.

그리고 서정적 자아가 자기를 포함한 동료 학우들 사이의 일상적 현상을 세 가지 예로 들어 설명함으로 화해를 청하는 것에 대한 정당성을 확보한다. 첫째는 그들이 함께 술을 마시는 것이 처음이 아니라는 것이다. 여러 번 술을 함께 마셨다는 사실을 지적하고 있다. 두 번째는 이들이 술을 마시고 다툼을 하는 것이 그리 드문 일이 아니라는 것이다. 서정적 자아와 리쩨이 학우들이 술을 마시면 종종 다투었다는 사실을 지적하고 있다. 그리고 마지막으로 비록 다투기는 해도 곧바로 다시 화해를 한다고 서정적 자아가 일상을 소개하고 있다. 세 번째 일상에는 방법까지 제시되고 있다. 즉 '우정의 술 한 잔'을 마시는 것이다. 논쟁을 하고 다툼을 하더라도 이들 사이의 우정에는 금이 가지 않는 측면도 고려해서 감상을 해야 할 일이다.

제6연

"그리고 그대, 소싯적부터 오로지 명랑함 하나로 호흡을 해 온 그대, 그래, 맞다. 그대는 재미있는 시인이다. 비록 우화를 잘 쓰지는 못하지만 말이다. 나는 그대와 아무런 이유 없이도 어울리곤 한다. 그대를 영혼으로 사랑한다. 술잔을 끝까지 채워라. 이성이여! 신의 축복이 있으라!"

이 연에서 언급하고 있는 '그대'는 야코블레프(Михаил Лукьянович Яковлев, 1798~1868)인 것으로 알려져 있다. 야코블레프가 어릴 적부터 늘 명랑한 사람이었다는 것과 시인이라는 것이 그에 관한 정보다. 그냥 일반적인 시인이 아니라 '흥미 있는' 시인이라고 하고 있다. 그리고 야코블레프가 우화에는 손방이었던 것이 당대에 잘 알려진 사실이다. 시인이면 시만 잘 쓰면 되는 것은 현대의 기준이다. 푸시킨 시절에는 시인이라면 모든 글을 잘 썼으며, 철학가이기도 하고 사회적 지도자이기도 했다.

이런 '그대'와 서정적 자아는 특별한 일 없이도 잘 어울린다고 했다. 서정적 자아가 '그대'에게 취하는 태도는 영적인 사랑이다. 육체적인 사랑이 아니라 영적인 사랑이라고 구체화함으로 이 두 사람이 동성임을 강조하고 있다. 한 마디로 좋은 친구라는 뜻이다. 그런 친구와 함께 파티를 하고 있으니 '술잔을 끝까지 채우는 것'이 어쩌면 당연한 일일 것이다.

마지막 행의 의미를 파악하는 것은 자못 복잡하다. "이성이여! 신의 축복이 있으라!"라고 하고 있다. 지금은 파티 중이기에 이성적인 사고를 할 수 없는 서정적 자아의 상태를 나타내고 있다고 할 수 있다. 또한 파티 장소에서는 더 이상 이성이 자리할 곳이 없음을 표현하기도 한다. 즉 이성은 잠시 비켜 있으라는 뜻이다. 본문 분석의 차원에서 볼 때 앞에서 언급한 "나는 그대와 아무런 이유 없이도 잘 어울리곤 한다."라는 표현과 연관을 지을 필요성이 대두된다. 친구와 어울리기 위해 적절한 이유가 있어야 한다는 전제가 보편적이다. 그런데 그런 전제가 충족되지 않는 서정적 자아의 행동이기에 이성에게 작용할 기회를 주지 않고 있다.

제7연

"그리고 그대, 난봉꾼 중의 난봉꾼이여, 악의 없는 장난을 위해 태어난 사람, 놀랍도록 기회를 잘 포착하는 사람, 무법자, 나의 따뜻한 친구여! 플라토프의 건강을 위해 술병도 술잔도 깨트려 버리자. 카자크 용사의 모자에 펀치를 따라 함께 또다시 마시자!"

여기에서의 '난봉꾼'은 말리노프스키(Иван Василиевич Малиновский, 1796~1873)로 알려져 있다. 말리노프스키는 카자크인이다. 그러기에 돈강 유역의 장군인 플라토프와 카자크 용사의 모자를 말리노프스키 주제를 다루면서 언급하고 있다. 그리고 앞에서 언급하였던 푸시킨의 친구인 푸신의 여동생 마리야(Мария Ивановна Пущина)와 결혼을 했기 때문에 푸시킨 역시 말리노프스키의 아내를 알고 있었다. 또 다른 친구인 단자스의 증언에 의하면 푸시킨이 임종을 맞을 때 "지금 이 자리에 푸신도 없고 말리노프스키도 없는 것은 참으로 유감스러운 일이다. 만약 그들이 있었다면 내가 좀 더 가볍게 죽을 수 있을 텐데."라고 했다고 한다.

아무튼 이 사람은 아예 '악의 없는 장난을 위해 태어난 사람'이다. 천성적으로 장난을 잘 치면서도 다른 사람에게 해를 끼치지 않는 그런 사람을 말한다. 게다가 기회 포착에는 타의 추종을 불허하는 사람이다. 서정적 자아의 인지에 따르면 '무법자'에 해당된다는 주장이다. 하지만 여기에서 '무법자'를 문자 그대로 해석하여 법을 무시하는 사람으로 이해해서는 곤란하다. 친구끼리 별 뜻 없이 아니면 오히려 애정을 담아 친구의 정체성을 이렇게 규정하고 있기 때문이다. 그래서 결국은 '나의 따뜻한 친구'라고 부르고 있는 것이다.

그 다음에는 "플라토프를 위해 술병도 술잔도 깨트려 버리자"고 서정적 자아가 권유하고 있다. 플라토프(Маевей Иванович Платов, 1753~1818)는 돈 강 지역 카자크 군대의 장군이었으며 작위는 백작이었다. 이 연의 마지막 2행에서 언급하고 있는 '카자크 용사의 모자에 펀치를 따라 마시자'는 것은 당연히 플라토프 장군과 카자크인 친구인 말리노프스키라는 모티프의 연장선상에서 이해해야 한다.

'술병도 술잔도 깨트려 버리자'는 표현은 약간의 설명을 요한다. 19세기 러시아 귀족 청년들, 특히 젊은 장교들이 술을 마시는 장면을 떠올려 보면 간단하게 이해가 된다. 가운데 테이블을 두고 양 쪽에 젊은이들이 잔에다 샴페인을 마신다. 그런 다음 빈 잔을 어깨 너머로 벽을 향해 힘차게 던져 깨트린다. 잔이 바싹 깨져야 더 좋은 것으로 인식했다. 그래야 파티를 열어 준 집에 행운이 오고 술을 마시는 사람들에게서 액운이 깨지는 것으로 생각했다. 그런 다음 그 자리에 앉아 다시 술잔을 채우기도 하고, 아니면 식탁 밑으로 기어들어갔다가 반대편으로 나오므로 서로 자리를 바꾸기도 하는 문화적 측면에 관한 얘기다. 사회에 이런 문화적 현상이 존재하고 있었으니 리쩨이를 다니는 대학생들도 그것을 즐기지 않을 수 없었을 것이다.

제8연

"사랑하는 우리의 가수여, 아폴론에게 사랑받는 가수여, 가까이 다가오시오! 기타의 조용한 소리로 마음을 사로잡은 사람을 노래하시오. 기타소리의 나른함이 부끄러워하는 가슴속으로 얼마나 달콤하게 흘러드는지!.. 하지만 내가 열정으로 한숨지어야 하는가? 아니다! 술 취한 사람은 그저 웃을 따름이다!"

이 연에서 서정적 자아는 가수를 불러 가까이 한다. 여기에서 가수로 지칭되는 사람은 코르사코프(Николай Александрович Корсаков, 1800~1820)다. 리쩨이를 졸업하고 푸시킨과 함께 외무성 근무를 했던 사람이다. 코르사코프의 생몰 연대에 주의를 기울여보면 대단히 짧은 생을 살았었음을 알 수 있다. 외교업무를 띠고 플로렌스에 파견되었다가 질병에 걸려 죽고 말았다. 아주 다재다능한 사람이었고 푸시킨의 시에 곡을 붙여준 일도 있었다. 그리고 코르사코프는 러시아 최초의 기타 연주자로도 알려져 있다. 그러기에 푸시킨이 '가수'라고 지칭을 하고 있다.

'마음을 사로잡은 사람을 노래'하라는 것은 친구들을 위해 노래를 하라는 뜻이다. 또한 사랑에 빠진 사람들을 위해 노래를 하라는 뜻으로 이해를 해도 내용상의 큰 차이를 만들지는 않는다. 그 다음은 대단히 시적인 표현으로 기타 소리가 '나른함'을 지적하고 있으며 그 소리가 사람의 마음을 적시는 것인데 그 마음마저도 '부끄러워하는' 마음이다. '부끄러워하는 마음'은 독자들이 느끼는 감정 그대로 이해할 수 있을 것이다. 술 앞에서 부끄러운 마음, 친구들 앞에서 부끄러운 마음, 마음을 사로잡은 사람 앞에서 부끄러운 마음이다. 그 마음속으로 흘러드는 기타 소리가 '달콤하기' 그지없다는 것을 서정적 자아가 토로하고 있다.

그런 파티 상황임에도 불구하고 서정적 자아는 '열정'을 떨쳐버릴 수 없다. 그래서 그 열정으로 '한숨'을 지어야만 하는가? 하고 스스로에게 질문을 한다. 그리고 스스로의 질문에 스스로가 답을 한다. 한숨지을 필요가 없다는 것이다. 그 이유는 '술 취한 사람은 그저 웃을 뿐'이기 때문이다. 파티가 무르익고 이성도 무력해졌고 이런 저런 현상들을 묘사한 다음 서정적 자아의 내부에 일어나는 일말의 갈등마저도 잊고자 함이 절절이 배어나고 있다. 술에 취해 기분이 좋아진 상태의 서정적 자아를 설정해 볼 수 있다.

제9연

"모든 사람이 명성을 인정해주는 로데여, 바커스 세상의 영광을 위해 지금은 그대에 의해 조율되지 않은 바이올린이기는 하지만 한 번 켜 주는 것이 더 좋은 일이 아니겠는가? 친구들이여 합창으로 노래를 불러라. 노래를 잘 못 부르는 것은 문제가 되지 않는다. 코를 골았다고? 이것은 불행이 아니다. 술 취한 사람들에게는 모든 것이 다 좋기만 하다!"

로데가 등장하고 있다. 로데(Жак Пьер Жозеф Роде, 1774~1830)는 당시 유명한 바이올리니스트로 프랑스 사람이다. 쌍트 뻬쩨르부르크와 모스크바에 오래 머문 적이 있었고 유명세를 떨치고 있었기에 푸시킨이 그의 명성을 활용하고 있다. 그러나 여기에서 로데가 직접 파티에 참석하고 있는 것이 아니라 제4연에서 언급되었던 야코블레프를 '로데'라고 부르고 있다. 그 이유는 당시 야코블레프가 바이올린을 배우고 있었기 때문이다. 그래서 야코블레프에게 한 곡 켜라고 하고 있다. 그것도 '바커스 세상의 영광을 위해'라고 함으로 파티의 분위기를 좀 띄우라는 차원에서 농담을 섞어 말하고 있다.

그리고 곧이어 합창을 하자고 한다. 초보자 바이올리니스트의 연주가 문제가 되지 않았듯이 노래를 잘 하고 잘 못하고는 여기서 아무런 문제가 되지 않는다. 분위기가 중요하기 때문이다.

게다가 시간이 지나 누군가가 잠에 취했다. 그래서 코를 골았다. 그 사실마저도 서정적 자아는 술에 기대어 긍정적 평가를 내리고 있다. "술 취한 사람들에게는 모든 것이 다 좋기만 하기" 때문이다. 술독에 빠져 하루하루를 살아가는 사람의 태도가 아니다. 평소에 학업에 몰두하고 철학에 심취해 감당하기 어려울 정도의 철학적 고민을 해 오던 대학생들이다. 이들이 파티를 통해 스트레스를 해소하고 또 일탈을 경험하고 있는 것이다. 실은, 파티 장소에 와서도 라틴어에 사로잡혀 있는 친구도 있었고 마치 강의실에 앉아 있는 듯 착각을 하는 친구도 있는 그런 파티다. 전적으로 술이 지배하는 파티가 아니라 젊음과 이성, 학문과 철학이 저변에 깔려 있는 파티로 대학생들의 전형적 일탈이라고 할 것이다.

제10연

"그런데 어찌된 일인가?.. 내게는 모든 것이 다 이중으로 보인다. 아락주가 든 1.2리터짜리 병이 두 개로 보인다. 방 전체가 빙빙 돈다. 두 눈동자가 어둠으로 뒤덮였다... 친구들이여, 그대들은 어디 있는가? 나는 어디에 있는가? 바커스를 위해서라도 내게 말을 해 다오... 친구들이여 그대들은 공책 위에 머리를 떨어트리고 졸고 있는가... 자기의 죄상들이나 밝히는 작가여! 그대가 다른 어떤 사람보다도 더 술이 덜 취한 것처럼 보인다. 빌헬름이여, 나의 시 구절을 읊어라. 그러면 내가 더 빨리 잠에 빠질 터이니."

시간이 많이 지났다. 서정적 자아가 술에 많이 취했다. 이제 서정적 자아의 눈에 사물이 이중으로 보이는 현상이 시작되었다. 그 사실을 서정적 자아는 의아해 하고 있다. 술에 취하면 으레 그렇다는 것을 아직은 잘 모르는 대학생인 서정적 자아다. 눈에 보이는 사물 중 하나가 아락주 병이다. 아락주는 중동, 중앙아시아, 동유럽 지방에서 야자 즙이나 당밀 등으로 만든 증류주를 일반적으로 일컫는다. 리쩨이는 당대 최고 귀족들의 자녀들이 모여 학습을 하던 교육기관이고 여기에서 학업을 연마한 학생들의 파티에 아락주가 등장하는 것은 그다지 놀라운 일이 아니다. 이 시에서 대표적으로 등장하는 술의 종류는 포도주, 샴페인, 럼주, 펀치, 아락주 등으로 대단히 다양함을 알 수 있다.

술에 취한 서정적 자아의 인식체계에서 발생하는 또 다른 현상은 '방 전체가 빙빙 도는 것'이다. 술에 취한 경험이 있는 사람이라면 별다른 부가 설명 없이도 충분히 이해할 수 있는 내용이다. 우리나라 주당들도 가끔 술 먹은 다음날 코가 깨져서 나타나면서 하는 전형적인 말이 있다. "집에 가는 도중에 길거리에 있던 전봇대가 갑자기 내 앞에서 퍽 쓰러지는 거야” 혹은 “걸어가고 있던 길이 갑자기 벌떡 일어서서” 코가 깨졌다고 한다. 전봇대가 쓰러지고 인도가 일어서는 것은 천재지변이 일어난 경우에나 가능할 것이다. 문제는 술 취한 본인이 비틀거렸음을 그렇게 표현하는 것이다.

‘눈동자가 어둠에 뒤덮였다’고 한다. 보이는 게 없다는 뜻이다. 촛불이 꺼져 어둡기도 하려니와 술에 취해 사물을 제대로 구분하지 못하는 탓도 있다. 또한 이제는 서정적 자아가 밀려오는 잠을 참지 못해 눈꺼풀이 내려앉는 현상일 수도 있다.

그래서 서정적 자아는 친구들이 어디에 있는지 또 본인 스스로가 어디에 있는지 의아해 하고 있다. 잘 안 보이는 현상에 더해 파티 장소의 변화도 감지할 수 있는 상황이다. 궁금하기는 하고 알기는 알고 싶은데 아무도 말을 해 주는 사람이 없다. 실제로 서정적 자아가 내적으로 의아해 하고 질문 자체를 하지 않았을 수도 있다. 그런데 서정적 자아는 자기의 의아함을 해소 해 달라고 하면서 바커스를 들먹이고 있다. 역시 술이다.

이미 친구들도 잠에 취했다. ‘공책 위에 머리를 떨어뜨리고 자고 있는 친구’들의 모습을 서정적 자아가 그리고 있다. 서정적 자아 자체가 술에 취해 있기 때문에 액면 그대로 믿을 수는 없다. 다만, 도서관에서 책을 펴 놓은 채 책상에 기대어 자는 모습이나 술에 취해 식탁에 기대어 자는 모습은 흡사하다. 학생 신분인 서정적 자아가 아무리 취해도 책에서 또 학업에서 완전히 자유로울 수 없다.

이 시의 마지막 연의 마지막 부분은 푸시킨의 절친한 친구 중 한 명인 빌헬름 큐헬베케르(Вильгельм Карлович Кюхельбекер, 1797~1846)에 관한 얘기다. 큐헬베케르 역시 리쩨이를 졸업한

후 푸시킨과 함께 외무성에서 근무를 했다. 1817년에서 1820년 사이에 큐헬베케르는 귀족 자제들 교육기관에서 러시아어와 라틴어를 가르치기도 했는데 그에게서 수업을 들은 사람 들 중 미하일 글린카(Михаил Глинка)와 푸시킨의 동생 레프(Лев)도 있었다.

큐헬베케르

큐헬베케르의 정체성 규정 중 첫 번째 것은 '작가'이다. 작가는 작가인데 자기 업보로 작가가 된 사람이다. 사실 이 시행 "Писатель за свои грехи!"는 '자기 업보로 작가가 된 사람'이라고 해석하는 데는 무리가 따를 수 있다. 그래서 다른 판본에 보면 "Писатель! за свои грехи/Ты с виду всех трезвее"로 된 것도 있다. 이 이본을 본다면 "작가여! 나의 잘못으로 그대가 가장 술이 덜 취해 보인다."가 된다. 이는 서정적 자아가 큐헬베케르에게 술을 충분히 권하지 않았기에 그가 술이 가장 덜 취하게 된 상황을 의미하게 된다.

어떤 경우든 서정적 자아가 보기에 큐헬베케르가 가장 덜 취해 보이는 것은 공통적이다. 가장 덜 취해 보이는 친구에게 부탁을 한다. '나의 시구를 읊어다오'라고 부탁하고 있다. 큐헬베케르가 시를 썼고 또 당대에는 당분간이긴 하지만 푸시킨보다 더 인기를 구가하고 있었다는 것은 사실이다. 흥미로운 것은 큐헬베케르가 시구를 읊어주면 서정적 자아가 더 빨리 잠들 수 있을 것이라는 사실이다. 서정적 자아가 시를 잘 이해하고 있으며 더 나아가 스스로의 시를 친구의 낭송으로 듣고 싶어 하는 열망이 내포되어 있다.

서정적 자아가 잠을 자고 싶어 한다. 그것도 빨리 잠들고 싶어 한다. 파티가 계속되더라도 이 파티에 대한 묘사는 더 이상 없음 즉 이 시의 종결 지점이다.

정확한 일자는 알려져 있지 않으나 한때 푸시킨이 아파서 누워있을 때 푸신과 가정교사 치리코프(Чириков) 그리고 큐헬베케르가 푸시킨을 병문안 했다. 이때 푸시킨이 이 시를 처음으로 낭송한 적이 있는데 큐헬베케르가 유독 감동을 받았다. 그리고 이때 큐헬베케르의 청력이 이미 좋지 않은 상태였기 때문에 푸시킨이 시를 다 낭송하자 한 번 더 읽어 달라고 부탁을 했다고 푸신이 전한다.

Кинжал

I

Лемносский бог тебя сковал
Для рук бессмертной Немезиды,
Свободы тайный страж, карающий кинжал,
Последний судия позора и обиды.

II

Где Зевса гром молчит, где дремлет меч закона,
Свершитель ты проклятий и надежд,
Ты кроешься под сенью трона,
Под блеском праздничных одежд.

III

Как адский луч, как молния богов,
Немое лезвие злодею в очи блещет,
И, озираясь, он трепещет
Среди своих пиров.

IV

Везде его найдет удар нежданный твой:
На суше, на морях, во храме, под шатрами,
За потаенными замками,
На ложе сна, в семье родной.

V

Шумит под Кесарем заветный Рубикон,
Державный Рим упал, главой поник закон;

Но Брут восстал вольнолюбивый:
Ты Кесаря сразил — и, мертв, объемлет он
Помпея мрамор горделивый.

VI

Исчадье мятежей подъемлет злобный крик:
Презренный, мрачный и кровавый,
Над трупом вольности безглавой
Палач уродливый возник.

VII

Апостол гибели, усталому Аиду
Перстом он жертвы назначал,
Но вышний суд ему послал
Тебя и деву Эвмениду.

VIII

О юный праведник, избранник роковой,
О Занд, твой век угас на плахе;
Но добродетели святой
Остался глаз в казненном прахе.

IX

В твоей Германии ты вечной тенью стал,
Грозя бедой преступной силе —
И на торжественной могиле
Горит без надписи кинжал.

(1821)

시행의 길이가 길기 때문에 율격과 각운 표기를 아래에 한다.

I

＿ ⊥ ＿ ⊥ ＿ ⊥ ＿ ⊥
＿ ⊥ ＿ ⊥ ＿ ⊙ ＿ ⊥ ＿
＿ ⊥ ＿ ⊥ ＿ ⊥ ＿ ⊥ ＿ ⊙ ＿ ⊥
＿ ⊥ ＿ ⊥ ＿ ⊙ ＿ ⊥ ＿ ⊙ ＿ ⊥ ＿

II

＿ ⊥ ＿ ⊥ ＿ ⊥ ＿ ⊥ ＿ ⊥ ＿ ⊥ ＿
＿ ⊥ ＿ ⊥ ＿ ⊥ ＿ ⊙ ＿ ⊥
＿ ⊥ ＿ ⊙ ＿ ⊥ ＿ ⊥ ＿
＿ ⊥ ＿ ⊥ ＿ ⊙ ＿ ⊥

III

＿ ⊥ ＿ ⊥ ＿ ⊥ ＿ ⊙ ＿ ⊥
＿ ⊥ ＿ ⊥ ＿ ⊙ ＿ ⊥ ＿ ⊥ ＿ ⊥
＿ ⊙ ＿ ⊥ ＿ ⊥ ＿ ⊥ ＿
＿ ⊥ ＿ ⊥ ＿ ⊥

IV

＿ ⊥ ＿ ⊥ ＿ ⊥ ＿ ⊥ ＿ ⊥ ＿ ⊥
＿ ⊥ ＿ ⊙ ＿ ⊥ ＿ ⊥ ＿ ⊙ ＿ ⊥ ＿
＿ ⊙ ＿ ⊥ ＿ ⊙ ＿ ⊥ ＿
＿ ⊥ ＿ ⊥ ＿ ⊥ ＿ ⊥

V

＿ ⊥ ＿ ⊥ ＿ ⊙ ＿ ⊥ ＿ ⊙ ＿ ⊥
＿ ⊥ ＿ ⊥ ＿ ⊥ ＿ ⊥ ＿ ⊥ ＿ ⊥

_ ⊥ _ ⊥ _ o̲ _ ⊥ _
_ ⊥ _ o̲ _ ⊥ _ ⊥ _ ⊥ _ ⊥
_ ⊥ _ ⊥ _ o̲ _ ⊥ _

VI

_ ⊥ _ o̲ _ ⊥ _ ⊥ _ ⊥ _ ⊥
_ ⊥ _ ⊥ _ o̲ _ ⊥ _
_ ⊥ _ ⊥ _ o̲ _ ⊥ _
_ ⊥ _ ⊥ _ o̲ _ ⊥

VII

_ ⊥ _ ⊥ _ o̲ _ ⊥ _ o̲ _ ⊥ _
_ ⊥ _ ⊥ _ o̲ _ ⊥
_ ⊥ _ ⊥ _ o̲ _ ⊥
_ ⊥ _ ⊥ _ o̲ _ ⊥ _

VIII

_ ⊥ _ ⊥ _ o̲ _ ⊥ _ o̲ _ ⊥
_ ⊥ _ ⊥ _ ⊥ _ ⊥ _
_ o̲ _ ⊥ _ o̲ _ ⊥
_ ⊥ _ ⊥ _ ⊥ _ ⊥ _

IX

_ ⊥ _ ⊥ _ o̲ _ ⊥ _ ⊥ _ ⊥
_ ⊥ _ ⊥ _ ⊥ _ ⊥ _
_ o̲ _ ⊥ _ o̲ _ ⊥ _
_ ⊥ _ ⊥ _ o̲ _ ⊥

감 상

시작법

일종의 자유로운 약강격이다(вольный ямб). 9연으로 구성되어 있으며 5연을 제외하면 모두 4행이 한 연을 이루고 있다. 푸시킨이 이렇게 자유 약강격을 이 시에 적용시킨 것은 이 시의 주제인 '자유'와 밀접한 관계가 있다. 고전적인 시작법 상 완전한 형태를 활용하였다면 그 형식 또한 '구속'이 될 수 있는 것이다. 따라서 이 시에 자유 약강격을 도입한 것은 그 나름대로 '완전성'을 추구한 시인의 의도임을 알 수 있다.

또한 각운도 동일한 차원의 각운이다: 환상 각운이 활용되기도 하고 교체 각운이 활용되는가 하면 5연의 경우 인접 각운과 교체 각운이 합성되어 활용되고 있다. 각 행의 길이를 자유롭게 함으로 시의 주제와 관련을 시킨 것과 마찬가지로 각운의 형태도 일정한 형태를 가지고 있는 것이 아니라 고전적 시작법의 형태를 자유롭게 활용하고 있다. 각 연이 인쇄된 형태 역시 다양함에 주의를 기울이자. 역시 주제가 "자유"임과 밀접한 관계 하에서 이해해야 한다.

각 연의 각운을 표기하면 다음과 같다.

I: aBBa
II: CdCd
III: eFFe
IV: gHgH
V: iiJiJ
VI: kLLk

VII: MnnM
VIII: oPoP
IX: qRqR

[제 목]

"단검"이다. 단검이 가지고 있는 상징성을 생각해 보면 '자르기', '끝냄', '복수', '묶인 것을 풀어냄' 등을 의미하고 있다.

구성

이 시는 9연으로 구성되어 있으면서 내용상으로는 크게 4부분으로 나누어진다. 첫 부분은 단검의 성격과 생성 과정 및 목적을 그리스 신화에서 모티브를 얻어 설명한 1~4연까지 이다. 두 번째 부분은 로마의 정치·사회적인 상황에 빗댄 5연이고, 세 번째 부분은 프랑스의 명예혁명과 관련을 지은 6~7연이며 마지막 부분은 독일의 자유 운동가 잔트와 관련을 지은 8~9연이다.

제1연

한 문장으로 구성되어 있는 연이다. 문장의 내용은 "대장장이 신이 불멸의 복수의 신인 네메지다의 손을 위하여 그대 즉 단검을 만들었다"는 것이며 이 단검을 수식하여 주는 내용이 3행과 4행에 걸쳐 나오고 있다. 즉 단검은 '자유의 비밀스러운 수호자'이며 '징벌을 가하는 단검'이고 '창피와 모욕에 대한 최후의 심판자'라는 것이다.

여기에서 '대장장이의 신(Лемноский бог)'은 그리스 신화에서 가져온 것이다. 'Лемнос'는 에게 해에 있는 섬으로 고대 그리스 신화에 의하면 제우스가 불과 대장장이의 신인 게페스트를 올림

포스에서 쫓아낸 곳이다.

그리고 '복수의 여신(Немезида)'은 고대 그리스 신화에서 운명과 징벌의 여신으로 운명과 보복의 상징이다. 이 여인의 손에 쥐어주기 위하여 단검을 만들었다는 것인데 이는 이 단검으로 복수를 하고자 함을 알 수 있다. 누구에 대한 복수인가는 매우 간단하다. 자유를 구속하는 모든 것에 대한 복수이며 창피를 주며 모욕을 가하는 자들 모두에 대한 복수이다. 이는 이 단검의 속성을 알려주는 일련의 성격 규정에서 알 수 있다.

제2연

내용상 두 문장으로 되어 있는 연이며 계속하여 대장장이 신에 의해 만들어진 단검의 성격을 부연설명하고 있다. 내용은 "제우스신의 뇌우가 침묵하고 있는 곳, 법의 검이 잠을 자고 있는 곳에서 그대는 저주와 희망의 완성자이며 왕관의 그림자 밑에서 그리고 화려한 축제의 의상 밑에 숨어 있다"는 것이다. 1행에서 제우스신의 역할이 활동을 멈추고 있는 장소와 법의 검이 잠을 자고 있는 장소라는 것은 자유가 수호되지 않는 모든 나라와 장소를 의미한다. 즉 도덕도 없고 법도 없는 천지를 가리키고 있다. 이러한 곳에서 이 단검은 모든 저주를 징벌하고 모든 희망이 이루어지게 하는 주체자이다. 하지만, 지금 당장 징벌과 희망의 완수를 위해 활동하는 것이 아니라 때를 기다리고 있음을 알 수 있다. 왜냐하면 아직은 이 단검이 숨어있기 때문이다.

제우스신(Зевс)은 벼락을 소유하고 있으며 하늘, 기후의 신으로 로마 신화에서의 주피터에 해당되는 신으로 신 중의 신이며 올림포스 산 정상에 살고 있으며 때로는 바람둥이로 등장한다.

제3연

단검에 대한 성격을 부연 설명하고 있는 연이다. "지옥의 불꽃처럼 신들의 뇌우처럼 차가운 단검의 날은 악을 행하는 자들의 눈에 빛나고 있다. 그리고 좌우를 둘러보면서 단검은 자신의 향연 속에서 흔들리고 있다." 징벌을 위한 지옥의 불꽃, 정상적으로 활동을 하는 신들의 천벌인 뇌우처럼 "악을 행하는 사람들의 눈에 비친다." 함은 악을 철저히 징벌하겠다는 서정적 자아의 바람이자 의지이다. 그리고 "좌우를 돌아보며 자신의 향연 속에서 흔들린다."고 하는 것은 종횡무진 복수를 가하고 벌을 내리고 있음을 알 수 있다.

제4연

일반적인 논지로 단검이 행하고 있는 복수와 징벌의 형태를 마무리 짓는 연으로 이 연이 지나면 구체적인 예를 들 수 있도록 서곡의 마지막을 장식하는 연이다. "그대의 예기치 않은 일격이 그를 여러 곳에서 찾아내고 있다. 즉 땅 위에서도, 바다에서도, 수도원에서도, 텐트 속에서도 비밀스러운 성채 너머에서도 꿈의 침대 위에서도 그리고 자신의 사랑하는 가족들 사이에서도."

다시 말해서 단검의 복수와 징벌의 칼날은 이 우주 모든 곳에서 역할을 성실히 수행하고 있다는 것이다.

제5연

이 연은 이제까지 소개된 단검의 성격과 역할에 대한 구체적인 예를 로마에 적용시킨 예이다. "케사르 즉 시저의 발밑에서 루비콘이 울고 있다, 로마의 권력자는 무너졌고 그의 법은 머리를 숙였다. 그러나 자유를 사랑하는 브루투스는 분연히 일어났다. 그대는 케사르를 베었고 그는 죽었다. 그는 폼페이의 자랑스러운 대리석을 안았다."

시저가 루비콘 강을 건넜다는 것은 잘 알려진 사실이다. 시저(케사르, Кесарь)는 로마의 황제(император, царь)이다. 루비콘(Рубикон)강은 로마 공화정 시대 갈리치아 치살리네와 이탈리아와의 경계를 이루고 있던 작은 시내이다. B.C. 49년 율리우스 케사르의 군대가 이 강을 건너 이탈리아로 들어간 것은 불법이었으며 3년간 전투가 계속되었다. 이 전쟁의 결과로 케사르가 로마의 지배자가 되었다. 이러한 역사적 사실에 근거하여 "루비콘을 건너다"는 표현은 "행동의 첫 걸음을 시작하다"의 의미로 전용되어 사용된다.

케사르가 루비콘 강을 건너 로마로 진격함에 따라 로마는 케사르의 치하에 들어가게 되었다. 이전의 위정자는 무너졌으며 케사르가 점령하기 이전의 법은 효력이 정지되었다. 이에 브루투스가 분연히 일어난 것이다. 브루투스(Брут)는 율리우스 케사르의 친구로 공화정 설립을 위하여 친구를 배반하여 그를 죽인 암살 공모자들의 지도자였다. B.C. 49년 폼페이우스와 케사르 사이에 내전이 일어나자 폼페이우스에 가담하지만 패하고 케사르가 용서를 해 준 적이 있는 이상주의자이다. 그런데 푸시킨은 브루투스를 '자유를 사랑하는'이라는 형용사로 수식하고 있다. 따라서 독재를 하였던 케사르에 반대를 한 브루투스의 정체성을 푸시킨이 높이 평가하고 있음을 알 수 있다.

브루투스는 케사르를 B.C. 44년 3월에 죽였다. 그 내용이 이 연의 다음 두 행에 언급되고 있다. 이 행에서 'ты'라고 함은 브루투스를 일컬을 수도 있고 이 시의 제목이며 주 제재가 되고 있는 '단검'일 수도 있다. 어쩌면 브루투스가 단검으로 케사르를 죽이므로 둘 다를 의미할 수도 있다. 그래서 케사르는 죽었다. 단검에 찔려 넘어지는 케사르는 폼페이의 대리석 기둥을 안고 쓰러진다.

폼페이(Помпей)는 B.C. 61~54년 율리우스 케사르의 친구이며 후에 정적이 된 사람으로 삼두(폼페이우스, 크라수스, 율리우스) 정치의 한 사람을 의미하기도 하고 도시를 의미하기도 한다. 이 시에서는 물론 도시를 의미한다.

제6연

제6연과 제7연은 인류사 속에서 프랑스의 대혁명을 제재로 삼고 있다. 첫 행인 "복수의 자손이 악의에 찬 외침소리를 드높인다."라는 것은 프랑스에서 마라(Marat, 1743~1793)가 코르데(Corday, 1768~1793)에 의해 죽임을 당한 것을 시사하고 있다. 마라는 의학을 전공하는 자연과학도였으나 프랑스 혁명 초기부터 혁명에 가담했다. 그는 열정적이지만 온건한 민주를 향한 지도자였다. 1792년에 그는 반혁명 세력을 지지하고 있던 지롱드 당원들에 대해 전면전을 선언하고 나섰다. 이에 대해 지롱드 당원으로 자유와 민주를 억압하는 세력의 일원이었던 코르데가 1783년 7월 13일에 마라를 '단검'으로 살해했다. 이를 두고 푸시킨이 코르데의 부분적 승전을 시적으로 표현하고 있는 것이다.

이 연의 나머지 부분은 1789년 프랑스 대혁명 당시의 한 장면을 회화적으로 묘사하고 있다. "멸시할 만한, 우울하고 피에 물든, 괴물 같은 형리 집행자가 머리가 잘려 없어져버린 자유의 시신 위에 우뚝 섰다." 혁명의 소용돌이 속에서 반혁명 세력의 단기적 승리 장면을 회화화 하고 있다. 프랑스 대혁명 시기에 대대적으로 사용된 단두대에 기실 반혁명 세력의 머리가 잘려나가는 것이 아니라 자유의 혁명가들 머리가 잘려져 나감을 묘사하고 있다.

제7연

제6연의 내용이 계속되고 있다. "죽은 자들의 사도는 희생된 자의 숙명으로 지친 아이드에게 왕관을 씌워주었다. 그러나 상급의 재판이 그 사도에게 그대와 복수와 싸움의 신인 에브메니다를 보냈다." 이 표현에서 아이드는 그리스 신화에서 죽은 영혼들을 보내는 곳이다. 그런데 이 아이드가 지쳤다는 것은 지나치게 많은 죽은 자들이 있다는 것을 의미한다. 그리고 '왕관을 씌워주었다'라는 표현은 "프랑스 혁명을 통하여 또다시 많은 희생자들을 보냈다."라는 의미로 많은 사람들이 죽었음을 뜻한다. 그러나 이러한 자유를 억압했던 역사적인 심판에 대해 인권을 억압하도록 허락하지 않는 더 상급의 재판이 억압자들을 심판하도록 그대를 보냈다. 여기에서 '그대'는 이 시의 제목인 '단검'일 것이다. 그리고 복수의 신은 불의에 대한 정의의 복수를 위해 보내졌다.

제1연에서는 '불멸의 네메지다'가 복수의 여신으로 나오고 이 연에서는 '에브메니다'가 복수의 여신으로 나온다. 두 신 모두 그리스 신화에서 복수의 신으로 등장하기에 혼동이 없어야 할 것이다. 차이가 있다면 에브메니다가 단순하게 복수의 신으로 등장하는 것에 반해 네메지다는 처음에는 '행복'과 '불행'을 관장하는 신으로 등장하지만 나중에 '복수'의 신의 모습도 띠게 된다는 정도이다.

제8연

제8연과 제9연은 독일의 역사적인 사건을 제재로 삼고 있다. “오, 젊은 정의로운 사람이여, 운명에 의해 선택된 자여, 오 잔트여, 그대의 시대는 재속에서 사그러들었다. 그러나 신성하고 선량한 사람의 눈길은 처형당한 유해 속에 남아있다.” 잔트는 1819년 3월 23일에 러시아 정부의 요원으로 인식되었던 독일의 반동 작가 코체부(Kotzebue, 1761~1819)를 살해한 대학생이다. 코체부는 가벼운 드라마 작가로 러시아 공직 생활을 하였고 그 덕으로 러시아에서 공작 작위를 받았다. 1818년 독일 대학생들의 자유주의적 사상을 비판하고 이에 잔트(Sand, 1795~1820)가 그를 단검으로 살해했다. 잔트는 ‘부르셴샤프트(청년동맹, Burschenschaft)’의 일원이었다. 코체부를 살해한 후 잔트는 몇 차례 자살을 시도했으나 실패하고 1820년 5월에 만하임 법정의 사형 판결에 따라 처형되었다. 잔트의 처형은 푸시킨이 이 시를 출판한 바로 전 해에 일어난 역사적 사건으로 시의 제재로 삼고 있는 것은 어쩌면 당연한 일이었을 것이다.

제9연

제8연의 내용이 계속되고 있다. “그대의 독일에서 그대는 영원한 그림자가 되었다. 악한 힘에 대해 불행으로 위협을 가하면서 아무런 새김이 없는 단검은 승리의 묘지 위에서 빛나고 있다.” 자유의 수호자인 단검이 역사적인 사건들을 통해 활용되므로 자유가 수호되고 억압에 희생된 자들의 묘지 위에서 빛나고 있음은 “사필귀정(事必歸正)” 즉 정의가 종국에 승리함을 의미하고 있다.

“단검”이라는 이 시는 푸시킨이 러시아 내에서 억압당하고 있는 자유를 수호하기 위하여 인류의 역사에서 그 구체적인 예를 들어 주장하고 있음을 알 수 있다. 아마도 이러한 시를 접한 자유 억압의 장본인인 러시아의 차르는 좌불안석일 수밖에 없었을 것이다. 그래서 차르는 푸시킨을 남쪽으로 추방하였다. 결과적으로 1825년 "12월 당원의 반란"이 있었을 때 많은 지식인과 지성인들이 사형을 당하거나 시베리아로 유형을 가게 되었는데 푸시킨은 이미 유배지에 가 있었기 때문에 화를 면하게 되기도 하였다. 새옹지마(塞翁之馬)라고나 할지...

Узник

Сижу за решеткой в темнице сырой.
Вскормленный в неволе орел молодой,
Мой грустный товарищ, махая крылом,
Кровавую пищу клюет под окном,

Клюет, и бросает, и смотрит в окно,
Как будто со мною задумал одно.
Зовет меня взглядом и криком своим
И вымолвить хочет: <<Давай улетим!

Мы вольные птицы; пора, брат, пора!
Туда, где за тучей белеет гора,
Туда, где синеют морские края,
Туда, где гуляем лишь ветер... да я!>>
(1822)

시행의 길이가 길기 때문에 율격과 각운 표기를 아래에 한다.

_ ⊥ _ _ ⊥ _ _ ⊥ _ _ ⊥
_ ⊥ _ _ ⊥ _ _ ⊥ _ _ ⊥
_ ⊥ _ _ ⊥ _ _ ⊥ _ _ ⊥
_ ⊥ _ _ ⊥ _ _ ⊥ _ _ ⊥

_ ⊥ _ _ ⊥ _ _ ⊥ _ _ ⊥
_ ⊥ _ _ ⊥ _ _ ⊥ _ _ ⊥
_ ⊥ _ _ ⊥ _ _ ⊥ _ _ ⊥
_ ⊥ _ _ ⊥ _ _ ⊥ _ _ ⊥

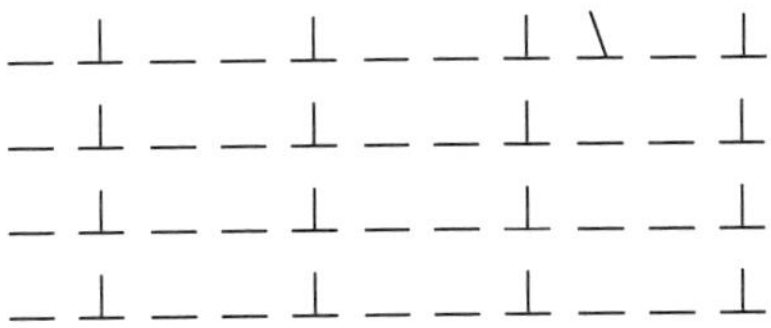

감 상

시작법

3음보 시작법으로 약강약 4보격(четрех-стопный амфибрахий/four feet amphibrach)이다. 각운은 모두 남성 운으로 되어 있고 모든 익투스(иктус)는 차 있다. 이렇게 예외 없이 꽉 찬 음보는 '수인'이라는 주제를 형식적인 면에서 충족시키고 있는 것이다. 모두 남성 운인 것은 시의 주제가 매우 남성적이기 때문이다. 그리고 남성 운이 인접 각운을 이루고 있는 것은 시의 주인공과 독수리라는 개체가 한 조를 이루고 있는 내용과 무관하지 않다. 또한 이 시의 첫 단어와 마지막 단어가 구문적으로 정확하여 시인의 천재성을 보여주고 있다.

[제 목]

이 시의 제목은 "수인(囚人)"이다.

제1연

첫 행이 한 문장을 이루고 있으며 동사 1인칭 단수 현재 변화로 미루어 이 서정적 자아가 시의 주인공 '나'임을 알 수 있다. 지금 화자는 감옥 속에서 철창 너머에 앉아 있다. 시의 제목이 시사하는 바와 같이 갇혀 있는 사람의 이야기임을 알 수 있다. "감옥에 갇혀있다"라는 직접적인 표현을 사용하므로 수인의 자유 없음을 직설적으로 표현하고 있다. 감옥의 열악한 상황을 나타내는 표현으로 형용사 '습기에 찬'이 활용되고 있다. 지하의 감옥으로 지표면과 동일 선 상에 창이 있음을 짐작할 수 있다.

나머지 세 행은 이 시의 주인공의 친구인 '젊은 독수리'에 관한 것이다. 독수리에 관한 이야기를 하면서 주인공은 자신의 처지를 간접적으로 독자에게 말하고 있다. 제2행에서 독수리의 특징은 두 가지이다. 첫째는 '억압 속에서 길러진' 독수리이고 두 번째는 '젊은 독수리'라는 것이다. 억압 속에서 길러졌기 때문에 이 독수리는 감옥에 갇힌 시의 주인공처럼 자유가 없는 새이다. 그리고 주인공의 처지를 대변해 주기 위해 독수리는 젊은 독수리이다. 시인 푸시킨의 생애를 고려해 볼 때 이 시가 쓰인 1822년에 시인은 23세였다. 매우 젊었고 자유가 매우 필요한 시기인데 감옥에 있는 것을 한탄하고 있음을 알 수 있다.

제3행의 반은 또 다른 독수리의 특성을 말하고 있으며 나머지는 내용상 4행으로 이어지고 있다. 독수리의 또 다른 특징은 '나의 슬픈 동지'이다. 여기에서 우리는 '동지'라는 표현을 통해 독수리의 입장이 서정적 자아의 그것과 동일시되고 있음을 알 수 있다. 그리고 '슬픈'이라는 표현에서 자유가 없음으로 인해 독수리도 주인공도 슬퍼하고 있음을 알아야 한다.

3행과 4행의 주어를 '나의 슬픈 동지'라고 언급하고 나머지 서술 부분은 "날갯짓을 하면서 창 밑에서 피 묻은 음식을 쪼고 있다"이다. 날갯짓은 자유를 상징할 수 있지만 옥에 갇혀 있는 주인공이나 매여서 양육되고 있는 독수리 둘 다 가질 수 없는 자유임을 고려할 때 이 날갯짓은 무의미한 짓일 수도 있다. 그러나 그렇다고 해도 독수리의 날갯짓은 여전히 주인공의 자유에 대한 갈망을 나타낸다고 보는 것이 더 타당하다. '피 묻은 음식'은 독수리의 야만성을 나타내고 있지만, 자유를 위한 투쟁으로서의 상징임을 간과해서는 안 된다. 자유로운 자연의 상태에서 독수리가 먹이를 사냥하고 그것을 산 채로 먹는 모습은 옥에 갇혀있는 주인공의 시각에서 볼 때 자연스럽다. 하지만 지금 그의 시야

즉 '창 아래'에서 먹이를 먹고 있는 독수리의 모습은 매우 불합리한 것일 뿐만 아니라 매인 상태에서 독수리가 먹는 먹이의 피가 보여주는 야만성은 진정한 야만성 혹은 자유 그 자체가 아니라 억압당하고 있는 야만성을 표현하고 있다.

제2연

이 연의 첫 두 행에서는 독수리와 시 주인공간의 직접적인 연결이 이루어지고 있다. 우선 독수리가 하고 있는 행위는 세 가지이다. 첫째는 먹이를 쪼는 것이며, 둘째는 그 먹이를 버리는 것이고, 셋째는 창문을 통해 바라다보는 것이다. 먹이를 쪼는 것은 앞 연의 내용이 계속되고 있는 연장선이다. 따라서 자유로운 상태에서 먹는 먹이가 아니므로 버리고 있다. 그리고 먹이와는 상관이 없는 안에 갇힌 자로서 밖의 자유스러운 상태를 갈망하며 창을 통해 밖을 내다보고 있기 때문이다.

그런데 이렇게 하는 일련의 행동들은 마치 시의 주인공인 '나'와 동일한 것을 생각한 것인 양 하고 있다. 따라서 독수리와 주인공이 사고의 차원에서 혹은 동일한 것을 갈망하는 차원에서 직접적으로 연결되고 있다.

3행과 4행에서는 독수리가 자신의 두 가지 의사소통 방법을 이용하여 주인공인 '나'에게 말을 하고 싶어 하는 것의 시작 부분으로 구성되어 있다. 독수리의 의사소통 방법 중 첫 번째 것은 시선으로 나를 부르고 있으며 두 번째 방법은 외침으로 나에게 말을 하고 싶어 하는 것이다. 나에게 하고 싶은 말의 내용은 크게 세 가지인데 그 중 첫 번째의 내용이 2연의 마지막 행 후 반구에 있다. "같이 날아가자!" 여기에서 주목하여야 할 것은 청유 명령을 독수리가 주인공에게 하고 있는데 친숙한 사이에서 사용되는 평칭 법을 사용하고 있다는 것이다. 이는 제1연에서 시의 주인공이 독수리를 지칭하여 "동지"라고 부른 것과 일맥상통한다.

제3연

앞 연에서 독수리가 주인공에게 하고자 했던 이야기의 내용 중 두 번째와 세 번째의 내용이 첫 행에 있고 나머지는 '날아가고자 하는' 장소에 대한 보충 서술이다. 독수리가 주인공에게 청하려는 내용은 '우리 즉 독수리와 시의 주인공은 자유로운 새들'이라는 것이 이 연에서 첫 번째이고 두 번째는 '지금이 때이다'라는 것이다. 이제는 더 이상 갇혀 있는 상태에 머물지 말고 자유를 찾아 날아가자고 청유한다. 직접 화법으로 표시되어 있는 독수리의 이 청유의 내용에서도 역시 독수리가 주인공에게 친숙한 사이임을 시사하고 있다. 즉 독수리는 시의 주인공을 '형제'라고 부르고 있다. 물론, 이는 독수리가 주인공에게 견지하는 태도이기는 하지만, 결국은 시의 주인공이 말을 할 수 없는 독수리를 보면서 스스로 설정하는 관계인 것은 틀림없다.

날아가고자 하는 장소에 대한 부연 설명은 세 가지로 되어 있다. 첫째, 구름 너머 산이 하얗게 빛나는 곳이다. '구름 너머'라는 표현은 우선은 이곳과는 지리적으로 거리가 먼 곳을 말한다. 더 나아가 '구름'이라는 사물이 상징할 수 있는 자유로움의 개념을 초월하여 설정되고 있는 장소는 그 구름 너머 즉 더 먼 곳을 이른다. 자유롭게 떠도는 구름 너머의 장소를 설정함으로 서정적 자아가 그리고 있는 자유는 체제나 사회 구조가 허락하는 정도의 자유가 아니라 진정한 자유 그 자체다. 그리고 '산이 하얗게 빛나는 곳'은 아마도 구름 너머로 보일 정도로 크고 높은 산

즉 큰 자유를 의미하며 또한 하얗다는 자질도 자유 그 자체를 의미하지 어떤 조건이 달린 자유를 의미하지는 않을 것이다. 높이 날고자 하는 열망의 표현이다.

둘째는 산이 아니라 바다이다. 바다의 끝이 푸르게 빛나는 곳이다. 산과는 달리 광활하고 자유로운 물결의 상태에 견주어 자유의 특성을 나타내고 있다. 이는 넓게 날고자 하는 열망을 나타내고 있다.

셋째는 바람과 독수리만이 거닐고 있는 곳을 나타내고 있다. 이는 자연 그 상태로 있는 독수리를 말하고 있으며 바람이 부는 대로 날고 있는 독수리를 그려볼 때 자유로운 상태의 극치를 추구하고 있음을 알 수 있다. 위의 두 곳 즉 '하얗게 빛나는 산'과 '바다가 푸르게 빛나는 곳'이 장소적 자유를 의미한다면 이 세 번째 것은 정신적인 상태의 자유를 의미한다고 할 것이다.

이 연의 4행 끝 부분이 "да я!"로 되어 있는 것에 주의를 기울일 필요가 있다. 이 표현에서 да는 и의 의미로 단순 나열이다. 즉 '바람과 독수리'만이 노닐고 있다는 의미이다. 따라서 'да'라는 접속사를 'и'로 바꾸어도 아무런 차이를 만들지는 않는다. 두 접속사 모두 1음절 단어이기 때문에 시작법상의 문제도 발생하지 않는다. 그렇다면 굳이 'да'를 쓴 이유를 설명할 수 없을 것이다. 그러나 푸시킨이 누구인가? 당연히 'и'를 쓰지 않고 'да'라는 접속사를 사용하고 있는 데는 합당한 이유가 있다. 즉 이 표현의 각운을 이루고 있는 3행의 끝 단어 'края'와 'я'만 있어도 각운은 형성이 된다. 그러나 'и'를 쓰지 않고 'да'라는 접속사를 쓰므로 이 각운이 더욱 풍부해 진다. 즉 초과 운(обогатительная рифма, enriched rhyme)의 효과를 푸시킨이 사용하고 있다.

Телега жизни

Хоть тяжело подчас в ней бремя,	_ ○ _ ⊥ _ ⊥ _ ⊥ _
Телега на ходу легка;	_ ⊥ _ ○ _ ⊥ _ ⊥
Ямщик лихой, седое время,	_ ⊥ _ ⊥ _ ⊥ _ ⊥ _
Везет, не слезет с облучка.	_ ⊥ _ ⊥ _ ○ _ ⊥
С утра садимся мы в телегу;	_ ⊥ _ ⊥ _ ⊥ _ ⊥ _
Мы рады голову сломать	_ ⊥ _ ⊥ _ ○ _ ⊥
И, презирая лень и негу,	_ ○ _ ⊥ _ ⊥ _ ⊥ _
Кричим: пошел!	_ ⊥ _ ⊥
Но в полдень нет уж той отваги;	_ ⊥ _ ⊥ _ ⊥ _ ⊥ _
Порастрясло нас; нам страшней	_ ⊥ _ ○ _ ⊥ _ ⊥
И косогоры, и овраги;	_ ○ _ ⊥ _ ○ _ ⊥ _
Кричим: полегче, дуралей!	_ ⊥ _ ⊥ _ ○ _ ⊥
Катит по-прежнему телега;	_ ⊥ _ ⊥ _ ○ _ ⊥ _
Под вечер мы привыкли к ней	_ ⊥ _ ⊥ _ ⊥ _ ⊥
И дремля едем до ночлега –	_ ⊥ _ ⊥ _ ○ _ ⊥ _
А время гонит лошадей.	_ ⊥ _ ⊥ _ ○ _ ⊥

(1823)

감 상

시작법

약강 4음보격이다(четырех-стопный ямб). 4연으로 구성되어 있으며 각운은 여성 각운과 남성 각운이 교체되고 있다. 다만, 제2연의 마지막 행은 완성된 행이 아님으로 온전한 각운을 이루고 있지 않다. 사실, 제2연의 제4행의 두 번째 반구는 출판의 검열을 의식하여 푸시킨 생애에 단 한 번도 출판되지는 않았지만 생략된 부분이 "ебёна мать"임은 이미 잘 알려진 내용이다. 생략된 부분의 내용이 욕에 해당되므로 검열을 통과할 수 없었겠지만 시작법 상 완전한 반구를 이루고 있음은 알 수 있다.

[제 목]

이 시의 제목은 "인생의 마차"이다. 인생을 마차에 비유하고 있다. 지금은 조금 진부하다고 할 수 있으나 푸시킨의 시대에는 색다른 비유였을 것이다.

제1연

인생을 마차에 비유하고 있다. "비록 때로는 실은 짐이 무거울지라도 수레는 길에서 가볍게 가고 있다. 용감한 마부는 오랫동안 마부의 자리에서 내려오지 않고 마차를 몰고 있다." 때로는 인생이 수월치만은 않음을 마차에 실린 짐이 때로는 무거울 수 있다는 것으로 비유하고 있다. 그러나 비록 무거운 짐이 실려 있는 마차이지만, 마차는 길에서 가볍게 가고 있다.

제3행에서 마부를 수식하고 있는 형용사는 'лихой'이다. 이는 자칫 '간악한' 혹은 '괴로운'의 의미로 이해할 수 있으나 이 시에서는 구어체로 '대담하고' '용감한' 또는 '위풍이 당당한'의 의미를 가지고 있다. 삽입구로 들어있는 'седое время'는 푸시킨의 시에서 여러 가지를 의미할 수 있으나 이 시에서는 '오랫동안'을 의미한다. 푸시킨 사전에 의하면 형용사 'седое'는 '무엇인가 오래된 것' 혹은 '무엇인가 오래 전부터 존재해 오는 것'을 의미하기 때문이다. 따라서 이 표현은 마부가 말을 몰고 있는 물리적인 시간이 오래되었다는 것을 의미할 수도 있으며 인생을 마차에 비유하는 것이 오래된 것이라는 것을 의미할 수도 있다.

그리고 마지막 행에서 마부가 마부 석에서 내리지 않고 계속해서 마차를 몰고 있다고 함은 인생이라는 마차와 그 인생을 살아가는 주체인 한 개인과는 불가분의 관계에 있음을 논하고 있음은 자명한 일이다.

이 시의 제1연은 인생에 대한 일반론을 펴고 있다. 즉 인생 자체를 마차에 비유하고 있으며 그 마차를 몰고 있는 마부는 인생을 살아가는 주체로서 시인이나 혹은 독자를 지칭하고 있다.

제2연

이 연은 인생의 젊은 시기에 대해 노래하고 있다. 첫 행의 첫 표현이 하루의 시간 대 중 맨 먼저 시간인 '아침부터'이다. "아침부터 우리는 마차에 앉는다." 마차가 인생에 비유되고 있음으로 '아침에 마차에 앉는다.'라는 것은 '인생을 시작한다.'로 이해하여야 할 것이다. 이렇게 시작된 인생의 젊은 시절에 대한 특징들이 나머지 세 행에 걸쳐 나오고 있다.

첫째 특징은 "우리는 머리를 쥐어짜며 학습하는 것을 즐거워한다."는 것이다. 이는 젊은 시절에 인간이 진정한 인생의 준비를 위하여 학교를 다니며 다양한 지식을 습득하는 것을 의미한다. 그런데 여기에서 'голову сломать'는 'учиться'라는 동사보다는 부정적이다. 즉 학습의 어려움과 괴로움이 더 강조되어 있는 표현이다. 이렇게 부정적인 동사를 사용하여 표현된 학습이지만, 인간은 젊은 시절에 기꺼이 한다고 푸시킨은 말하고 있다. 그리고 시작법 상 월행(Перенос)이 사용되고 있는 것 또한 내용을 뒷받침하고 있다.

두 번째 특징은 젊은이들은 "게으름과 안일함을 업신여긴다."는 것이다. 아직은 인생을 준비하고 있는 단계임으로 열과 성을 다하는 모습을 그리고 있으며 안주하거나 편안하며 사치스러운 인생을 살고 있지 않음을 의미한다. "젊어서 고생은 사서라도 한다."는 우리말과 일맥상통한다.

마지막 행은 위의 두 가지 특징을 지닌 젊은이로서 "출발!"하고 외치고 있다. 인생을 힘차게 시작하는 모습을 그림처럼 볼 수 있는 것이다. 그리고 위의 시작법에서도 논의를 하였지만 후 반구가 생략되어 있다. 생략된 부분의 내용은 'ебёна мать'로 욕이기 때문에 검열을 의식하여 푸시킨이 의도적으로 생략한 것임에 틀림없다. 그리고 생략 부호를 네 개 사용하고 있는 것은 이 생략된 표현에서 모음의 수가 네 개이기 때문이다. 비록 생략되어 있지만 시작법상의 완전성이 더욱 돋보이는 푸시킨만의 천재성을 볼 수 있다. 또한 이러한 표현이 생략되어 있음은 학창시절에 인간이 욕을 많이 하는 특징을 나타내고 있음도 간과할 수 없는 중요한 점이다.

제3연

이 연은 성인으로서 살아가는 인생을 마치 여행에 비유하고 있다. 이 연이 시작되고 있는 첫 행의 첫 단어가 'но'라는 역행접속사이다. 즉 제2연에서 언급하였던 것에 대해 반하는 내용이 나오고 있음을 알 수 있다.

그 첫째가 "한 낮이 되자 이전에 있었던 그러한 모험심이 이미 없다"이다. 그 이유는 "우리는 이미 한동안 까불렀기" 때문이다. 아침부터 마차를 타고 한 낮이 될 때까지 여행을 한 것 즉 인생의 준비 단계를 거쳐 성인이 되기까지 이미 많은 산전수전(山戰水戰)을 겪었음을 의미한다. 따라서 젊었을 때 가지고 있던 무모하다할 정도의 모험심은 더 이상 없다는 판단이다.

그래서 "우리에게는 가파른 길도 더 두렵고," "계곡도 더 두렵다"고 고백하고 있다. 어떤 어려움도 헤쳐 나갈 준비가 되어 있던 젊은 시절과는 달리 이제는 그 어떤 인생의 부침도 두렵게 다가오는 현상을 설파하고 있다. 즉 평온한 삶을 추구하고 있는 상태를 읊고 있다. 그래서 우리는 "좀 살살 몰아라, 이 바보야! 라고 외친다." 젊은 시절에 마부를 욕해가면서 까지 세차게 출발한 마차 여행에서 이제는 좀 천천히 그리고 "조심해서 마차를 몰라"고 요구를 하고 있다. 더불어서 여전히 도도하게 흘러가는 인생에 대해 어리석다고 평을 하고 있다.

제4연

이 연은 노년에 관해 노래하고 있다. "마차는 이전처럼 계속해서 굴러간다. 저녁때가 되자 우리는 마차에 이미 익숙해져 있어서 졸면서 밤을 지새울 곳을 향해서 간다. 하지만, 시간은 말을 재촉하고 있다." 사람은 나이를 먹어가지만, 인생은 쉼 없이 흘러가고 있다. 따라서 마차는 이전처럼 계속해서 가고 있다고 말하고 있다. 저녁때가 되었다 함은 인생의 막바지에 이르렀음을 말한다. 그리고 마차에 익숙해져 있다는 표현 역시 인생을 거의

다 산 한 인간이 인생에 대해 익숙해져 있음을 의미한다. 그래서 어른이 되었을 때 걱정이 많았던 것에 비하면 이제는 예전과 다름없이 가고 있는 마차에서 졸고 있을 수 있는 것이다. 그리고 밤을 지새우는 곳은 아마도 죽음이나 무덤을 향해 가고 있음을 상징하고 있을 것이다.

이러한 인생의 특징과는 달리 시간은 변함없이 말을 재촉하고 있다. 인간이 죽음으로부터 자유로울 수 없음을 말하고 있다.

이 시는 이미 진부해진 표현에 불과할지 모르지만, 하루의 시간대에 인생의 흐름을 맞추고 마차 여행으로 인생을 논한 시이다.

К морю

I

Прощай, свободная стихия!
В последний раз передо мной
Ты катишь волны голубые
И блещешь гордою красой.

II

Как друга ропот заунывный,
Как зов его в прощальный час,
Твой грустный шум, твой шум призывный
Услышал я в последний раз.

III

Моей души предел желанный!
Как часто по брегам твоим
Бродил я тихий и туманный,
Заветным умыслом томим!

IV

Как я любил твои отзывы,
Глухие звуки, бездны глас,
И тишину в вечерний час,
И своенравные порывы!

V

Смиренный парус рыбарей,
Твоею прихотью хранимый,

Скользит отважно средь зыбей:
Но ты взыграл, неодолимый,
И стая тонет кораблей.

VI

Не удалось навек оставить
Мне скучный неподвижный брег,
Тебя восторгами поздравить
И по хребтам твоим направить
Мой поэтический побег!

VII

Ты ждал, ты звал... я был окован;
Вотще рвалась душа моя:
Могучей страстью очарован,
У берегов остался я...

VIII

О чем жалеть? Куда бы ныне
Я путь беспечный устремил?
Один предмет в твоей пустыне
Мою бы душу поразил.

IX

Одна скала, гробница славы...
Там погружались в хладный сон
Воспоминанья величавы:
Там угасал Наполеон.

X

Там он почил среди мучений.
И вслед за ним, как бури шум,
Другой от нас умчался гений,
Другой властитель наших дум.

XI

Исчез, оплаканный свободой,
Оставя миру свой венец.
Шуми, взволнуйся непогодой:
Он был, о море, твой певец.

XII

Твой образ был на нем означен,
Он духом создан был твоим:
Как ты, могущ, глубок и мрачен,
Как ты, ничем неукротим.

XIII

Мир опустел... Теперь куда же
Меня б ты вынес, океан?
Судьба земли повсюду та же:
Где капля блага, там на страже
Уж просвещенье иль тиран.

XIV

Прощай же, море! Не забуду
Твоей торжественной красы
И долго, долго слышать буду

Твой гул в вечерние часы.

XV

В леса, в пустыни молчаливы
Перенесу, тобою полн,
Твои скалы, твои заливы,
И блеск, и тень, и говор волн.
(1824)

시행의 길이가 길기 때문에 율격과 각운 표기를 아래에 한다.

I

ㅡ ㅗ ㅡ ㅗ ㅡ 으 ㅡ ㅗ ㅡ
ㅡ ㅗ ㅡ ㅗ ㅡ 으 ㅡ ㅗ
_ ㅗ ㅡ ㅗ ㅡ 으 ㅡ ㅗ ㅡ
ㅡ ㅗ ㅡ ㅗ ㅡ 으 ㅡ ㅗ

II

ㅡ ㅗ ㅡ ㅗ ㅡ 으 ㅡ ㅗ ㅡ
ㅡ ㅗ ㅡ ㅗ ㅡ ㅗ ㅡ ㅗ
_ ㅗ ㅡ ㅗ ㅡ ㅗ ㅡ ㅗ ㅡ
ㅡ ㅗ ㅡ ㅗ ㅡ ㅗ ㅡ ㅗ

III

ㅡ ㅗ ㅡ ㅗ ㅡ ㅗ ㅡ ㅗ ㅡ
ㅡ ㅗ ㅡ 으 ㅡ ㅗ ㅡ ㅗ
ㅡ ㅗ ㅡ ㅗ ㅡ 으 ㅡ ㅗ ㅡ
ㅡ ㅗ ㅡ ㅗ ㅡ 으 ㅡ ㅗ

IV

_ ⊥ _ ⊥ _ ⊥ _ ⊥ _
_ ⊥ _ ⊥ _ ⊥ _ ⊥
_ o̲ _ ⊥ _ ⊥ _ ⊥
_ o̲ _ ⊥ _ o̲ _ ⊥ _

V

_ ⊥ _ ⊥ _ o̲ _ ⊥
_ ⊥ _ ⊥ _ o̲ _ ⊥ _
_ ⊥ _ ⊥ _ o̲ _ ⊥
_ ⊥ _ ⊥ _ o̲ _ ⊥ _
_ ⊥ _ ⊥ _ o̲ _ ⊥

VI

_ o̲ _ ⊥ _ ⊥ _ ⊥ _
_ ⊥ _ o̲ _ ⊥ _ ⊥
_ ⊥ _ ⊥ _ o̲ _ ⊥ _
_ o̲ _ ⊥ _ ⊥ _ ⊥ _
_ o̲ _ ⊥ _ o̲ _ ⊥

VII

_ ⊥ _ ⊥ _ ⊥ _ ⊥ _
_ ⊥ _ ⊥ _ ⊥ _ ⊥
_ ⊥ _ ⊥ _ o̲ _ ⊥ _
_ o̲ _ ⊥ _ ⊥ _ ⊥

VIII

_ ⊥ _ ⊥ _ ⊥ _ ⊥ _
_ ⊥ _ ⊥ _ o̲ _ ⊥

_ ⊥ _ ⊥ _ ⊥ _ ⊥ _
_ ⊥ _ ⊥ _ o̲ _ ⊥

IX
_ ⊥ _ ⊥ _ ⊥ _ ⊥ _
⦣ o̲ _ ⊥ _ ⊥ _ ⊥
_ o̲ _ ⊥ _ o̲ _ ⊥ _
⦣ o̲ _ ⊥ _ o̲ _ ⊥

X
⦣ ⊥ _ ⊥ _ o̲ _ ⊥ _
_ ⊥ _ ⊥ _ ⊥ _ ⊥
_ ⊥ _ ⊥ _ ⊥ _ ⊥ _
_ ⊥ _ ⊥ _ ⊥ _ ⊥

XI
_ ⊥ _ ⊥ _ o̲ _ ⊥ _
_ ⊥ _ ⊥ _ ⊥ _ ⊥
_ ⊥ _ ⊥ _ o̲ _ ⊥ _
_ ⊥ _ ⊥ _ ⊥ _ ⊥

XII
_ ⊥ _ ⊥ _ ⊥ _ ⊥ _
_ ⊥ _ ⊥ _ ⊥ _ ⊥
_ ⊥ _ ⊥ _ ⊥ _ ⊥ _
_ ⊥ _ ⊥ _ o̲ _ ⊥

XIII
⦣ o̲ _ ⊥ _ ⊥ _ ⊥ _

_ ⊥ _ ⊥ _ o _ ⊥
_ ⊥ _ ⊥ _ ⊥ _ ⊥ _
\ ⊥ _ ⊥ _ ⊥ _ ⊥ _
\ o _ ⊥ _ o _ ⊥

XIV

_ ⊥ _ ⊥ _ o _ ⊥ _
_ ⊥ _ ⊥ _ o _ ⊥
_ ⊥ _ ⊥ _ ⊥ _ ⊥ _
_ ⊥ _ ⊥ _ o _ ⊥

XV

_ ⊥ _ ⊥ _ o _ ⊥ _
_ o _ ⊥ _ ⊥ _ ⊥
_ ⊥ _ ⊥ _ ⊥ _ ⊥ _
_ ⊥ _ ⊥ _ ⊥ _ ⊥

바다에게(일린 작, 1949년)

감 상

시작법

4행 1연 혹은 5행 1연 총 15연 시이다. 5행으로 이루어진 연은 5, 6, 13연으로 모두 세 연이다. 이것은 긴 시에 해당되는 이 시에서 지루함을 극복할 수 있으며 독자들의 기대를 어긋나게 함으로 주위를 환기시키고자 함이다.

약강 4보격이며 각운은 여성과 남성이 교체 각운을 이루고 있다. 다만, 4연은 AbbA로 환상 각운을 이루고 있는데 이는 5행 1연의 형태가 처음으로 나오는 5연 앞에서 변화의 기제로서 기능하고 있다. 5행 1연으로 되어 있는 제5연은 각운의 형태가 aBaBa이며 6연과 13연은 AbAAb이다. 역시 동일한 각운을 반복하지 않음으로 기대치에 어긋나게 하고 있다. 또한 '바다'라고 하는 자연이 가지는 자유로움을 이렇게 다양한 각운으로 표현하고 있다고 해도 과언은 아닐 것이다.

[제 목]

"바다에게"라는 제목은 여러 가지를 의미할 수 있다. 시의 내용을 감상하면서 구체적으로 밝혀볼 일이다.

제1연

첫 행은 "자유로운 자연의 구성 요소여, 안녕!"이다. 서정적 자아가 자연 전반에 대해 안녕을 고하고 있는 것이 아니라 자연을 구성하고 있는 기본적인 요소 즉 흙, 물, 불, 바람에 대해 안녕을 고하고 있다. 이렇게 자연의 구성 요소에 대해 안녕을 고함으로 화자는 그 자연 요소의 조합으로 이루어지고 있는 모든 자연에 대해 본질적인 안녕을 고하고 있다.

나머지 부분은 한 문장으로 되어 있다. "그대는 내 앞에서 마지막으로 푸른 물결을 굴리고 있고 자랑스러운 아름다움으로 빛나고 있다." 이별을 고하고 있는 자연의 상태를 묘사하고 있다. 즉 화자 앞에서 자연의 구성요소들이 푸른색 물결을 굴리고 있는데 문제는 '마지막'으로의 표현이다. 화자가 죽어서 더 이상 자연의 현상을 볼 수 없거나 혹은 현재 앞에 놓고 보고 있는 바다와는 멀리 떨어져 가고 있는 지도 모른다.

푸시킨이 바다와 이별하고 있다
(일리야 레핀 작)

여하튼 '자유로운 자연의 구성 요소'라로 부른 것과 푸른 물결 모두는 자유를 갈구하는 화자의 태도와 밀접한 관계가 있다. 따라서 '자랑스러운 아름다움'이라는 표현에서 자연의 아름다움을 단순하게 표현한 것이 아니라 자유로운 상태를 간직하고 있는 아름다움을 의미하게 된다.

제2연

"마치 친구의 괴로운 듯한 불평과 같은, 마치 그가 마지막 인사를 나눌 때 부르는 소리와 같은 그대의 슬픈 소음과 그대의 부르는 소리를 나는 마지막으로 들었다.” 하나의 문장으로 구성되어 있는 연이며 직유가 두 개 있다. 첫째의 직유는 “친구의 괴로운 듯한 불평과 같다”이다. 자연의 소리가 이렇게 친구의 불평하는 소리에 비유되고 있음은 두 가지의 감정을 갖게 한다. 첫째 감정은 자연이 친구와 같다는 것이다. 즉 자연이 화자에게는 친구처럼 매우 소중하며 또 가깝다는 주장이다. 두 번째 감정은 이렇게 친구와 같은 자연과 헤어지는 마당에 자연의 소리가 음악처럼 들리지 않고 불평하는 소리처럼 들린다는 것이다. 화자가 슬퍼함이 틀림없음에도 시인은 화자의 감정을 겉으로 드러내지 않고 자연이 내는 소리를 인식하는 화자의 태도를 보여 줌으로 독자가 화자의 마음을 알 수 있게 하고 있다.

제1행의 의미가 일정 정도 발전하여 제2행에서 반복되고 있다. 친구의 불평 소리가 평상시에 하는 불평의 소리가 아니라는 의미다. 즉 친구가 마지막으로 이별을 고하는 순간에 하는 그러한 불평의 소리로 자연의 소리를 화자가 듣고 있다. 역시 화자가 지금 그 앞에 있는 자연과 영원히 헤어지려고 하고 있음을 알 수 있으며 그것이 결코 즐겁지 않은 일임을 알 수 있다. 여기에서 영원히 헤어지려고 하는 것은 ‘헤어지는 순간에’라는 표현에 사용된 형용사 ‘прощальный’이다. 이 형용사는 동사 ‘прощаться’와 같은 어원을 가진 단어로 러시아어의 헤어지는 인사법 중 영원한 이별을 고할 때 사용되는 형용사이다.

3행과 4행은 이 연의 문장 중 주절을 이루고 있다. “내가 마지막으로 들었다”는 문장에 대해 “그대의 슬픈 소음과 그대의 부르는 듯한 소리”가 목적어로 구성되어 있다. 화자가 능동적으로 자연의 소리를 청각을 통해 인식하고 있다. 문제는 화자의 심경이 매우 부정적이라는 것인데 이러한 부정적인 심경을 표하기 위하여 사용된 일련의 표현들이 있다. 그 첫째가 자연의 소리가 '슬픈' 특징이며 둘째는 자연의 소리가 '부르는 듯한' 특징이고 이러한 자연의 소리를 화자가 '마지막으로' 들었다는 것이다. 모두가 부정적인 느낌을 전달하는 표현으로 화자의 심경이 몹시도 불편하며 불행한 것을 알 수 있다.

제3연

두 개의 감탄문으로 구성되어 있는 연이다. "오랫동안 갈구되었던 내 영혼의 분열이여! 신성한 계획으로 고민을 하고 있던 조용하고 안개에 쌓인 나는 얼마나 자주 그대의 해변을 따라 헤매고 다니곤 했던가!"

첫 감탄문은 아마도 화자가 자연 앞에서 간직하게 된 두 가지의 느낌을 대변할 것이다. 즉 자연의 아름다움에 대해 기뻐하고 감탄했던 화자의 마음과 지금은 이별 앞에서 자연의 슬픔을 느끼고 있는 화자의 착잡한 심정의 갈등을 나타내고 있다. 헤어지기 직전까지는 분열된 마음이 아니었을 것이다. 그러나 헤어지는 마당에 화자가 자연 앞에서 가지게 되는 두 가지의 상반된 느낌으로 인해 이러한 표현을 하고 있다.

두 번째 감탄문에서 우리는 상당히 많은 정보를 제공받는다. 첫째, 화자는 자주 해변을 산책하였다는 것으로 이는 화자가 자연과 매우 가까웠음을 증명하는 요소다. 그리고 인간들의 세상으로부터 멀어지고 싶었을 때나 혹은 괴로울 때 화자는 언제나 해변을 거닐었다는 정보다.

그 다음은 화자가 혼자 걸었음을 알 수 있다. 화자를 수식하고 있는 형용사가 'тихий'인데 이는 화자가 '말없이' 혹은 '말상대 없이 걸었음'을 나타내고 있다. 그리고 이러한 화자의 상태를 보완해 주는 표현으로 화자는 지금 '신성한 계획으로 고통을 당하고 있다'가 추가되었다. 즉 화자는 누구와 즐겁고 경쾌한 산책을 하였던 것이 아니라 사색에 잠겨 자연 속에 묻혔던 심경을 이야기하고 있다. 그러나 여기에서 '계획'에 대한 구체적인 정보는 얻을 수가 없다. 다만, 화자가 계획하고 있는 것이 '신성하다'는 것밖에는...

흥미로운 일은 화자를 수식하는 또 다른 하나의 형용사 'туманный'의 의미를 밝히는 일이다. 혼자서 산책을 하는 것도 이해를 할 수 있고 상념에 잠겨 산책을 하는 것도 좋다. 그런데 도대체 어떻게 하면 'туманный'한 화자의 형상을 올바르게 이해하는 것인가를 결정하는 것은 쉽지 않은 일이다. 바닷가이기 때문에 그 지역에 안개가 많을 것임은 쉽게 추측할 수 있다. 따라서 화자가 '안개와 같은'이 아니라 '안개에 쌓인'으로 이해를 하는 것이 바람직하다.

제4연

이 연은 화자가 대단히 사랑한 자연의 여러 가지 요소에 관한 연이다. 그러한 내용이 하나의 감탄문으로 표현되어 있다. "나는 얼마나 그대의 소리를 좋아했는가, 공허한 소리, 심연의 소리, 그리고 저녁나절의 고요함을 그리고 변화무쌍한 물결의 돌진을!"

여기에서 화자가 사랑한 자연의 소리가 복수이다. 따라서 자연의 한결같은 소리가 아니라 다양한 소리를 화자가 사랑했음을 알 수 있다. '공허한 소리'에 대해서도 논의를 하여야 한다. 사실 '공허한'으로 번역을 한 이 형용사는 러시아어로 'глухой'의 복수형인 'глухие'가 사용되고 있다. 이 형용사의 첫 의미는 '귀먹은, 귀머거리의'이다. 따라서 자칫 '들을 수 없는 소리'의 의미도 될 수도 있다. 그렇다면 모순어법으로 들을 수 없는 소리를 사랑했다는 의미가 될 것이다. 이 경우라면 자연은 아무런 소리를 내지 않았고 화자만이 자연으로부터 느낀 그러한 소리임을 의미할 수 있다. 그러나 '공허한 소리'라고 이해를 한다면 자연이 소리를 내기는 하였지만 인간의 목소리와 같이 어떤 특정한 내용을 담고 있는 소리가 아니라 아무런 의미가 없는 소리로 이해할 수 있을 것이다.

그 다음으로 화자가 사랑한 소리는 '심연의 소리'이다. 바다를 앞에 두고 있는 화자는 아마도 바다의 바닥이 없는 곳에서 나는 소리를 들었을 것이다. 푸시킨의 천재성을 다시 확인할 수 있는 부분은 그가 사용한 '소리'에 대한 단어들이다. 우리말로는 한 단어로 번역될 수밖에 없지만 러시아어로는 세 단어가 다 다르다: отзывы, звуки, глас.

화자는 자연의 소리를 좋아한 것에 그치지 않고 자연의 고요함을 또한 사랑했다. 그것도 아침에 좋아한 것이 아니라 '자연의 고요함을 저녁때에 좋아했다'고 했다. 하루를 다 살고 차분히 하루를 정리하면서 사색에 잠겨있는 시간대인 저녁때 화자가 자연의 고요함을 좋아하고 있다. 이러한 사색의 시간에 소리를 좋아할 수는 없을 것이다.

그리고 화자가 이 연에서 마지막으로 사랑한 자연의 요소는 '변화무쌍한 물결의 돌진'이다. 이는 화자가 인간 세상에서 그 어떤 것에도 얽매이지 않고자 하여 자연을 가까이 하는 심정을 나타내고 있다. 자연의 무한한 변화와 자유자재(自由自在)로움을 노래하고 있는 것이다. 특히 자연 중에서도 바다를 앞에 두고 있는 화자가 끊임없이 밀려오고 밀려가는 물결을 사랑하였음을 알 수 있는 표현이다.

제5연

5행으로 이루어진 세 연 중 첫째 연이다. 1연에서 4연까지 화자는 자신과 자연과의 관계를 설정하고 있다. 이러한 내용이 이 연에서 끝이 나고 눈앞에 펼쳐진 하나의 그림을 묘사하고 있다. 그렇기 때문에 이 연은 4행으로 구성되어 있는 것이 아니라 5행으로 구성되어 있다. 즉 독자의 계속적인 기대를 무너뜨림과 동시에 이제까지 나왔던 내용과는 다른 내용을 전개하는 기능을 하고 있다. 물론, 이러한 것은 다음 연에서도 계속된다.

하나의 풍경화를 연상할 수 있는 연이다. "말을 잘 듣는 어부의 돛은 그대의 변덕스러움에 사로잡히어 높고 낮은 물결 사이에서 과감하게 미끄러지고 있다. 그러나 정복당하지 않는 그대는 사나워졌다. 그리고 새떼가 배를 물속에 가라앉힌다."

'어부의 돛'은 제유법으로 큰 배의 일부를 가지고 배 전체를 나타내고 있다. 지금 화자의 눈앞에는 어부의 배가 한 척 바다를 항해하고 있다. 그 중 물결로 인해 선체가 보이지 않고 돛만이 보일 수도 있겠으나 화자는 독자에게 배의 일부인 돛을 가지고 말하고 있다. 노련한 어부의 돛을 다루는 솜씨 또한 수동적으로 표현하여 '말을 잘 듣는 어부의 돛'으로 표현하였다.

'그대의 변덕스러움에 사로잡히어'라는 표현을 보더라도 어부가 변덕스러운 바다 바람에 얼마나 잘 적응을 하여 배를 몰고 있는지를 알 수 있다. 어부의 노련함으로 바다 물결의 높고 낮은 곳 사이를 과감하게 나가고 있다.

그러나 결코 인간에 의해 정복당하지 않는 자연의 일부인 '바다는 더 광폭해졌다'라고 자연을 묘사하고 있다. 여기에서 화자의 태도를 명확히 인식할 수 있는 표현은 '결코 정복당하지 않는 그대' 즉 자연이라는 것이다.

마치 인간과 바다가 적대적인 관계 속에서 서로 경기를 하고 있는 것처럼 설정되어 있으나 마지막 행에서 화자는 전혀 다른 풍경을 우리 앞에 펼쳐 보인다. '새떼가 배를 가라앉힌다.' 실질적으로 새들이 배를 물속으로 가라앉힐 수는 없을 것이다. 그러나 파도의 높낮이로 인해 선체가 보이지 않고 그 위에 새떼가 나르고 있는 모습을 그릴 수 있다.

제6연

이 연 역시 앞의 연과 마찬가지로 5행으로 구성되어 있다. 이 또한 새로운 주제를 도입하기 위한 장치이다. 따라서 이 연에서는 제5연의 주제가 계속되는 것이 아니라 또 다른 주제가 나타나 있다. "지루하고 움직이지 않는 해변을 영원히 내버려두는 것을 나는 할 수 없었다. 그대에게 환희에 찬 인사를 할 수 없었고 나의 시적인 새싹을 그대의 등줄기를 따라 향하게 할 수 없었다."

화자가 할 수 없었던 일 세 가지를 표현하고 있다. 첫째는 해변을 영원히 버릴 수 없다는 것이다. 이는 이 시의 제목이 시사하는 바와 마찬가지로 바다와 헤어지는 과정에서 마지막으로 화자가 다시 한 번 바다 앞에 왔어야만 함을 이야기하고 있다. 마지막으로 한 번 더 보지 않고 영원히 떠난다는 것이 불가능하였음을 보여준다. 여기에서 '지루하고 움직이지 않는'이라는 수식어는 일인칭 대명사 여격 'мне' 바로 다음에 위치하고 있어 '내게 지루하게 여겨지는'이라는 문맥적인 의미를 가질 수 있으나 그것이 전부가 아님에 주의를 기울여야 한다. 즉 화자가 다시는 이곳으로 오지 않을 것임으로 해변은 지루하게 될 것이라는 의미로 이해해야 한다. 그리고 '움직이지 않는' 해변 역시 화자와 함께 떠날 수 없는 해변이라는 의미로 해석해야 함이 당위성을 획득하게 된다.

두 번째로 할 수 없었던 것은 "환희에 찬 인사를 할 수 없다는 것"인데 이는 화자가 이별을 하고 있는 마당에 환희에 차서 인사를 할 수는 없는 노릇임은 자명하다. '환희에 찬 인사'는 만날 때 하는 인사의 특징이다. 지금 화자는 바다와 헤어지려고 하는 마당이다.

세 번째로 할 수 없었던 것은 화자의 '시적인 새싹을 바다의 등줄기로 향하게 할 수 없었다.'는 것이다. 이는 두 가지의 해석이 가능하다. 첫째는 그가 이제 시를 쓰기 시작하는 그러한 자신의 시 세계에서 자연을 충분히 노래하지 못했다는 것을 의미한다. 둘째는 그의 이제 막 시작된 시의 세계를 바다의 자유스러운 물결에 띄워 보냄으로 자유롭고 강하게 발전하도록 할 수 없었다는 것을 의미할 수도 있다.

제7연

영원한 이별에 앞서 마지막으로 바다 앞에 서 있는 화자의 심경을 나타내고 있는 연이다. "그대는 기다렸다, 그대는 불렀다... 나는 족쇄에 채여 있었다. 덧없이 나의 영혼은 찢겨졌다. 강한 열정으로 매료된 나는 해변에 남았다..."

바다가 누구를 기다리고 누구를 불렀는지는 명확하지가 않다. 다만, 우리는 화자가 다시 바다 앞에 서 있게 되었음을 인정할 때 바다가 화자를 부른 것이라고 추정할 수 있다. 그리고 쉼표가 있다. 그 부름과 기다림에 따라 화자가 바다로 다가온 시간의 흐름을 표시하고 있다.

그리고 화자는 족쇄에 채여 있다. 이는 화자가 바다를 영원히 떠나 버릴 수 없었다는 자신의 심경 표현이다. 따라서 화자가 이 바다에 매우 연연해하는 모습을 상정해 볼 수 있다.

'덧없이 나의 영혼은 찢겨졌다'라는 표현은 화자가 바다 앞에 다시 나오기 전까지의 갈등에 대한 표현이다. 화자는 다시 바다를 마지막으로 보고 떠날 것인지의 여부를 놓고 고민하였음에 틀림없다.

'강한 열정'은 화자의 바다에 대한 열정일 것이다. 그러나 다른 차원에서 생각을 해 보면 바다의 강한 열정으로 사로잡힌 화자의 모습을 나타내고 있을 수도 있다. 그래서 화자는 영원한 이별에 앞서 다시 한 번 더 바다 앞에 서 있다.

제8연

두 개의 질문과 하나의 단정적인 문장으로 구성되어 있는 연이다. "무엇에 대해 아쉬워하겠는가? 아무런 차이도 만들지 않는 이 길을 나는 어디로 돌린단 말인가? 그대의 황야에서 단 하나의 물건이 나의 영혼을 놀라게 할 것인데."

바다 앞에서 마지막 이별을 고함에 있어 아무런 불평도 아쉬워 할 것도 없다는 화자의 태도를 의문문으로 표시하고 있다. 그리고 바다와 헤어지는 마당에 그의 떠날 길을 "어떤 방향으로 잡는가?" 역시 아무런 차이를 만들지 않는다는 것을 역설적으로 표현하고 있다.

왜 아쉬워할 것도 없고 어떤 방향으로 떠날 길을 정한다고 하여도 별다른 차이를 만들지 않는가는 첫째로 화자가 사랑한 바다와 헤어지기 때문이다. 둘째로는 자연의 혹은 바다의 한 물건이 내 영혼을 놀라게 할 것이기 때문이다. 즉 자연의 극히 작은 한 부분이 내 영혼을 깨우칠 수도 있는 일인데 내가 아쉬워할 것이 무엇이며 또 어디로 발길을 잡는 가의 여부가 중요할 수 없다는 입장이다.

제9연

이 연에서는 역사적인 제재를 활용하고 있다. 특히 나폴레옹이 유배되었던 성 헬레나 섬이 제재로 활용되고 있다. "하나의 바위, 영예의 고분... 그곳에서 위대한 기억들이 차가운 꿈속에 묻혀 있다. 그곳에서 나폴레옹이 죽었다."

참고로 성 헬레나 섬(Saint Helena)은 "남대서양에 있는 영국령 화산섬이다. 면적 122평방㎞로 아프리카대륙 서안의 서방 약 1900㎞ 지점에 있다. 중심도시는 제임스타운이다. 주위는 절벽이고 내륙은 평균 해발고도 500~600m의 고원지형이며, 기후는 온난하고 기온은 연간 18~29℃, 연강수량은 300~900㎜이다. 1502년 포르투갈인 J.카스텔라가 발견하여 이름을 지었다. 포르투갈령·네덜란드령 등을 거쳐 1673년 영국 동인도회사의 소유가 되었으며, 1834년 이후에는 영국령이 되었다. 나폴레옹의 유배지로 유명하다. 전에는 범선교통의 기항지였지만 기선의 발명과 수에즈운하의 개통으로 중요성을 잃었다. 행정적으로는 어센션 섬·트리스탄다쿠냐 섬과 함께 영국에서 파견된 세인트헬레나 총독이 통치한다. 경지는 전 면적의 30% 이하이고 포미움(뉴질랜드 원산의 섬유식물)과 감자가 재배되고 목축도 한다. 재정은 영국으로부터의 원조와 관세로 이루어지고, 수출입도 대부분 영국을 상대로 하고 있다. 주민은 유럽인·아프리카인·인도인의 혼혈이 중심이 되고 그리스도교도가 많다. 남아프리카공화국 케이프타운과의 사이에 해저케이블이 놓여 있다. 섬의 교통

수단은 배이지만 87㎞에 이르는 포장도로도 있다."[2)]

성 헬레나 섬에 대한 구체적인 묘사라기보다는 그 특징을 위주로 하여 역사적인 사건을 시속에 포함시키고 있다. 이 연에서 주의를 기울여야 할 단어는 나폴레옹(1769~1821)이 '죽었다'라는 것이다. 여기에서 사용된 동사는 'угасал'인데 이는 불완료 동사다. 따라서 죽은 과정이 포함되어 있는 동사이므로 나폴레옹의 죽음이 간단했던 것이 아니라 고통스러운 죽음이었음을 암시하고 있는 것이다.

제10연

나폴레옹의 뒤를 이어 또 다른 한 천재를 이끌어 내고 있는 연이다. "그곳에서 그는 고통 속에서 영면을 하고 있다. 그의 뒤를 이어 마치 폭풍우의 소리처럼 또 다른 천재가 우리들로부터 그곳으로 내달았다. 그는 우리의 영혼을 지배한 또 다른 지배자다."

첫 행은 나폴레옹의 이야기를 계속 이어나가고 있다. 성 헬레나 섬에서 나폴레옹이 영면을 취하고 있다. 즉 죽었다는 것이다. 그러나 그 죽음은 영원한 안식처가 아니라 고통 속에 있다고 한다. 앞 연에서 동사 '죽었다'를 'угасал'로 사용했던 것을 보충하여 주고 있는 표현이다.

그의 뒤를 따르고 있는 또 한 사람을 등장시키고 있다. 그는 마치 폭풍우의 소리와 같이 우리들로부터 멀리 떨어져 나간 천재이다. 천재라는 것이 나폴레옹과 동일한 자질로 여겨질 수는 없다. 이 천재성은 나폴레옹의 뒤를 이은 사람만의 자질이다. 흥미 있는 구문은 "Другой от нас умчался гений"이다. 여기에서

2) 야후백과사전(http://kr.dic.yahoo.com/search/enc)

형용사 '다른'은 물론 문법적으로 맨 마지막 단어인 '천재'를 수식하고 있다. 따라서 '또 다른 천재'라는 의미가 된다. 그러나 이 '다른'이라는 형용사 바로 뒤에 '우리들로부터(от нас)'와 함께 붙어 마치 '우리와는 다른 천재'라는 것을 의미할 수도 있다. 문법적으로는 아니지만 문맥에서 가지는 이러한 표현은 푸시킨에 의해 잘 의도된 표현이다.

'우리 영혼을 지배한 또 다른 지배자'라는 표현은 나폴레옹이 유럽을 정복하면서 당대의 모든 유럽 사람들을 공포에 몰아넣거나 혹은 승리의 기쁨으로 가득 차게 하였던 것과 마찬가지로 또 다른 한 천재가 우리의 영혼을 지배하였다는 주장이다.

이는 바이런(George Gordon Byron 1788~1824)으로 나폴레옹과 일정 기간 같은 생애를 살았던 시인이다. 낭만주의 시인으로서 당대 최고의 인기를 누렸던 바이런 또한 이 서정적 자아에게는 모든 사람들의 영혼을 지배한 사람으로 평가되고 있다.

바이런

바이런의 대표적인 작품으로는 『차일드 헤럴드의 편력』(1812), 『베포』(1818), 미완성의 장시 『돈 주안』(1819~24) 등이 있다. 이 『돈 주안』을 보고 푸시킨이 『예브게니 오네긴』을 집필하기로 한 것은 잘 알려진 사실이다.

제11연

이 연에서도 바이런의 주제는 계속된다. "자유로 인해 괴로워하였던 그는 사라졌다, 이 세상에 자신의 왕관을 남긴 채. 소리를 내거라, 나쁜 날씨로 휘저어라, 오, 바다여, 그는 그대의 시인이었노라."

1824년에 쓴 이 시에서 푸시킨은 이 해에 죽은 바이런을 주제로 하고 있다. 푸시킨이 보는 바이런 역시 자유를 갈구하다 간 시인이다. 낭만주의 시인이었으므로 "어떤 형식에 얽매이거나 규칙을 좋아 했다"라기보다는 자유스러움을 좋아했을 것이다. 그리고 바이런의 시 세계를 동시대인들이 이해하지 못하므로 인해 겪어야만 했던 바이런의 외로움이나 부자유스러움에 관한 것 역시 염두에 두고 있다. 그러나 그것보다 더 큰 것은 푸시킨 스스로가 자유가 없는 몸이었으므로 바이런이라고 하는 당대 최고 시인의 죽음에 임하여 자신을 빗대어 말하고 있어 동병상련을 추구하고 있다.

흥미로운 것은 바이런이 죽은 사실을 두고 푸시킨이 사용한 동사다. 이 동사는 'исчез'인데 이는 '사라지다' 동사의 남성 단수 과거다. '죽다'를 표시하기 위한 동사가 러시아어에는 많이 있다. 보편적으로 '죽다'를 의미하는 'умереть/умирать', 매우 고급스러운 문체로는 'уходить в иной(лучший) мир', 'уходить из жизни', 'покинуть этот мир(нас)', 신앙을 가진 사람의 죽음에 대해서 하는 'отдавать богу душу', 동물이 죽는 것에 관한 표현 혹은 사람에게 사용할 경우 매우 불손하거나 경박스러운 표현인 'дохнуть', 'сдыхать', 'издыхать', 'околевать', 'отдавать концы', 고어적인 표현으로 'сходить в могилу(гроб)', 'ложиться в могилу(землю, гроб)', 'угасать,' 죽음에 임박한 경우를 표현하는 'быть при смерти', 'лежать при смерти', 'лежать на смертном одре' 등이 있다. 그런데 이 행에서 사용된 표현은 "исчез"이다. 이는 단순히 '사라지다'라는 의미로 내 눈앞에

보이지 않는 상태를 의미하거나 혹은 내 인생에서 더 이상 역할을 하지 않는 즉 내 인생과는 무관한 상태를 의미한다. 따라서 푸시킨이 바이런의 죽음을 이렇게 표현한 것은 시인으로서 자신이 이미 바이런의 영향 하에 있지 않음을 나타내고 있다는 자존심 어린 주장이다. 그렇기 때문에 푸시킨이 보기에 바이런은 자신의 왕관을 이 세상에 남겨놓고 사라진 것이다. 따라서 이제부터 왕관의 주인은 푸시킨 자신이라는 논리가 성립된다.

물론, 바이런의 죽음에 대해 이 동사를 사용한 것은 시작법 상 리듬이 필요하여 사용된 단어이기도 하며 또한 이 단어를 사용함으로 시적인 표현 즉 직접적인 죽음에 대한 표현이 아니라 부드럽고 시적으로 우아하게 표현을 한 것임도 역시 틀림없다.

이 연의 3행은 자연 즉 바다에게 화자가 명령을 내리고 있다. 소리를 내고 변덕스러운 날씨로 휘저어 고요하게 남아 있지 말라고 한다. 이러한 명령에 대한 원인은 그 다음 행에서 찾을 수 있다.

마지막 행은 바이런이 자연 혹은 바다를 노래한 시인이었다는 것으로 자연이 변화무쌍함을 제공하므로 시인이 다양한 시를 읊을 수 있게 되는 것이다. 그래서 화자는 자연 혹은 바다에게 명령을 내리고 있다.

제12연

이 연도 역시 바이런에 관한 이야기를 계속하고 있다. "그대의 형상이 그에게는 매우 중요했으며 그는 그대의 영혼으로 만들어졌으며 그대와 마찬가지로 강력하고 깊고 우울했다. 그는 그대와 마찬가지로 그 어떤 것에도 굴복되지 않는 사람이었다."

바이런에게 자연의 형상 특히 바다의 형상은 매우 중요했다는 것을 지적하고 있다. 앞 연에서 바다를 노래한 시인이 바이런이었다는 내용과 일맥상통하는 부분이다. 다만, 관점이 달라졌을 뿐이다.

또 다시 관점을 바꾸어 바이런은 바다의 영혼으로 만들어졌다고 한다. 즉 바이런은 자연의 산물이며 바다가 가지고 있는 모든 특성과 자질로 만들어진 시인이었음에 관한 논지다.

그렇기 때문에 바이런이 가지고 있는 특성들이 자연과 닮아있다. 자연이 강한 것처럼 바이런도 강하고 바다가 깊은 것처럼 바이런도 깊고 바다가 우울한 것처럼 바이런도 우울하고 바다가 그 어떤 것에도 굴복하지 않는 것처럼 바이런도 그 어떤 것에도 굴복하지 않았다는 주장이 가능해진다. 바이런의 위대함을 한없이 크게 하고 있다. 그렇게 하는 만큼 이제는 왕관의 새 주인인 푸시킨 자신이 더 위대해지고 있는 시적 장치의 교묘한 활용을 볼 수 있는 대목이다.

제13연

5행이 한 연을 구성하고 있는 마지막 연이다. 이 연이 5행으로 구성되어 있는 것 역시 주제를 바꾸기 위한 시적 장치이다. 다시 말해서 이 연을 기준으로 앞에서 논의된 것과는 다른 주제가 논의되고 있는 것이다. "세상은 황폐해졌다... 대양이여 이제 어디로 나를 인도하고자 하는가? 이 땅의 운명은 어느 곳에서나 다 같은 것, 선(善)의 조그만 조각이라도 존재하는 곳이면 그곳에는 이미 계몽 아니면 폭군이 경계를 서고 있다."

바이런이라는 주제에서 벗어나 인생에 관한 이 지구상에서의 삶에 관한 주제를 논하고 있다. '세상이 황폐해졌다'라는 표현은 서정적 자아가 이 세상에 대해 갖는 느낌을 대변해 주고 있다.

적잖이 부정적인 시각을 나타내고 있다. 어떤 가치가 있는 일도 없으며 설령 있다고 할지라도 그 가치가 인정을 받지 못하고 있는 세상이며 바이런과 같은 시인이 이미 없어진 세상이어서 예술도 아름다움도 없는 세상을 의미할 수도 있다.

이 시의 제목과는 다른 용어를 사용하여 화자가 바다를 부르고 있다. 바다(море)라는 단어보다는 대양(океан)이라는 단어를 쓰고 있다. 바다가 순수한 러시아어 단어임에 비하여 대양은 라틴어의 어원을 가지고 있는 단어다. 따라서 러시아에서 볼 수 있는 바다뿐만이 아니라, 지금 화자의 눈앞에 펼쳐져 있으며 화자의 이별을 받고 있는 바다에 국한되는 것이 아니라 온 지구상에 있는 모든 바다에게 질문을 하고 있다. 바다의 길이 넓고 다양하여 도달하지 못할 곳이 없을진대 '어디로 인도를 할 것인가'로 묻고 있는 화자의 심정은 지금 이 바다를 떠나도 뾰족하게 갈 곳이 없거나 지금 가려고 하는 곳 역시 황폐한 이 지구상의 한 모퉁이에 불과하게 된다. 그래서 '땅 위의 운명은 다 그게 그것'이라고 표현을 하고 있다.

황폐해진 세상의 단면을 보여주는 구체적인 예가 마지막 2행에 걸쳐 나온다. 온 세상이 선한 것도 아니고 그저 이 세상에 '선의 조그만 조각만'이라도 있는 곳이면 그 곳에는 벌써 계몽이 성행을 하거나 그런 경우가 아니라면 폭군이 지배를 하고 있다고 세태를 지적하고 있다. 흥미로운 것은 계몽과 폭군이 같은 수준에서 부정적으로 다루어지고 있음이다.

사실, 이 연은 푸시킨의 생애 동안에는 온전하게 출판된 적이 없었다. 물론 검열 때문이었는데 특히 마지막 단어인 '폭군'이라는 단어는 니콜라이 황제를 연상하기에 매우 직접적이었기 때문이다.

제14연

이 연과 다음 연에서는 화자가 바다에게 해 주고자 하는 것들을 소개하고 있다. "바다여, 영원히 안녕! 나는 그대의 성대한 아름다움을 잊지 않을 것이며 저녁때마다 그대의 낮은 소리를 오래오래 들을 것이다."

우선은 이 시의 맨 첫 행에서 한 것과 같은 이별을 고하고 있다. 그러나 첫 행에서는 자연의 요소에게 이별을 고하였으나 여기에서는 이미 화자와 매우 밀접한 관계에 있으며 그대(ты)의 대상이 된 바다에게 이별을 고하고 있다. 여하튼 이별의 주제는 이 시에서 처음부터 끝까지 펼쳐져 있는 주제다.

그리고 화자가 바다에게 약속을 하는 것들이 나온다. 첫째는 바다의 장중한 아름다움을 잊지 않을 것이고 둘째는 바다의 깊은 소리를 오래오래 듣겠다고 한다. 즉 몸은 떨어져 있어도 마음속에 영원히 간직하겠다는 다짐이다. 그만큼 화자는 자연을, 바다를 좋아했다.

바다의 소리를 듣는 시간이 저녁때인데 이는 제4연에서 "저녁때 고요함을 사랑했다"는 표현과 연관이 있다. 그렇기 때문에 화자는 바다의 소리를 저녁때 듣겠다는 것이며 그것도 오래오래 들을 것이라고 약속하고 있다. 따라서 바다가 내는 소리도 소음(шум)이 아니라 둔탁한 울림(гул)이다. 즉 가볍고 시끄러운 소음이 아니라 바다가 내뿜는 일반인에게는 들리지 않는 깊은 소리를 듣겠다는 것이다.

제15연

비교적 긴 시의 마지막 연이다. 이 연 역시 앞 연의 내용이 이어지고 있다. "그대로 가득 찬 나는 숲으로도, 침묵하고 있는 황야로도 그대의 바위들과 그대의 물결들과 그대의 반짝거림 그리고 그림자와 그대 파도의 말소리를 날라 갈 것이다.”

화자가 마음속에 간직하는 정도에서 그치는 것이 아니고, 자신만이 감상 하면서 즐기는 것에 그치지 않고 그가 가는 곳이면 어디고 이 바다의 모든 요소들을 가지고 다니며 다른 존재들에게 이 바다의 존재를 알리겠다는 매우 적극적인 태도를 보이고 있다.

이러한 적극적인 태도로 미루어보아 이별이 임박했음을 알 수 있고 따라서 이 시의 마지막을 장식하고 있음을 알 수 있다. 바다와 이별을 하였으므로 이제는 산으로 가거나 혹은 들로 가게 될 것이다. 화자가 산으로 가든 들로 가든 바다의 아름다움과 바다가 가진 모든 특징과 특성들을 간직하고 다니겠다는 화자의 굳은 의지를 볼 수 있다.

이 시는 화자가 자연에 묻혀 살면서 자유로운 바다를 사랑하며 자신의 자유 없음을 한탄하고 있으며, 1824년 바이런이 죽은 것을 추모하여 바이런과 바다의 관계를 설정하여 모티프로 활용하고 있다. 바다에서 멀어져 가면서 바다의 특성을 가슴속 깊이 간직하겠다는 철학적 시이면서도 당대 차르를 불안케 할 정도로 강력하게 자유를 구가한 시다.

К***

Я помню чудное мгновенье:	_ ⊥ _ ⊥ _ ○ _ ⊥ _
Передо мной явилась ты,	_ ○ _ ⊥ _ ⊥ _ ⊥
Как мимолетное виденье,	_ ○ _ ⊥ _ ○ _ ⊥ _
Как гений чистой красоты.	_ ⊥ _ ⊥ _ ○ _ ⊥
В томленьях грусти безнадежной,	_ ⊥ _ ⊥ _ ○ _ ⊥ _
В тревогах шумной суеты,	_ ⊥ _ ⊥ _ ○ _ ⊥
Звучал мне долго голос нежный	_ ⊥ _ ⊥ _ ⊥ _ ⊥ _
И снились милые черты.	_ ⊥ _ ⊥ _ ○ _ ⊥
Шли годы. Бурь порыв мятежный	\ ⊥ _ ⊥ _ ⊥ _ ⊥ _
Рассеял прежние мечты,	_ ⊥ _ ⊥ _ ○ _ ⊥
И я забыл твой голос нежный,	_ ⊥ _ ⊥ _ ⊥ _ ⊥ _
Твои небесные черты.	_ ⊥ _ ⊥ _ ○ _ ⊥
В глуши, во мраке заточенья	_ ⊥ _ ⊥ _ ○ _ ⊥ _
Тянулись тихо дни мои	_ ⊥ _ ⊥ _ ⊥ _ ⊥
Без божества, без вдохновенья,	_ ○ _ ⊥ _ ○ _ ⊥ _
Без слез, без жизни, без любви.	_ ⊥ _ ⊥ _ ○ _ ⊥
Душе настало пробужденье:	_ ⊥ _ ⊥ _ ○ _ ⊥ _
И вот опять явилась ты,	_ ⊥ _ ⊥ _ ⊥ _ ⊥
Как мимолетное виденье,	_ ○ _ ⊥ _ ○ _ ⊥ _
Как гений чистой красоты	_ ⊥ _ ⊥ _ ○ _ ⊥
И сердце бьется в упоенье,	_ ⊥ _ ⊥ _ ○ _ ⊥ _
И для него воскресли вновь	_ ○ _ ⊥ _ ⊥ _ ⊥

И божество, и вдохновенье, _ o _ ⊥ _ o _ ⊥ _
И жизнь, и слезы, и любовь. _ ⊥ _ ⊥ _ o _ ⊥
(1825)

감 상

시작법

이 시는 모두 4행 1연 총 6연 24행으로 구성되어 있다. 각 연은 AbAb 운을 맞추고 있어 여성 운과 남성 운이 교체 각운을 이루고 있다. 모두 12개의 동사 중에서 1행과 21행의 '기억한다'(помню)와 '뛴다'(бьется)만 현재형이고 나머지는 모두 과거형이다. 즉 과거에 대한 회상이 주된 정조를 이루고 있고, 첫 연인 1연과 마지막 연인 6연에 동사 현재형이 위치하고 있음으로 해서 전체 텍스트를 닫힌 구조로 만들어 준다. 또한 3행과 4행 그리고 19행과 20행이 동일하게 반복되고, 15, 16행과 23, 24행이 대조되므로 시 전체의 안정감을 더욱 보강해 준다. 아울러서 약강격의 운율이 지켜지고 있고, 동일한 운 혹은 유사한 소리들이 반복되고 있어 비교적 단순한 이미지들을 시의 음악성에 편입시킨다. 각 연은 하나의 문장으로 이루어져 있지만 3연만은 2개의 문장으로 이루어져 있다. 여기에는 '세월의 흐름'이 강조되고 있다고 볼 수 있다.

전체 시는 의미상으로 세 부분으로 나누어진다. 1, 2연과 3, 4연 그리고 5, 6연이 각각 당신(사랑)의 나타남 – 당신의 사라짐(잊혀 짐) – 당신이 나타남이라는 전개 구도에 대응한다. 여기서 2연의 네 행은 주목할 필요가 있는데 5, 6행과 7, 8행으로 나누면 각각 당신이 부재와 현존에 대응하기 때문이다. 다시 말해서 시 전체의 의미 구도를 2연이 반복하고 있는 것이다. 그리고 1연과 5연, 4연과 6연이 반복, 대조되어 시 전체적인 짜임새를 강화시켜 줌과 동시에 주제를 더욱 강조하고 있음도 확인할 수 있다. 대개의 연애시와 마찬가지로 이 시에서도 서정적 자아

(나) 보다는 대상(당신)이 존재론적으로 우월한 위치를 점하고 있다. 이것은 '나'가 '기억하다', '꿈꾸다', '잊다' 등의 소극적인 의미를 가진 동사들의 주체인 반면에 '당신'은 '나타나다', '부르다' 등의 적극적인 의미의 주체이기 때문이다. 이는 압운에서도 'ты'에 강세가 오는 것으로도 알 수 있다.

시의 주제에 접근하기 위하여 각 연의 남성 운과 여성 운을 맞추는 단어들을 배열해 보면 다음과 같다.

연	여성 운	남성 운
1	мгновенье	ты
	виденье	красоты
2	безнаженой	суеты
	нежный	черты
3	мятежный	мечты
	нежный	черты
4	заточенья	мой
	вдохновенья	любви
5	пробужденье	ты
	виденье	красоты
6	упоение	вновь
	вдохновение	любовь

먼저 왼편에 있는 여성 운을 보면 두 단어의 관계가 1, 5, 6연에서는 의미적인 유사성과 호응성을 갖고 있는데 반해 2, 3, 4연에서는 서로 대립되고 있다. 이것은 앞서의 세 부분으로 나눈 의미구도에 연결되는 것이라 할 수 있다. 특히 1, 5, 6연의 의미관계는 점층적이다. 즉 '순간-영상(환영). 잠깸-영상(환영)'에서(이때의 '영상'은 물론 당신을 의미한다). '환희-영감'이라는 주-객 합일의 단계로 발전해 간다.

다음으로 남성 운을 보면 당신과 미(아름다움)의 연결을 발견할 수 있다. 리듬이 반복되는 자리에 유사하거나 서로 대립되는 단어가 놓임으로 해서 그 단어들의 의미가 보강되고 증폭되는 것이 시의 중요한 특질이다. 여기서도 마찬가지로 1, 5연에서는 당신-아름다움이 리듬에 의해서, 단순한 수식관계에서보다 강한 결속을, 마치 한 몸처럼 갖게 되는 것이다. 그리고 2, 3연에서는 '무상-(당신의) 모습', '꿈-모습'이 서로 대비됨으로 해서 연인의 자태가 더욱 강조된다.

마지막으로 중요한 것은 4연과 6연이다. 그 두 연의 연결은 시의 전체적인 주제인 사랑의 회생(부활)에 직접 대응하는 것이기 때문이다. 덧붙여서 이 시가 '나'로 시작해서 '사랑'으로 끝난다는 점도 기억해 두어야 겠다.

[제 목]

이 시의 제목은 "K***"가 가장 보편적이다. 제목이 없이 출판되기도 하고 판본에 따라서는 사람의 이름이 제목으로 출판되기도 하였으나 푸시킨이 이 시를 한 여인에게만 준 것이 아니기 때문에 이렇게 출판하는 것이 무난하다. 다만, 이 문자로 시작하는 여인 즉 케른(Керн)이라는 여인에게 바치는 시로 이해를 할 수도 있고, 아니면 '누구에게'라는 의미의 전치사로 이해를 해도 큰 무리는 없다.

제1연

시작법에서도 밝힌 바와 마찬가지로 이 시에서 활용되고 있는 두 개의 현재 시제 동사 중 첫 번째 것이 바로 이 첫 연의 첫 행에서 사용되고 있다. 그것은 '내가 기억한다.'라는 것으로 이 타동사의 직접 목적어는 '기적적인 순간'이다. 단순하게 '나는 기적적인 순간을 기억하고 있다.'의 의미를 지닌 첫 문장이다.

그 다음 행은 첫 행에서 서정적 자아가 기억하고 있는 '기적적인 순간'에 대한 보충 설명이다. 즉 '내 앞에 그대가 나타났다.' 내 앞에 그대가 나타난 그 순간이 기적적인 순간이었고 '나'는 그 순간을 지금도 기억하고 있다. 화자의 심적 상태를 잘 드러낸 표현이다. 1행에서 '나'의 성별이 분명치 않은 것에 반해 2행에서 '그대'는 동사 과거의 형태로 미루어보아 확실히 여성이다. '나'의 성별 역시 차후에 정확히 밝혀질 것이지만, 남성으로 이 시는 남·여 간의 사랑이 주제가 되고 있고 그것이 첫 연에서부터 그 모습을 드러내고 있다.

이 연의 마지막 두 행은 이 여인이 '나' 앞에 어떤 식으로 나타났는가에 대한 설명이다. 첫 번째 설명은 그녀가 '마치 순간적인 환영처럼' 나타났다는 것이고 두 번째 설명은 '마치 순수한 아름다움의 화신처럼' 나타났다는 것이다. '순간적인 환영'은 시간적으로 짧음을 강조하고 있으며 '순수한 아름다움의 화신'이라는 것은 그녀의 아름다운 겉모습을 강조하고 있다. 종합적으로 볼 때 이 연의 내용은 "그녀가 내 앞에 마치 순간적인 환영처럼 그리고 순수한 아름다움의 화신처럼 나타났었다. 그리고 나는 그 순간을 지금 잘 기억하고 있다."이다.

제2연

이 연에서는 그 여인이 내 앞에 나타난 이후 어떤 일이 벌어졌었는지에 관한 것이다. 이 연의 첫 두 행은 이 일들이 일어난 심적 상태를 나타내며 나머지 두 행은 실제로 일어난 일을 묘사하고 있다. 첫 번째 심적 상태는 '희망이 없는 슬픔의 고뇌 속'이다. 1연에서 나타났던 그 여인이 지금은 화자 앞에 없음이 분명하다. 그리고 다시 만날 희망도 없는 상태임으로 슬픔 자체도 희망이 없는 것으로 나타나고 있다. 이로 인해 화자가 심적인 고통을 받고 있고 정신적인 고뇌에 싸여 있음이 잘 드러난다. 두 번째 심적 상태는 '시끌벅적한 공허함의 걱정 속'이다. 세상살이가 시끌벅적하고 하루하루 생활이 번잡하게 진행되고 있지만, 환영과 같았던 그녀, 순수미의 화신인 그녀와 지금 만나지 못하고 있는 상황에서 이런 일상은 그저 공허함 그 자체일 뿐이다.

이러한 심적 상태에 있는 화자에게 일어나고 있던 일 두 가지를 살펴보자. 첫 번째는 "내게 그녀의 부드러운 목소리가 오랫동안 사라지지 않고 들려왔다"이다. 그녀의 목소리를 생생하게 기억하고 있는 화자다. 처음 만난 순간을 기적적인 순간으로 인식하고 있는 화자에게 그녀의 목소리를 기억하는 것은 그리 어려운 일이 아닐 것이다. 따라서 화자는 그녀의 목소리가 부드러웠음을 지적하고 있으며 또한 자신의 귀에서 메아리치고 있었던 순간이 오래였음을 나타내고 있다.

그리고 두 번째 일어난 일은 "네게 그녀의 아름다운 자태들이 꿈속에서 보였다"이다. 목소리를 기억하고 있는 정도일진대 그녀의 아름다운 자태를 기억하는 것은 지극히 당연해 보인다. 그렇기에 화자는 그녀의 아름다운 자태를 단순히 기억하고만 있는 것이 아니라 꿈속에서까지 보고 있는 것이다. 물론, 우리말 때문에 화자가 꿈속에서 그녀의 아름다운 자태를 보고 있는 능동 구문이지만, 실제로 러시아어에서는 자태가 화자의 꿈속에 나타나고 있다. 시 속의 화자인 남자 주인공의 소극적, 수동적 처지를 잘 대변하고 있다.

제3연

이 연에서는 동사가 세 개 사용되고 있다. 행위가 세 개 일어났음을 짐작할 수 있다. 첫 번째 행위는 "세월이 흘렀다"이다. 제1연에서 화자는 그녀를 순간적으로 만났었다. 그리고 제2연에서 화자와 그녀가 함께 있지 않음을 보았다. 이제 이 연의 첫 행 반구에서 '세월'이 흘렀음을 지적하고 있다. 이 세월은 물론 화자와 그녀가 만나지 못한 세월을 의미한다.

이 첫 행의 나머지 부분과 다음 행까지 또 하나의 문장을 이루고 있으며 그 내용은 "폭풍우의 격렬한 돌진이 이전의 꿈들을 산산조각 내버렸다"이다. 폭풍우의 격렬한 돌진은 상징으로서 세파를 뜻한다. 세상살이를 하면서 겪을 수밖에 없는 온갖 세파를 말하며 이 세파가 '예전에 가지고 있던 꿈들'을 산산조각 내버린 것이다. 즉 예전에는 다시 만날 수 있으리라는 희망을 가지고 있었다. 여기에서 논의의 대상이 되고 있는 꿈은 당연히 러시아어로 'мечты'이다. 실현의 대상이었던, 다시 만나고자 했던 바람이 세파에 흔적도 없이 사라져버렸다는 뜻이다.

"그래서 나는 그대의 부드러운 목소리를 잊어버렸고 그대의 천상의 자태를 잊어버렸다." 이 연의 마지막 두 행의 내용에서 첫 단어 'И'는 지금처럼 결과로 해석을 해도 좋고, 아니면 단순

나열로 해도 이 문맥에서는 큰 차이를 만들지 않는다. 즉 "세월의 흐름 따라 이전에 간직하고 있던 꿈이 완전히 사라졌고 내가 그대의 목소리와 천상의 자태를 잊어버린 것"이 될 수도 있고, "세월이 흘렀고 이전에 간직했던 꿈이 사라졌다. 그리고 나는 그대의 목소리와 천상의 자태를 잊어버렸다"가 될 수도 있다.

이 부분에서 흥미 있는 것은 목소리를 수식하고 있는 형용사는 앞 연에서 기억하고 있는 것과 동일하게 '부드러운'이 활용되고 있다. 그러나 자태를 수식하는 형용사는 앞 연에서 기억하고 있었을 때에는 '아름다운'이었는데, 지금 여기서 잊었다고 하는 부분에서는 '천상의'이다. 일부는 정확하게 기억을 하고 있으며 일부는 세월의 흐름에 따라 이미 헛갈리는 내용이라고 설명을 해도 반박할 근거는 없다. 다만, 일부는 그대로 반복을 하고 있음으로 기억의 문제를 해결하고 있으며 일부는 변화를 가하므로 지루함을 피하고 있다고 설명을 해도 푸시킨의 천재성에는 아무런 하자가 없다. 더더욱 흥미로운 사실은, '잊어버렸으면' 기억의 대상이 어떠했는지 그 특징마저 기억이 나지 않아야 하는데, 사실 화자는 잊었다고 하면서도 그 특징을 반복과 변화를 가하면서 잘 기억하고 있다는 사실이다. 이는 세월의 흐름이 많았다는 것과 그로 인해 보통 사람이라면 잊었을 것을 화자 자신은 아직도 생생하게 기억하고 있다는 역설이 가능하게 된다.

제1연에서 언급하였던 이 서정적 자아가 남성임을 알 수 있는 근거가 이 연의 3행에 있다. '잊었다'라는 동사의 과거가 남성 단수이며 이 동사의 주어가 화자이므로 이 화자는 남성임이 분명하다.

제4연

이 연은 이 시에서 가장 절망적이고 가장 우울한 화자의 심경을 표현하고 있다. 가장 주된 문장은 "나의 시간이 조용히 연장되고 있다"이다. 이 문장 자체로는 그토록 우울하고 절망적이지는 않다. 그러나 근간이 되는 이 문장을 보충 해주는 이 연의 나머지 행들이 화자의 시간이 흐르고 있는 그 사실을 대단히 부정적으로 만들고 있다. 첫 행에서 화자가 지금 살고 있는 주변 환경에 관한 정보가 두 개 있다. 하나는 지금 화자가 살고 있는 곳이 '시골'이라는 것이다. 시골이 목가적이고 한가로우며 사유를 위해 좋은 장소로 기능할 수도 있지만, 이 시에서는 그렇지 않다. 또한 푸시킨의 사랑 시에서는 더더욱 그렇다. 그리고 시골을 나타내는 단어가 보편적인 'деревня'가 아니라 'глушь'이다. 이 단어의 기본적인 뜻이 '벽촌' 혹은 '인적이 드문 곳'이다. 보편적이거나 중립적인 단어의 사용보다는 부정적인 단어를 사용하고 있음을 알 수 있다. 게다가 이 시골을 보충해 주는 정보가 있는데 그것은 '영어(囹圄)의 어둠 속에서'이다. 즉 이 서정적 자아는 지금 시골로 추방을 당해서 자유가 없는 주택 연금의 상태에 있음을 알 수 있다. 이 시가 쓰인 연대와 푸시킨의 생애를 연관지어 보아도 푸시킨이 남방으로 추방을 당했던 시기임을 알 수 있다. 따라서 이런 상황에서의 시골 생활은 목가적일 수도 없고 한가로울 수도 없으며 사유를 위해 좋을 수도 없음은 자명한 일이다.

이 연을 더더욱 부정적으로 만드는 것이 바로 이 연의 나머지 두 행이다. 이 두 행은 푸시킨의 유명한 '없이' 목록이다. 즉 추방을 당해 영어의 몸으로 시골 벽촌에서 화자가 능동적으로 시간을 보내고 있는 것이 아니라 "세월이 그저 조용히 흘러가고 있다(Тянулись тихо дни мои).” 그것도 ‘숭배의 대상도 없이, 창조의 의욕도 없이, 눈물도 없이, 삶도 없이, 사랑도 없이’ 흘러가고 있다. 숭배의 대상은 종교적 차원에서의 해석도 가능하겠지만, 이 시에서는 여성을 암시한다. 시골에 여성이 많지도 않을 뿐더러 숭배할 만한 여성이 없기도 할 것이다. 그러나 이 시에서의 숭배의 대상은 바로 제1연에서 만났던 그 여인을 말한다. 따라서 화자가 벽촌에서 그 여인 없이 보내고 있음이 하루하루가 그저 연속되는 것이지 그 이상의 의미를 가지지 않는다는 내용이다.

창조의 의욕도 없다는 것은 화자가 창작을 할 수 없음을 나타낸다. 사실, 시인 푸시킨이 이 시기에 다작 그것도 주옥같은 작품을 쓴 것에 비하면 이 시의 내용과 시인의 생애와는 일치하지 않는 내용이다. 사랑하는 사람이 없으니 그리움이나 마음의 상처로 인한 눈물을 흘릴 일도 없을 것이요, 하루하루가 연속되는 것 이상의 의미를 가지지 않으니 살아도 사는 것 같지가 않음을 표현하고 있다. 가장 직접적으로 이런 현실이 사랑이 없기 때문임은 짐작하기 그리 어려운 일이 아니다. 이 ‘없이’ 목록은 마지막 연인 제6연에서 ‘포함하여’ 목록으로 바뀌기 때문에 여기에서 자세한 분석을 함으로 편리를 도모할 수 있다.

제5연

“영혼에 일깨움이 일어났다”라고 이 연을 시작하고 있다. 그 일깨움의 동기는 ‘다시 그녀가 나타났기’ 때문이다. 그녀의 재출현이 영혼의 일깨움으로 연결되고 있음으로 단순히 육체적인 사랑이 아니라 영과 혼이 동시에 게재되는 사랑의 대상임을 알 수 있다. 그리고 그녀가 나타난 방법에 대해서는 제1연에서 사용되었던 표현이 그대로 반복되고 있다. 즉 그녀는 '순간적 환영처럼, 순수한 아름다움의 화신처럼' 나타난 것이다. 이 구절의 반복은 두 가지 차원에서 이해를 요한다. 첫 번째는 이 여인이 처음 나타났을 때나 두 번째 나타났을 때나 큰 차이가 없이 '나'라는 화자에게 큰 감동을 주고 있다는 사실이다. 그렇기 때문에 동일한 표현이 반복되고 있다. 두 번째 차원은 화자 '나'가 그녀를 처음으로 본 후 세월이 지나고 지루한 날들을 보내며 그녀에 대해 잊고 살았었는데, 그녀를 다시 본 순간 처음으로 만났을 때와 동일한 느낌을 받는다는 것으로 첫 인상을 고스란히 기억하고 간직하고 있었다는 사실이다.

제6연

마지막 연의 모든 행은 결과를 나타내든, 단순 나열이든 상관없이 접속사 'И'로 시작하고 있다. 이는 일종의 수구반복(анафора)으로도 볼 수 있으며 특히 동일한 접속사를 반복해서 사용하는 문체적 장치인 접사첨용(полисиндетон)의 좋은 예에 해당된다.

첫 행은 '그래서 가슴이 환희에 차 뛰는 것'을 표현하고 있다. 사랑하는 사람이며 숭배의 대상인 그녀를 오랫동안 만나지 못하다가 다시 만났다. 당연히 가슴이 뛸 일이다. 환희를 느끼는 것 역시 당연할 것이다.

이렇게 뛰는 "가슴을 위해 다시 부활했다." 그리고 부활한 내용은 바로 '포함하여' 목록을 이루고 있으며 이 목록은 제4연에서 '없이' 목록이 긍정으로 된 것이다. 따라서 환희 속에서 뛰고 있는 화자의 마음을 위해 다시 부활한 것들은 '숭배의 대상이요, 창조의 의욕이요, 삶이요, 눈물이며 사랑'이다. '없이' 목록이 '포함하여' 목록으로 바뀌면서 있는 그대로 목록을 사용하는 것이 아니라 “눈물 → 삶 → 사랑”의 순서가 “삶 → 눈물 → 사랑”의 순서로 바뀐 것에 주목하자. ‘포함하여’ 목록이 훨씬 더 희망적이고 동적이며 생(生)적임을 느낄 수 있을 것이다.

만났다가 헤어지고 다시 만나게 되는 내적 구조를 가진 시로 푸시킨의 사랑시를 대표하기에 충분히 좋은 시다.

Сожженное письмо

Прощай, письмо любви! прощай: она велела.
Как долго медлил я! как долго не хотела
Рука предать огню все радости мои!..
Но полно, час настал. Гори, письмо любви.
Готов я; ничему душа моя не внемлет.
Уж пламя жадное листы твои приемлет...
Минуту!.. вспыхнули! пылают – легкий дым,
Виясь, теряется с молением моим,
Уж перстня верного утратя впечатленье,
Растопленный сургуч кипит... О провиденье!
Свершилось! Темные свернулися листы;
На легком пепле их заветные черты
Белеют... Грудь моя стеснилась. Пепел милый,
Отрада бедная в судьбе моей унылой,
Останься век со мной на горестной груди...
(1825)

시행의 길이가 길기 때문에 율격과 각운 표기를 아래에 한다.

_ ⊥ _ ⊥ _ ⊥‖ _ ⊥ _ ⊥ _ ⊥ _
_ ⊥ _ ⊥ _ ⊥‖ _ ⊥ _ ○ _ ⊥ _
_ ⊥ _ ⊥ _ ⊥‖ _ ⊥ _ ○ _ ⊥
_ ⊥ _ ⊥ _ ⊥‖ _ ⊥ _ ⊥ _ ⊥
_ ⊥ _ ○ _ ⊥‖ _ ⊥ _ ⊥ _ ⊥ _
_ ⊥ _ ⊥ _ ○‖ _ ⊥ _ ⊥ _ ⊥ _
_ ⊥ _ ⊥ _ ○‖ _ ⊥ _ ⊥ _ ⊥

ㅡ ㅗ ㅡ ㅗ ㅡ 으‖ ㅡ ㅗ ㅡ 으 ㅡ ㅗ

ㅡ ㅗ ㅡ ㅗ ㅡ 으‖ ㅡ ㅗ ㅡ 으 ㅡ ㅗ ㅡ

ㅡ ㅗ ㅡ 으 ㅡ ㅗ‖ ㅡ ㅗ ㅡ 으 ㅡ ㅗ ㅡ

ㅡ ㅗ ㅡ ㅗ ㅡ 으‖ ㅡ ㅗ ㅡ 으 ㅡ ㅗ

ㅡ ㅗ ㅡ ㅗ ㅡ ㅗ‖ ㅡ ㅗ ㅡ 으 ㅡ ㅗ

ㅡ ㅗ ㅡ ㅗ ㅡ ㅗ‖ ㅡ ㅗ ㅡ ㅗ ㅡ ㅗ ㅡ

ㅡ ㅗ ㅡ ㅗ ㅡ 으‖ ㅡ ㅗ ㅡ ㅗ ㅡ ㅗ ㅡ

ㅡ ㅗ ㅡ ㅗ ㅡ ㅗ‖ ㅡ ㅗ ㅡ 으 ㅡ ㅗ

감 상

시작법

15행 1연 시이다. 약강 6보격이며 6번째 음절 뒤에는 휴지부가 있다. 각운은 AAbb의 형태이지만, 마지막 행은 각운이 없다. 푸시킨에게 있어 사랑에 관한 시는 대부분이 약강 4보격이라고 해도 과언이 아니다. 그런데 이 시에서 6보격을 사용한 것에는 그 이유가 있다. 즉, 시의 내용에 있어 주인공이 하고 싶어 하지 않는 행동을 하고 있음으로 내용의 전개를 길게 끌고 가고자 하는 시인의 의도를 읽을 수 있다.

[제 목]

이 시의 제목은 "불태워진 편지"이다. 편지가 주체로 되어있기 때문에 이 편지를 태운 사람이 피동으로 제시되어 있다. 따라서 시 속의 화자가 편지를 태운 사실이 결코 달갑지 않은 안타까운 심정을 토로한 것이다.

제1행

시의 주인공이 편지에게 이별을 고하고 있다. 그런데 '안녕'이 2인칭 단수 명령형으로 사용되고 있으며 동사가 'простить'이다. 이는 다시 만날 것을 기약하는 인사인 'До свидания'가 아니라 영원히 만나지 못하는 작별 인사임을 알아야 한다. 다시 말해서 시의 주인공이 지금 이별을 하고자 하는 편지는 다시는 볼 수 없음을 시사한다. 그리고 편지의 성격은 '사랑편지'다. 이별을 고하는 표현이 감탄문으로 되어 있음은 서정적 자아의 감정을 나타내고 있다. 정확한 감정의 종류는 시가 진행되면서 더욱 구체적으로 발전해 간다. 같은 행에서 이별을 다시 고하고 있음은 이별을 강조하고 있다. 이 행의 마지막 표현은 "그것이 명령을 했다"인데 여성단수 3인칭 대명사 '그것'의 선행사는 '사랑'만이 유일하게 가능하다. 그리고 동사 '명령하다'는 완료상과 불 완료상이 동일하지만, 과거로 사용되면 반드시 완료형이다. 따라서 여기서는 완료형이 사용된 완전한 이별을 말하고 있음을 알 수 있다.

제2행

이 행의 첫 반구 역시 감탄문으로 "내가 얼마나 주저하였던가!"라는 내용이다. 이는 그 뒤의 내용과 직접적인 관련 하에서 의미가 명확해 진다. 다만, 'долго'라는 단어가 시사하는 바는 시의 주인공이 지금 하고 있는 행위를 이전부터 계획해 온 것이 아니라 한동안 오래 고민 한 것을 알 수 있다. 그리고 '늦추다'라는 동사가 남성 단수로 사용된 것으로 미루어보아 시의 주인공이 남자임에 틀림이 없다. 그렇다면 편지는 아마도 이 시의 주인공의 연인인 여자에게서 온 편지이거나 혹은 주인공이 여인에게 보내려고 하는 편지일 수 있다. 그러나 나중에 밝혀지겠지만, 편지는 여인에게서 받은 편지이다.

뒤의 반구는 그 다음 행과 문법적으로 연결되어 있다. 흥미로운 것은 이 행의 마지막 단어가 '원하다'라는 동사의 여성단수 과거형으로 되어 있다는 것이다. 물론, 이는 위의 행과 각운을 잘 이루고 있으나 같은 행에서 동사의 과거가 하나는 남성 단수이고 다른 하나는 여성 단수이기 때문에 독자로 하여금 다음 행의 주어에 대해 기대를 하게 한다. 이 동사의 주어는 다음 행의 첫 단어인 '손'이다.

제3행

2행의 뒤 반구를 이어 내용상 "손이 나의 모든 기쁨을 불길에게 건네주기를 얼마나 오랫동안 원하지 않았던가!"이다. 역시 감탄문이고 감탄 부호 바로 뒤에 생략부호를 사용하고 있어 원하지 않았던 사실이 지극히 길었음을 짐작할 수 있다. 재미있는 것은 '나의 모든 기쁨'을 '불길에 건네주는' 주체가 '나의 마음'이 아니라 '나의 손'이라는 사실이다. 이는 물리적인 이별을 하고 있는 것을 시사하고 있으며 이 시의 마지막 행과 연결이 된다. 마지막 행에서는 "나의 슬픈 가슴속에 나와 함께 영원히 남아 있어라"는 명령을 내리고 있다. 그리고 시작법 차원에서 '건네주다' 동사가 'передать'가 아니라 'предать'인 것 역시 간과할 수 없는 중요점이다.

그리고 불길에 건네주는 대상이 '나의 모든 기쁨'이다. 즉 시의 주인공은 이 편지로 인해 기쁨을 느끼고 있었던 것이다. 그리고 편지에게 이별을 고하고 그 편지로 인해 받은 기쁨을 불길에 건네주기를 원하지 않은 사실로 보아 시의 주인공은 지금 연인으로부터 받은 편지를 불태우려 하고 있음을 알 수 있다. 이 시의 제목이 시사하는 바와 마찬가지이다.

제4행

이 행은 문법적으로 완전한 두 문장으로 구성되어 있다. 첫 문장은 "그러나 충분하다, 시간이 도래했다"라는 것이다. 2행에서 '오랫동안 원하지 않았던' 것과 3행의 마지막 부분에 사용된 생략 부호 다음에 나온 접속사 'но'가 상황의 반전을 이루고 있다. 이제는 더 이상 머뭇거릴 수 없으며 태워버려야 할 시간이 도래했다는 것이다. '도래했다'라는 표현 역시 완료상으로 사용되고 있어 주인공의 입장에서도 더 이상 다른 행위를 취할 여지가 없음을 알 수 있다.

그래서 두 번째 문장에서는 “사랑의 편지야 다 타버려라”라고 명령을 하고 있다. 그러나 이 행에서 주의를 기울여야 하는 것은 비록 명령문을 사용하고 있음에도 불구하고 감탄부호를 사용하고 있지 않음이다. 이는 시간이 다 되었고 주저함도 충분했지만 역시 ‘태워버리는 행위’는 결코 주인공이 기꺼이 하고자 하는 행위가 아님을 나타낸다. 따라서 역설적인 명령임이 명백해진다.

제5행

“나는 준비가 되었다; 나의 영혼은 그 어떤 것에도 주의를 기울이지 않는다.”는 내용이다. 이는 현상적으로는 편지를 태워버릴 준비가 되어있으나 영혼은 ‘아무 것도 생각할 수 없음’을 나타내고 있다. 매우 혼란스러워 이성적으로 인과관계에 의거해 행동 하고 있는 것이 아님을 알 수 있다.

제6행

“강력한 불길이 이미 그대의 낱장들을 받아들이고 있다.” ‘강력한’이라는 표현을 ‘탐욕스런’이라는 기본 의미를 지닌 ‘жадное’로 사용하고 있음은 불길에 대한 주인공의 원망을 나타내기 위한 부정적 의미의 형용사이다. 이 형용사의 기본적인 의미가 ‘게걸스러운’임을 고려할 때 불길에 휩싸인 편지의 낱장들은 미약하게 타버릴 수밖에 없어 불길이 강력하며 종이의 낱장들을 게걸스럽게 먹어치우는 것과 의미상 통할 수 있다. 사랑의 편지를 ‘그대’로 하고 있음은 이 시의 초두에서 하고 있는 명령 모두에 해당되듯이 의인화하고 있음을 알 수 있다.

드디어 편지는 불길에 던져졌고 불이 붙기 시작하였다. 이러한 상황에도 역시 행의 끝 부분에서 생략부호가 활용되어 시간의 흐름을 나타내고 있다.

'받아들이고 있다'의 동사는 접두사 'при-'가 첨부된 'имать' 동사에서 파생되었다.

제7행

'잠깐만!' 혹은 '일 분만!'이라고 외치고 있다. 손이 건네준 자신의 모든 기쁨이 불길에 휩싸여 타고 있음을 눈앞에 보면서 마음이 혹은 영혼이 외치고 있다. 타는 것을 멈추고자 하는 주인공의 안타까움이다. 그리고 시간이 필요하다. 그러나 결국은 "불길에 휩싸여 버렸다!" 불길이 확 타오르고 불타고 있음을 두 번에 걸쳐 서로 다른 동사를 사용하여 상황을 설명하고 있다. 주인공의 안타까움이 가중된다.

제8행

이 행의 주어는 앞 행의 맨 마지막 부분에 표현되어 있다. "가벼운 연기가 휘감기면서 나의 기도와 함께 자취를 감추고 있다." 편지가 타고 그 불길에서 나오는 연기가 휘감기면서 굴뚝 속으로 들어가고 있는 장면이다. 그러나 몇 가지 분석을 요한다. 연기의 성질이 '가볍다'는 것은 연기가 가벼워 위로 올라가는 자연적인 현상 그 자체만을 의미하는 것이 아니라 자신의 모든 기쁨의 원천이었던 편지를 태우면서 생긴 연기이기 때문에 '무심한 연기'라는 의미가 내포되어 있다. 편지는 의인화되어 성격을 부여받았지만 그것을 태우고 난 결과인 연기는 결코 의인화되지 않는다.

그러나 주인공은 그 연기를 바라다보면서 독자에게 그저 장면을 묘사해 주는 것으로 그치지는 않는다. 즉 자신의 마음을 실어서 독자에게 전한다. 연기가 사라지면서 단순히 사라지는 것이 아니라 위의 행에서 외쳤던 '잠시 기다려 달라던' 주인공의 바람과 함께 사라져 버리는 것이다. 다시 말해서 이제는 이미 불 속에 던져진 편지를 건져낼 수 없음을 명확히 하고 있다. 즉 주인공의 바람도 그 연기처럼 사라져 버리고 있는 것이다.

제9~10행

9행과 10행은 같이 하나의 내용을 이루고 있다. 물론 10행의 마지막 부분에서 다른 의미를 가진 독립 문장을 제외하고 논의한다면 말이다. "신실한 손 가락지의 감명을 이미 잃으면서 불붙은 밀랍이 끓고 있다." 주인공의 주도면밀한 관찰력을 볼 수 있다. 단순하게 말하자면, 연인이 주인공에게 편지를 보내면서 그 편지를 봉하였던 밀랍이 불길 속에서 녹아내리고 있는 것이다. 그러나 주인공의 감정은 이 밀랍에도 녹아들어 있다. 이 밀랍으로 편지를 봉하기 위하여 연인의 손길이 닿았을 것임을 독자들에게 시사해 주고 있다. 연인의 손 가락지의 낙인이 신실하다는 것은 그 손가락으로 쓴 편지의 내용이 주인공에게 진정한 기쁨을 주었을 것이며 봉할 때 눌렀던 반지의 봉함을 주인공이 그 편지를 개봉하면서 느꼈었던 것을 강조하여 독자에게 전달하고 있다. 예전에는 편지를 봉할 때 조그만 밀랍 덩이를 놓고 반지로 눌러서 붙였던 문화를 이해해야 한다. 또한, 편지의 낱장이 탈 때 생략부호가 활용되어 시간의 경과를 나타내었듯이 편지의 겉봉이 타고 있는 이 순간에도 역시 생략부호가 동일한 효과를 내며 사용되고 있다.

그리고 편지의 낱장을 먼저 태우고 봉투를 나중에 태우고 있음에 주의를 기울여야 한다. 제6행에서 편지의 낱장이 불길에 휩싸였다고 했고 제9행에서 봉투를 붙였던 밀랍이 녹고 있음을 묘사하고 있는 것에서 이 순서를 찾을 수 있다. 연인의 편지를 태울 때 어느 것을 먼저 태우는가는 개인에 따라 다를 수 있다. 다만, 이 시의 주인공은 편지의 내용이 담긴 낱장을 먼저 태우고 봉투를 나중에 태우고 있다. 이는 편지를 받으므로 느꼈던 기쁨과 사랑을 먼저 태우고 그것을 감쌌던 봉투 즉 형식이나 사회적인 관습 자체도 모두 태우고 있음을 알 수 있다.

10행의 두 번째 문장은 “오, 신의 섭리여!”라는 것이다. 여기에서 단어 ‘신의 섭리(провиденье)’는 강세가 뒤에서 두 번째 음절에 오는 것을 알아야 한다. 이는 앞 행의 ‘впечатленье’와 각운을 이루고 있기 때문이다. 이렇게 볼 때 단어 ‘провиденье’의 강세가 뒤에서 세 번째 모음에 오게 되면 의미가 ‘예견, 예지, 예언’이 될 수는 있지만 시의 작법 상 그렇지 않음을 알아야 한다. ‘신의 섭리’는 독립 문장이므로 여러 가지 의미를 가질 수 있다. 첫째는 사랑이 끝나고 정리하는 단계로 연인의 편지를 태우는 것이 순서임을 의미할 수 있다. 둘째는 구체적으로 앞에서 묘사된 편지를 태우는 과정에서 일어나는 일련의 자연현상 즉 편지의 낱장이 불길에 휩싸이고 가벼운 연기가 나며 봉투를 태울 때 밀랍이 녹아내리는 현상 자체를 의미할 수도 있다.

제11행

“완수되었다!”라는 표현이 첫 부분에 나온다. 한 단어로 중성 단수 완료 과거로 표현되어 있다. 두 가지 차원에서 이해해야 할 것이다. 첫째는 편지를 태우는 과정이 완료되었다는 것이며, 둘째는 연인과의 사랑이 끝났다는 것을 의미할 수도 있다.

나머지는 불탄 편지의 현상을 묘사하고 있다. 즉 '새까만 편지의 낱장이 말려 오그라든다.'이다. 종이를 태우는 과정에서 재로 변하면서 말려 올라가는 현상을 시인은 이미 관찰하였고 주의를 기울여 알고 있었음에 주목하자.

제12행

이 행에서도 시인의 놀라운 관찰력을 볼 수 있다. "편지의 낱장이 타고 그 가벼운 재 위에 신성한 글씨의 흔적들이 하얗게 드러난다."라는 내용이다. 글씨가 쓰인 종이를 태울 때 종이는 까맣게 변하지만, 글씨를 썼던 잉크 자국은 하얗게 변하는 것을 푸시킨이 놓치지 않고 있다. 독자들도 화재 예방이 완전 상황에서 한 번쯤 실제로 경험 해 볼 것을 권유한다.

또한 이미 타버린 편지 낱장의 재는 물리적으로도 가벼울 수 있지만 이미 편지가 아니므로 즉 기쁨을 주는 원천이 아니므로 위에서 사용된 것처럼 '가벼운'이라는 형용사로 언술되어 있다. 따라서 편지의 내용 자체가 아니라 흔적만이 남아있는 것이다. 그러나 그 흔적은 비록 흔적에 불과하지만 편지의 내용을 담고 있었던 것이기에 '신성한'이라는 형용사의 꾸밈을 받고 있다.

제13행

맨 앞 단어는 위의 행에 속하고 마지막 두 단어는 다음 두 행에 속한다. 가운데 있는 문장은 "나의 가슴은 양보를 하지 않았다"라는 내용이다. 이는 주인공의 마음은 편지를 불태운 후에도 연인에 대한 사랑을 내팽개치지 않았다는 뜻이다. 이렇게 간힌 마음이기에 한 행에서 앞뒤의 행에 관련되는 다른 표현들로 가둬져 있다.

제14~15행

13행의 마지막 부분에 주어 '사랑스러운 재'가 나오고 이 두 행에서는 술어가 나온다. 14행은 이 주어에 대한 동격으로 '나의 슬픈 운명의 불행한 위안'으로 '사랑스러운 재'를 부가설명하고 있다. 주인공이 자신의 운명을 '슬픈 운명'이라고 인식하고 있는 것은 연인과의 관계에 종지부를 찍는 편지 태우기의 행위와 관련이 있다. 그리고 위안이 '불행한' 것 역시 연인과의 관계가 끝나는 것이 아쉽다는 주인공의 심리상태를 나타내 준다.

마지막 행은 명령문으로 "슬픈 가슴속에서 나와 함께 영원히 남으라."는 것인데 이는 타고 남은 편지의 재에게 내리는 명령이다. 직접적인 명령이지만, 연인에 대한 사랑을 마음속에 영원히 간직하고자 하는 주인공의 의지 혹은 바람이라고 말할 수 있다. 이는 편지라고 하는 구체적이고 물질적인 사랑이 아니라 정신적인 혹은 정서적인 사랑으로 주인공이 영원히 간직하고자 함의 시적 표현이다. 사실은 간직하고자 하는 열망을 주체적으로 표현하고 있는 것이 아니라 재에게 '남아 있어 달라'고 부탁을 하고 있어 푸시킨 사랑 시의 남자의 위치를 다시 한 번 더 생각하게 한다. 그리고 생략부호가 활용되고 있음 역시 앞으로의 긴 시간을 암시하고 있다.

시의 첫 단어가 편지에게 고하는 '이별(прощай)'의 명령이고 마지막 행의 첫 단어가 영원히 가슴속에 '남아 달라(останься)'는 명령으로 물질의 차원에서 정신적인 차원으로 상승시키는 구조를 가지고 있다.

편지와는 헤어지지만 그 편지를 보낸 여인에 대한 사랑은 언제나 주인공의 마음과 함께 할 것이라는 내용과 인접 각운의 형태는 잘 어울리는 시작법이라고 할 수 있다. 다만, 마지막 행이 각운을 이루지 못함은 미래의 일이기 때문에 시의 주인공의 미래에 대한 불확실한 심리상태를 나타낸다고 할 것이다.

***

Если жизнь тебя обманет,	⊥ _ ⊥ _ ⊥ _ ⊥ _
Не печалься, не сердись!	○ _ ⊥ _ ○ _ ⊥
В день уныния смирись:	⊥ _ ⊥ _ ○ _ ⊥
День веселья, верь, настанет.	⊥ _ ⊥ _ ⊥ _ ⊥ _
Сердце в будущем живет;	⊥ _ ⊥ _ ○ _ ⊥
Настоящее уныло:	○ _ ⊥ _ ○ _ ⊥ _
Все мгновенно, все пройдет;	⊥ _ ⊥ _ ⊥ _ ⊥
Что пройдет, то будет мило.	⊥ _ ⊥ _ ⊥ _ ⊥ _

(1825)

감 상

시작법

강약 4보격(четырех-стопный хорей)이다. 각운은 AbbA cDcD이다. 비록 두 연으로 구성된 시이지만 각운을 달리하고 있음은 이 시의 주제가 인생의 부침과 관련이 있다고 할 수 있다.

[제 목]

제목이 없는 시다. 비교적 짧은 시에서 인생을 살아가는 지침을 간단명료하게 내리고 있는 시이므로 암송하여 평상시 교훈으로 삼아도 좋은 시다.

제1연

이 연에서는 조건 절 문장으로 시작되고 나머지 세 행은 2인칭 단수 명령형으로 구성되어 있다. 이는 서정적 자아가 독자에게 혹은 서정적 자아 자신에게 친근감을 가지고 말하고 있음을 의미한다.

조건절의 내용은 "만일에 인생이 그대를 속이더라도"이다. 인생이 인생의 주체인 인간을 속이지는 않을 것이다. 다만, 살아가면서 뜻대로 되지 않는 인생의 경우를 조건으로 제시하고 있음을 알 수 있다. 이러한 상황에서 서정적 자아가 독자에게 명령하고 있는 것은 "슬퍼하지도 말고 화를 내지도 말라!"이다. 즉 인생이 뜻대로 되지 않더라도 본인에게 보탬이 될 것이 하나도 없는 직접적이고도 부정적인 반응을 보이지 말라는 것이다.

셋째 행에서는 "의기소침한 날에는 스스로를 누그러뜨려라!"고 말하고 있다. 주어진 상황에 대해 대항하거나 반항하지 말고 스스로를 낮추라고 말하고 있다.

그리고 마지막 행에서는 위의 3행에서 언술 되어진 것과는 달리 긍정적인 명령을 내리고 있다. "밝은 날이 오게 된다는 것을 믿어라." 인생에서는 오르막이 있으면 내리막이 있고 내리막이 있으면 오르막이 있다는 것을 상기하게 하며 화자가 독자에게 명하고 있는 것은 긍정적인 면을 바라보라는 것이다.

제2연

제2연의 내용은 다음과 같다. "마음은 미래에 사는 것, 현재는 의기소침한 것이다. 모든 것은 순간적이며 모든 것은 지나가게 될 것이다. 그리고 지나가게 되는 모든 것은 또한 사랑스러울 것이다." 현재의 고통이나 어려움으로 인해 인생을 그르칠 것이 아니라 희망을 가지고 미래를 바라보면서 살라고 말하고 있다. 또한 그 어떠한 것도 영원하지 않으며, 그 어떠한 것도 영구하지 않다는 주장이다. 모든 것에는 끝이 있으며 변한다는 내용으로 지금의 어려움이나 고통이 결코 영원하지 않음으로 현재로 인해 인생을 비관적으로 살 필요가 없다는 것이다. 그리고 우리가 종종 이야기하는 "추억은 아름답다"와 마찬가지로 지난 일은 모두 아름답게 여겨진다는 논리다. 따라서 그 어떤 것도 영원하지 않고 지나가게 마련이므로 현재의 슬픔이나 고통을 슬기롭게 이기라는 교훈적이고도 철학적인 시라고 할 수 있다.

1825년에 쓰인 이 시에 대해 조금은 색다른 것을 지적할 필요가 있다. 지금으로부터 약 30~40여 년 전 즉 1960~70년대 이 시는 우리말로 번역되어 푸른 초원에 있는 우리 속에서 어미 돼지가 누워서 새끼들에게 젖을 먹이고 있는 풍요롭고 평화로운 그림과 함께 만들어진 액자가 매우 유행했었다. 정확하지는 않지만 저자명은 “푸슈킨”이었고 제목이 없는 이 시에 “삶”이라는 제목을 붙여 액자를 제작했던 것으로 기억하고 있다. 그리고 이 액자는 거의 모든 이발관에 걸려 있었다. 앞에 걸려 있어 직접 보거나 아니면 뒤에 걸려있어 앉아서 이발을 하면서 거울을 통해 볼 수 있었다. 따라서 우리나라 사람들 중 이 액자를 통해 이 시를 본 사람의 수는 참으로 많을 것으로 사료된다. 그런데 어떤 이유에서인지 이 액자가 거의 완전히 사라져 버렸다. 필자도 이 액자를 추억으로 간직하고 싶어 구하려고 백방으로 노력을 하였으나 아직까지는 성공하지 못했다.

비록 한 동안이지만 푸시킨의 이 시가 담긴 액자가 우리나라에서 유행을 하였던 현상은 역사적 설명이 가장 설득력이 있을 것이다. 즉 시의 내용으로 보아 러시아 문학이 우리나라에 본격적으로 소개되었던 일제 강점기를 살아온 우리의 선배들에게 이 시는 매우 큰 위안을 주었음에 틀림이 없다. 나라를 빼앗긴 서러움을 어떻게 정신적으로 위안을 받을 수 있었겠는가? 푸시킨의 이 시는 이러한 질곡과 같은 현실에 직면한 우리의 선배들에게 딱 들어맞는 시였을 것이다. 그들은 이 시를 읽으면서 서로가 서로를 위안하였을 것이다. 그러던 것이 전국적으로 유행을 하게 되었으며 상업적으로 액자로 만들어져 보급되었을 것으로 추정해 볼 수 있다.

그렇다면, 갑자기 사라져버린 이유를 설명하는 것은 참으로 난해한 문제이다. 다만, 어정쩡하지만 독립을 얻음으로 그토록 어렵게 여겨지던 현실이 변해버렸음을 고려해야 한다. 그리고 급격한 경제성장을 추구하던 시대가 오게 되자 정신적으로 현실의 고통에 억눌릴 시간적인 여유가 없었을 것이다. 어느 정도 현실의 고통이 삶을 누르더라도 이 시기의 정신적인 상태는 이유

여하를 막론하고 경제 부흥을 일으켜 “잘 살아 보자”였다. 따라서 시를 읊조리고 있는 것 자체가 이미 유행이 될 수는 없었을 것이며 한 푼이라도 더 돈을 벌어야 함이 당장 급한 처지에 이 시가 가질 수 있는 가치는 그만큼 작아질 수밖에 없었을 것으로 추정된다. 따라서 팔리지 않는 액자를 더 이상 만들지 않았고 낡거나 깨진 액자를 버린 것이 매우 짧은 시간에 일어났음을 짐작할 따름이다.

의외로 러시아인들 사이에서는 이 시보다는 «Телега жизни» 라는 시의 인지도가 더 높은 것으로 여겨진다.

Пророк

Духовной жаждою томим,
В пустыне мрачной я влачился, —
И шестикрылый серафим
На перепутье мне явился.
Перстами легкими как сон
Моих зениц коснулся он.
Отверзлись вещие зеницы,
Как у испуганной орлицы.
Моих ушей коснулся он, —
И их наполнил шум и звон:
И внял я неба содроганье,
И горний ангелов полет,
И гад морских подводный ход,
И дольней лозы прозябанье.
И он к устам моим приник,
И вырвал грешный мой язык,
И празднословный и лукавый,
И жало мудрыя змеи
В уста замершие мои
Вложил десницею кровавой.
И он мне грудь рассек мечом,
И сердце трепетное вынул,
И угль, пылающий огнем,
Во грудь отверстую водвинул.
Как труп в пустыне я лежал,
И бога глас ко мне воззвал:
<<Восстань, пророк, и виждь, и внемли,

Исполнись волею моей
И, обходя моря и земли,
Глаголом жги сердца людей>>.
(1826)

시행의 길이가 길기 때문에 율격과 각운 표기를 아래에 한다.

ㅡ ⊥ ㅡ ⊥ ㅡ 으 ㅡ ⊥
ㅡ ⊥ ㅡ ⊥ ㅡ ⊥ ㅡ ⊥ ㅡ
ㅡ 으 ㅡ ⊥ ㅡ 으 ㅡ ⊥
ㅡ 으 ㅡ ⊥ ㅡ ⊥ ㅡ ⊥ ㅡ
ㅡ ⊥ ㅡ ⊥ ㅡ 으 ㅡ ⊥
ㅡ ⊥ ㅡ ⊥ ㅡ ⊥ ㅡ ⊥
ㅡ ⊥ ㅡ ⊥ ㅡ 으 ㅡ ⊥ ㅡ
ㅡ 으 ㅡ ⊥ ㅡ 으 ㅡ ⊥ ㅡ
ㅡ ⊥ ㅡ ⊥ ㅡ ⊥ ㅡ ⊥
ㅡ ⊥ ㅡ ⊥ ㅡ ⊥ ㅡ ⊥
ㅡ ⊥ ㅡ ⊥ ㅡ 으 ㅡ ⊥ ㅡ
ㅡ ⊥ ㅡ ⊥ ㅡ 으 ㅡ ⊥
ㅡ ⊥ ㅡ ⊥ ㅡ ⊥ ㅡ ⊥
ㅡ ⊥ ㅡ ⊥ ㅡ 으 ㅡ ⊥ ㅡ
ㅡ ⊥ ㅡ ⊥ ㅡ ⊥ ㅡ ⊥
ㅡ ⊥ ㅡ ⊥ ㅡ ⊥ ㅡ ⊥
ㅡ 으 ㅡ ⊥ ㅡ 으 ㅡ ⊥ ㅡ
ㅡ ⊥ ㅡ ⊥ ㅡ 으 ㅡ ⊥
ㅡ ⊥ ㅡ ⊥ ㅡ 으 ㅡ ⊥
ㅡ ⊥ ㅡ ⊥ ㅡ 으 ㅡ ⊥ ㅡ
ㅡ ⊥ ㅡ ⊥ ㅡ ⊥ ㅡ ⊥

_ ⊥ _ ⊥ _ ⍜ _ ⊥
_ ⊥ _ ⊥ _ ⍜ _ ⊥
_ ⊥ _ ⊥ _ ⍜ _ ⊥ _
_ ⊥ _ ⊥ _ ⊥ _ ⊥
_ ⊥ _ ⊥ _ ⊥ _ ⊥
_ ⊥ _ ⊥ _ ⊥ _ ⊥ _
_ ⊥ _ ⊥ _ ⍜ _ ⊥
_ ⍜ _ ⊥ _ ⊥ _ ⊥ _
_ ⊥ _ ⊥ _ ⊥ _ ⊥

감 상

시작법

약강 4음보 격이다. 각운은 aBaBccDD의 형태를 이루고 있다. 그리고 총 30행으로 구성되어 있다.

[제 목]

이 시의 제목은 "예언자"이다.

이 시는 구약성경의 이사야서 6장 1절에서 10절까지와 밀접한 관련이 있는 시이다. 푸시킨의 본문과 성경을 비교해 볼 수 있도록 여기에서 구약성경을 그대로 인용해 본다.

Исаия, Глава 6

1. В год смерти царя Озии видел я Господа, сидящего на престроле высоком и превознесенном, и края риз Его наполнняли весь храм.
2. Вокруг Его стояли серафимы; у каждого из них по шести крыл; двумя закрывал каждый лицо свое, и двумя закрывал ноги свои, и двумя летал.
3. И взывали они друг к другу, и говорили: свят, свят, свят Господь Саваоф! вся земля полна славы Его!
4. И поколебались верхи врат от гласа восклицающих, и дом наполнился курениями.
5. И сказал я: горе мне! погиб я! ибо я человек с нечистыми устами, и живу среди народа также с нечистыми устами, — и глаза мои видели Царя, Господа Саваофа.
6. Тогда прилетел ко мне один из серафимов, и в руке у него горящий уголь, который он взял клещами с жертвенника,

7. И коснулся уст моих, и сказал: вот, это коснулось уст твоих, и беззаконие твое удалено от тебя, и грех твой очищен.
8. И услышал я голос Господа, говорящего: кого Мне послать? и кто пойдет для Нас? И я сказал: вот я, пошли меня.
9. И сказал Он: пойди, и скажи этому народу: слухом услышите, и не разумеете; и очами смотреть будете, и не увидете.
10. Ибо огрубело сердце народа сего, и ушами с трудом слышат, и очи свои сомкнули, да не узрят очами, и не услышат ушами, и не урузумеют сердцем, и не обрятятся, чтоб Я исцелил их. (Библия Ветхого и Нового завета, Библейские общества)

1. 웃시야왕의 죽던 해에 내가 본즉 주께서 높이 들린 보좌에 앉으셨는데 그 옷자락은 성전에 가득하였고
2. 스랍들은 모여 섰는데 각기 여섯 날개가 있어 그 둘로는 그 얼굴을 가리었고 그 둘로는 그 발을 가리었고 그 둘로는 날며
3. 서로 창화하여 가로되 거룩하다 거룩하다 거룩하다 만군의 여호와여 그 영광이 온 땅에 충만하도다.
4. 이 같이 창화하는 자의 소리로 인하여 문지방의 터가 요동하며 집에 연기가 충만한지라.
5. 그 때에 내가 말하되 화로다 나여 망하게 되었도다 나는 입술이 부정한 사람이요 입술이 부정한 백성 중에 거하면서 만군의 여호와이신 왕을 뵈었음이로다.
6. 때에 그 스랍의 하나가 화저로 단에서 취한바 핀 숯을 손에 가지고 내게로 날아와서
7. 그것을 내 입에 대며 가로되 보라 이것이 네 입에 닿았으니 네 악이 제하여졌고 네 죄가 사하여졌느니라 하더라
8. 내가 또 주의 목소리를 들은 즉 이르시되 내가 누구를 보내며 누가 우리를 위하여 갈꼬 그 때에 내가 가로되 내가 여기 있나이다. 나를 보내소서.

9. 여호와께서 가라사대 가서 이 백성에게 이르기를 너희가 듣기는 들어도 깨닫지 못할 것이요 보기는 보아도 알지 못하리라 하여
10.이 백성의 마음으로 둔하게 하며 그 뒤가 막히고 눈이 감기게 하라. 염려컨대 그들이 눈으로 보고 귀로 듣고 마음으로 깨닫고 다시 돌아와서 고침을 받을까 하노라.[3)]

가급적 내용상 분리가 편리한 행들을 따라 감상을 해 본다.

제1~2행

이 행들에서는 서정적 자아가 처한 상황을 엿볼 수 있다. "영적인 목마름으로 고통을 받으면서 나는 어둡고 황량한 들판을 헤매고 있었다." 서정적 자아는 물론 남자이고 영적인 목마름으로 고통을 받고 있다. 이는 선지자가 되기 위하여 혹은 선지자로서 진리 혹은 구원 추구를 위하여 광야에서 헤매고 있는 성경 모티프의 시적 표현이다. 이는 신약에서 예수께서 광야에 40일 계시게 되는 것과 같은 맥락에서 이해할 수 있다.

아무튼 서정적 자아가 방황을 하고 있는 장소가 어둡고 황량한 들판이다. 군중을 떠나 한 개인과 신과의 접촉을 시도하기 위한 신화적인 요소도 있다고 할 것이다.

제3~4행

"그리고 나의 갈림길에 여섯 날개를 한 세라핌이 나타났다." 황야에서 화자가 방황을 하던 중 화자가 갈림길에 서게 되었다. 이 때 천사가 나타난 것이다. 주의를 기울여야 할 것은 이러한 황야에서조차 화자는 선택의 순간에 처해 있다는 사실이다. 어

3) 『성경전서』(개역 한글판), 대한성서공회, 1956.

예언자(브루벨 작, 1892년)

디를 헤매고 방황한들 무엇이 달라지겠는가 마는 푸시킨은 화자 앞에 선택을 하도록 설정하고 있다. 인간으로서 올곧은 선택을 하기가 매우 어려운 문제임으로 천사가 나타나도록 주제적 구조를 형성하고 있다.

러시아어에서 천사는 남성임을 알아야 한다. 세라핌뿐만 아니라 '안겔(ангел)' 역시 남성 명사이다. 참고로 백과사전에서 설명하고 있는 천사에 대한 설명을 보자.

"하느님을 섬기고 하느님과 사람 사이를 중개하며 인간을 수호하기도 하는 영적(靈的) 존재. 영어 'angel'은 그리스어 'angelos'(使者)에서 비롯되었다. 페르시아의 조로아스터교에서 시작되어 유대교·그리스도교·이슬람교에서 받아들였다. 동물이 하느님의 심부름을 한 예는 여러 종교에서 찾아볼 수 있으나, 하느님과 인간의 중간적인 존재로서 천사의 관념이 발달한 것은 하느님과 사람의 단절성이 강한 종교에서 찾아볼 수 있다. 천사는 하느님의 의지를 전달하는 역할을 하지만, 인간에게 반드시 호의적이라고는 할 수 없으며, 하느님을 반역하고 사람들에게 못된 짓을 하는 타락한 천사가 있는데 이것이 이른바 마귀(사탄/Satan)이다. 중국 등지에서는 하늘의 사람이라는 뜻으로 고대부터 천인·선인(仙人)·천녀·선녀 등의 표현을 신화·전설·도교 등에서 써 왔다. 천사는 각각의 종교에서 여러 형태로 표현된다. 조로아스터교에서는 신 아후라 마즈다의 여러 가지 힘

예언자 6날개 천사 세라핌(브루벨 작, 1904년)

을 나누어 가지는 7명의 천사가 있다. 유대교에서는 미카엘을 비롯해서 라파엘·가브리엘·우리엘의 4천사가 잘 알려져 있다. 그리스도교의 경우 프로테스탄트교에서는 거의 찾아볼 수 없는 데 반하여 로마 가톨릭교에서는 중요시되어서 천사를 다음의 9품(九品)의 계보로 나누고 있다. 치품(熾品: angeliseraphim)· 지품(智品: angelicherubim)· 좌품(座品: angelithroni)의 상급(上級) 3대(隊), 주품(主品: angelidominationes)· 역품(力品: angelivirtutes)· 능품(能品: angelipotestates)의 중급 3대, 권품(權品: angeliprincipatus)· 대천사(大天使: archangeli)· 천사(angeli)의 하급 3대이다. 이슬람교에서는 유대교의 영향을 받아 무하마드(마호메트)에게 코란을 전달한 지브릴(가브리엘) 이하 미가엘(미카엘)· 아즈릴· 이슬라필 등 4대천사가 중요한 위치를 차지하고 있다. 천사의 모습은 원래 바람이나 빛으로 감지될 수도 있었으나, 미술작품 등에서는 날개를 가진 인간의 모습으로 표현되었으며, 하느님을 배반한 천사 마귀(악마)를 제외하면 인간을 수호하고 좋은 일을 권장하는 천사는 여성이나 아이들의 형태를 취하는 경우가 많았다."[4)]

따라서 이 시에 등장하는 세라핌은 '치품(熾品: angeliseraphim)'으로 천사의 계급 중 가장 최상급의 천사임을 알 수 있다.

제5~8행

이 행에서는 세라핌이 내게 한 행동에 관한 내용을 전해 주고 있다. "그는 꿈결과 같이 가벼운 손길로 나의 눈동자를 만졌다. 마치 놀란 암 독수리의 눈과 마찬가지로 나의 예언자적인 눈이 열렸다." 세라핌의 손길이 꿈결처럼 가볍다함은 인간의 손길이

---

4) 야후백과사전(http://kr.dic.yahoo.com/search/enc)

아니라 신의 손길을 의미한다. 그리고 세라핌이 '나의 눈동자를 만졌다'는 것은 상징적이다. 즉, 인간이 가지고 있는 오감 중 시각을 맨 먼저 고쳐주고 있는 것이다. 인간이 눈에 보이는 것만 믿으려 하고 눈에 보이는 대로 인식하는 것에 대해 신의 능력을 부여하고자 함을 볼 수 있다.

천사가 화자의 눈동자를 가볍게 만지자 화자의 눈이 예언자적으로, 예언을 할 수 있는 능력이 있는 눈으로 그리고 박식한 눈으로 변한다.

직유를 통해 비교되고 있는 '놀란 암 독수리의 눈'에 대해서는 좀 더 연구가 필요할 것이다. 푸시킨의 시에서 이 상징이 가지고 있는 의미는 밝혀져야 할 것이다.

제9~14행

이 행들에서는 시각에 이어 청각과 관련된 내용이 있다. "그는 나의 귀를 만졌다. 그랬더니 나의 귀는 소리와 울림으로 가득 찼다. 그래서 나는 하늘이 떨리는 소리를 들었고, 천사가 높이 날고 있는 소리를 들었고, 바다 물밑에서 짐승이 움직이는 소리를 들었고 계곡에서 식물의 줄기가 자라는 소리를 듣게 되었다."

시각에 관련된 내용과 비교해 보면, 천사가 청각에 신의 능력을 부여한 후 화자가 듣게 되는 구체적인 사항들이 훨씬 더 많은 것을 알 수 있다. 시각에서는 천사가 눈동자를 만져줌으로 '예언자적인 눈으로 변했다'라는 사실만 언급을 하였지 구체적으로 이전에는 보이지 않던 어떤 다른 것들을 볼 수 있었다는 것은 언급하고 있지 않다. 그러나 청각과 관련해서는 많은 예를 구체적으로 들고 있는 것을 알 수 있다. 천사가 귀를 만져주고 화자의 귀가 '예언자의 귀'로 변했다는 직접적인 언급은 없지만, 이전에 들을 수 없었던 것들을 들을 수 있는 것으로 보아 귀 역시 예언자의 귀가되었음은 틀림없는 사실이다.

귀의 변화에 따른 구체적인 예를 열거하기 위하여 시인은 10행에서부터 15행의 서두에서 모두 접속사 '그리고(и)'를 사용하고 있다. 이는 약강격을 만들기 위한 간단한 방법이다. 그러나 지나칠 정도로 많은 행에서 이 단순한 방법을 사용하고 있다고도 할 수 있을 것이나 기실은 예언자로 거듭나는데 따른 변화의 다양성을 강조하고 있다고 이해하면 된다.

하늘은 결코 떨리지 않을 터인데 예언자의 귀에는 하늘이 떨리는 소리가 들린다. 천사가 하늘 높이 날고 있다고 할지라도 그 소리는 들리지 않을 일이지만 예언자의 귀는 듣고 있다. 바다 물밑에서 짐승이 돌아다닐 수는 있다. 그러나 그 움직임의 소리를 듣는다는 것은 결코 일반적으로 가능한 일이 아니다. 다만, 예언자의 귀는 들을 수 있는 것이다. 그리고 계곡에서 자라는 식물의 줄기가 내는 소리를 누가 들을 수 있겠는가! 최근의 기술 발전으로 식물의 줄기가 자라는 것을 촬영하여 고속으로 재생하면 실제로 자라는 모습을 볼 수는 있다. 그러나 아직까지 식물이 자라면서 내는 소리를 측정하여 우리의 귀로 들을 수 있게 한 실험은 없었던 듯싶다.

결국은 천사의 도움으로 이 서정적 자아의 귀는 신의 초능력을 부여받았음을 잘 알 수 있다. 결코 일반인의 귀로는 불가능한 것들을 들을 수 있는 화자의 귀는 화자가 점차 온전한 예언자로 변하는 과정의 일부가 되고 있다.

제15~20행

이 행에서는 화자의 혀를 변화시키는 내용이 나온다. "그는 나의 입으로 몸을 숙였다. 그리고 나의 죄 많고 달콤한 소리나 좋아하고 쓸데없는 소리나 좋아하는 나의 혀를 뽑아버렸다. 그리고 현명한 뱀의 침을 피 묻은 오른 손으로 나의 무감각해진 입에 넣었다."

이 내용은 인간의 혀에 관한 특징을 적나라하게 드러내고 있으며 그러한 혀를 바꾸어 주는 일종의 대대적 성형수술이다. "인간의 혀는 죄가 많다."는 것이 그 첫째 특징이다. 세 치 혀를 놀림으로 얼마나 많은 사람들이 상처를 입으며 목숨을 잃는가를 생각해 보면 쉽게 이해가 간다. 그리고 이 혀 때문에 생기는 복잡다단한 인생을 다시 생각해 보도록 권유하고 있다.

그리고 혀는 달콤한 소리를 좋아한다는 것이 두 번째 특징이다. 남을 속이기 위하여 우리가 혀를 놀리는 것을 갈파한 것이다. 이러한 혀에 속아 얼마나 많은 일들이 잘못되는가를 생각해 볼 일이다. 그리고 인간이 가지고 있는 혀의 세 번째 특징은 쓸데없는 소리를 좋아한다는 것이다. 무의미한 소리를 지껄이는 인간의 혀에 대한 지적이다.

이러한 인간의 혀를 대신하는 것으로 '현명한 뱀의 혀'를 넣어준다. 뱀의 상징성은 성경에서 결코 긍정적이지 않다. 그러나 푸시킨이 여기에서 뱀의 혀를 현명함의 상징으로 사용한 것은 주의를 기울여 볼 필요가 있다. 단순히 뱀의 혀를 화자의 뽑힌 혀의 자리에 넣었다면 이 화자는 신의 의지에 합당하는 그러한 예언자가 될 수 없을 것은 자명하다. 이러한 문제를 해결하기 위하여 푸시킨은 과연 그 다운 방법을 채택하고 있다. 인간의 특징을 가진 화자의 혀를 뽑는 장면에서는 세라핌이 어떤 손을 사용하였는가에 대한 언급이 없다. 그러나 부정적 상징성을 의미할 수 있는 '뱀의 혀'를 넣어주는 과정에서 세라핌이 어떠한 손을 사용하였는가가 명확히 나와 있다. 즉 '오른 손'을 사용하고 있는 것이다. 비록 구약 성경에서 뱀이 가지고 있는 상징성이 부정적이라고 할지라도 그 부정적 뱀의 혀가 천사 중 최고의 천사인 세라핌의 오른 손에 들어가는 순간 모든 것은 신의 의지에 합당하도록 긍정화되는 것이다.

여기에서 '오른 손으로'를 지칭하는 러시아 단어 'десницею'는 고대 교회 슬라브어이다. 이는 이 오른 손이 가지는 가치와 높은 차원을 암시하고 있다. 따라서 이러한 오른 손에 쥐어져 있다가 화자의 입 속에 넣어지는 '뱀의 혀'는 더 이상 부정적인 이미지를 가지지 않고 긍정적인 가치를 지니게 되는 것이다.

참고로 고대 교회 슬라브어에서 '왼 손'은 'шуй'이다. 이 단어 혹은 왼 손은 러시아 문화에서 부정적 이미지를 내포하고 있다. 예를 들면, 푸시킨의 『보리스 고두노프』에 등장하는 Шуйский라는 인물의 성(姓)은 다분히 '왼 손'과 관련이 있으며 부정적이고 교활한 인물인 것은 잘 알려진 사실이다.

혀와 관련이 되는 이 행에서도 혀가 변화는 과정만 소개가 되었고 변화됨으로 무엇이 달라졌는지 혹은 어떤 말을 하게 되었는가는 구체적으로 언급되어 있지 않다. 그러나 일단 예언자의 혀가 되었음이 분명하다면 신의 목소리를, 신의 의지를 인간들에게 전달하는 수단으로서의 역할을 하게 될 것은 의심의 여지가 없다. 그리고 이 시의 맨 마지막 부분 즉 "Глаголом жги сердца людей"의 부분과도 밀접한 관계가 있다. 신의 명령을 가장 직접적으로 수행하게 될 이 화자 즉 예언자의 신체 부위는 혀가 되기 때문이다.

제21~24행

이제는 화자의 가슴을 고치고 있는 부분이 나온다. "그는 검으로 나의 가슴을 갈랐다. 그리고 떨고 있는 나의 심장을 도려내었다. 그리고 불꽃이 활활 타오르고 있는 석탄을 갈라진 나의 가슴속에다 집어넣었다."

세라핌이 화자의 가슴을 '검'으로 자르고 있다. 단검(кинжал)이나 칼(нож)이 아니라 검(меч)이다. 이는 세라핌의 권위와 신의 의지가 강하고 위엄이 있음을 나타낸다. 이렇게 검에 의해 갈라진 가슴속에 있는 화자의 심장은 '뛰고 있는 것'이 아니라 '떨고 있는 것'이다. 따라서 제거되어야 할 당위성이 생기고 있다. 즉 인간의 심약한 심장은 예언자에게 합당한 것이 아님을 알 수 있다.

인간의 약하디 약한 심장 대신에 천사의 손에 쥐어진 영원히 활활 타오를 석탄 덩어리를 넣어준다. 하나님의 말씀으로, 의지로 충만하여 인간들을 구원해야 할 예언자의 자질을 부여받고 있다.

눈과 귀와 혀 그리고 심장에 대한 대대적인 수술을 받음으로 영혼의 목마름으로 황야에서 배회하고 있던 화자는 예언자로 다시 태어났다. 이제 신체적인 모든 수술은 끝났다. 더 깊이 있는 연구를 해 봐야 할 사항이 하나 더 있다. 이 시에서 수술을 하는 순서다. 불교 철학에서도 인간의 오감을 나타낼 때 안-이-비-설-신-의로 하고 있다. 코를 제외하면 순서가 동일한데 그 의미가 무엇인지 연구해 볼 필요가 있다.

제25~26행

대 수술을 받은 직후 화자의 모습을 보자. "송장처럼 나는 황야에 누워 있었다. 그러자 신의 음성이 내게 들려왔다." 황야의 갈림길에서 세라핌 천사를 만난 화자는 대대적인 수술을 받았다. 마취도 하지 않은 채... 그래서 그는 그 자리에 죽은 듯이 누워있다. 하지만, 신의 음성은 화자로 하여금 예언자로 다시 불러세우고 있다.

제27~30행

이 행들은 화자의 음성이 아니라 앞부분에서 화자가 들은 신의 음성이다. "일어나라, 예언자여, 그리고 보라, 들어라, 너 자신을 나의 의지로 가득 채워라 그리고 땅과 바다를 건너다니며 말로써 사람들의 마음을 불태워라."

진리에 목말라하던 화자를 변환시킨 후 신이 그에게 하는 이야기이다. 여기에서 신은 이 화자를 '예언자'로 부르고 있다. 이 시의 제목이자 시의 내용인 화자가 이제 드디어 '예언자'가 된 것이다. 그리고 죽은 듯 누워있었기 때문에 '일어나라'라고 명령을 하고 있지만, 예언자가 되었으니 신의 섭리를 인간들에게 가르쳐 주기 위해 분연히 일어나라고 하는 상징적인 명령도 된다. 눈을 고쳐 주었으니 이제는 인간의 눈으로 세상을 보는 것이 아니라 신의 대리자로서 세상과 사물을 보라고 명령하고 있으며 귀를 고쳐주었으니 동일한 방법으로 들으라고 명령하고 있다. 그리고 심장을 교환했으니 이제는 인간의 감정이 아니라 신의 의지로 가득 차야 할 것임을 신이 명령하고 있다. 자칫, 바꾸어 놓은 혀에 관해서는 직접적인 언급이 없는 것처럼 보이지만, 그렇지 않다. 즉 보고, 듣고, 신의 의지로 가득 찼으면 그 다음에 사용하라고 명령하는 것이 바로 혀이다. "말로써 인간들의 심장을 불태워라"고 명령하고 있다. 즉 천사의 오른 손에 의해 바르게 고쳐진 화자의 혀로서 신의 음성을 인간들에게 들려주라는 것이다.

한 인간이 신에 의해 예언자로 다시 태어나고 임무를 부여받고 있는 내용의 시이다. 이 시는 레르몬토프의 같은 제목의 시와 비교하여 읽으면 그 이해의 깊이가 깊어질 것이다. 레르몬토프의 시는 이미 『러시아 시 I』에서 분석했다. 이렇게 서로 다른 시인이나 작가들의 작품들 사이에 존재하는 관계를 "간 텍스트 성(интертекстуальность, intertextuality)" 혹은 "상호 텍스트 성"이라고 한다.

Ты и вы

Пустое вы сердечным ты	_ ⊥ _ ⊥ _ ⊥ _ ⊥
Она, обмолвясь, заменила	_ ⊥ _ ⊥ _ ○ _ ⊥ _
И все счастливые мечты	_ ⊥ _ ⊥ _ ○ _ ⊥
В душе влюбленной возбудила.	_ ⊥ _ ⊥ _ ○ _ ⊥ _
Пред ней задумчиво стою,	_ ⊥ _ ⊥ _ ○ _ ⊥
Свести очей с нее нет силы;	_ ⊥ _ ⊥ _ ⊥ _ ⊥ _
И говорю ей: как вы милы!	_ ○ _ ⊥ _ ⊥ _ ⊥ _
И мыслю: как тебя люблю!	_ ⊥ _ ⊥ _ ⊥ _ ⊥

(1828)

감 상

시작법

약강 4보격이며 4행 1연 총 2연 시이다. 각운은 1연은 교체 각운으로 aBaB이고 2연은 환상 각운으로 cDDc이다. 약강 4보격은 푸시킨에게 있어서 사랑시의 대표적인 시작법이다. 그리고 각운의 형태가 각 연마다 다른 것은 시의 내용상 주·객이 달라지고 시에 등장하는 사람들의 관계가 변한 것과 밀접한 관계가 있다.

제2연의 3행과 4행에서 시 작법과 시의 내용과 밀접한 관계를 유지하고 있는 것이 하나 발견된다. 화자의 마음을 담지 않고 형식적으로 칭찬을 하는 말의 내용은 "당신이 얼마나 아름다운지" 이다. 이 내용을 전달하면서 '당신'에 해당되는 단어는 강세를 받지 않는 위치에 있다. 그러나 화자의 마음을 대변하는 '그대를 얼마나 사랑하는지'의 표현에서 단어 '그대'는 강세를 받고 있어 동일 인물을 지칭하면서도 화자가 정작하고 싶은 말의 내용을 보다 효과적으로 강조하고 있다.

[제 목]

"그대와 당신"이다. 이는 러시아어에서 '그대'는 가족관계나 혹은 친숙한 관계에서 사용될 수 있는 2인칭 단수 대명사이며 '당신'은 공식적이거나 아직 친숙한 관계가 아닌 사이 그리고 존경을 해야 하는 관계에 있는 사람에게 사용될 수 있는 2인칭 단수 대명사이거나 혹은 복수의 경우 사용되는 2인칭 복수 대명사이다. 이 시는 러시아어법에 의해 그 용법이 다른 2인칭 대명사를 제목으로 하여 시에 등장하는 두 인물의 관계에 대해 노래한 시이다.

제1연

이 연은 한 문장으로 구성되어 있다. "아무런 의미 없이 말을 하면서 그녀는 공허한 *당신*이라는 호칭을 정감 어린 *그대*로 바꾸었다. 그렇게 함으로 그녀는 사랑에 빠진 나의 영혼에 온갖 행복한 꿈들을 불러일으켰다."

제목에서 논의한 바와 마찬가지로 '당신'이라는 관계지칭 대명사를 '그대'라는 것으로 그녀가 바꾸었다는 내용이다. 이는 이 시에 등장하는 그녀가 서정적 자아인 '나'에게 그렇게 하였다는 것인데 이 순간 이전까지 그녀는 '나'를 '당신'이라는 호칭을 사용하여 불렀으나 무심결에 '그대'로 바꾸었음을 알 수 있다. 즉 그녀가 나에 대한 관계를 새로이 설정하였음이 명백하다. 그 결과 역시 '나'의 반응이 아니다. 서정적 자아의 직접적인 반응은 제2연에 나타나 있다.

그녀가 관계를 새로이 설정함으로 나의 사랑에 빠진 영혼에 모든 종류의 행복한 꿈들을 불러일으켰음이 결과이다. 자신감이 결여되어 있었거나 혹은 확신을 하지 못하고 있던 상태의 화자의 영혼에 그녀가 모든 행복의 가능성들을 열어준 것이다.

서정적 자아의 영혼이 사랑에 빠져 있다는 것은 화자 역시 그녀에 대해 사랑을 느끼고 있었음은 분명하다. 그러나 그 사랑을 구체화시킨 장본인은 화자가 아니라 화자의 사랑하는 그녀이다. 이는 푸시킨의 사랑 시에서는 대부분이 상대가 더 적극적인 것을 고려하면 예외가 될 수 없다.

제2연

이 연은 더 이상 그녀가 주체가 아니라 화자가 주체가 되고 있다. "나는 생각에 잠겨 그녀 앞에 서 있다. 그녀에게서 눈을 뗄 힘이 없다. 그리고 그녀에게 말을 한다. '당신은 얼마나 다정한지!' 그리고 생각은 이렇게 한다. '내가 그대를 얼마나 사랑하는지!'

그녀 앞에서 말없이 그리고 생각에 잠겨 서 있는 화자의 상태는 그녀가 호칭을 바꾸자 반가움과 놀라움으로 당황해 하고 있는 모습을 연상할 수 있다. 그저 빤히 쳐다만 보고 있는 화자의 모습을 눈앞에 그려보자. 사랑을 확인한 순간 말문이 막힌 남자의 모습이다.

그리고 화자는 아직도 확신에 차 있지 않은 채 그녀에게 "당신이 얼마나 다정한지!"라고 말하고 있지만 마음속에서는 그녀에게 "내가 그대를 얼마나 사랑하고 있는지!"라고 하고 있다. 실제로 생각하는 그대로 말을 하고 있는 것이 아니라 다르게 말을 하고 있는 약한 모습의 화자를 볼 수 있다. 그렇다고 해서 화자의 사랑이 결코 약하다거나 혹은 미적지근한 것은 아님을 알 수 있다. 다만, 화자에게는 조금의 여유와 시간이 더 필요한 지도 모르겠다.

이 시는 2연으로 구성되어 있으며 1연은 그녀가 주체가 되고 있고 2연은 화자가 주체가 되고 있다. 따라서 1연에서는 그녀가 '그대'로 말을 바꾸었고 2연에서는 화자가 여전히 '당신'이라고 말하고 있어 이 시의 제목이 "그대와 당신"이다. 그러나 표면상의 이러한 구조 이면에는 1연에서는 주체인 그녀가 화자에게는 여전히 '당신'이며 2연에서는 화자의 마음속에 그녀가 이미 '그대'임을 알 수 있다. 따라서 내용상 이 시는 "당신과 그대"일 수 있다. 또 다른 하나의 해석 방법은 이 시에서 상황이 전개되기 이전까지 서로가 '당신'이라는 호칭으로 대하였고 이 시에서는 이미 '그대'와 '당신'이 혼재하고 있기 때문에 앞으로 두 주체가 공히 '그대'라는 호칭을 사용할 수 있는 시기의 중간 단계라고 보아도 무방하다.

К***

Я вас любил: любовь еще, быть может,
В душе моей угасла не совсем;
Но пусть она вас больше не тревожит;
Я не хочу печалить вас ничем.

Я вас любил безмолвно, безнадежно,
То робостью, то ревностью томим;
Я вас любил так искренно, так нежно,
Как дай вам бог любимой быть другим.
(1829)

시행의 길이가 길기 때문에 율격과 각운 표기를 아래에 한다.

_ ⊥ _ ⊥ ‖ _ ⊥ _ ⊥ _ ⊥ _
_ ⊥ _ ⊥ ‖ _ ⊥ _ o _ ⊥
_ ⊥ _ ⊥ ‖ _ ⊥ _ o _ ⊥ _
_ o _ ⊥ ‖ _ ⊥ _ ⊥ _ ⊥

_ ⊥ _ ⊥ ‖ _ ⊥ _ o _ ⊥ _
_ ⊥ _ o ‖ _ ⊥ _ o _ ⊥
_ ⊥ _ ⊥ ‖ _ ⊥ _ o _ ⊥ _
_ ⊥ _ ⊥ ‖ _ ⊥ _ ⊥ _ ⊥

감 상

시작법

4행이 한 연을 이루고 두 연으로 구성되어 총 8행인 시이다. 음보는 약강 5음보(пять стопный ямб)이다. 약강 5음보 율격에서 남성 운과 여성 운을 이루고 있는 시행은 본질적으로 한 행의 음절수가 10음절과 11음절로 이루어져야 한다. 비교적 긴 시행이 될 수밖에 없다. 따라서 천재 시인 푸시킨은 이러한 긴 행의 난점을 극복하기 위해 행간 휴지부(цезура)를 사용하고 있다. 이 시의 행간 휴지부는 네 번째 음절 이후에 있으며 모두가 다 남성 휴지부다. 따라서 이 시를 암송하거나 낭송할 때 행간 휴지부를 지켜야 함은 당연한 일이다. 이 휴지부의 또 다른 역할은 이 시의 내용 중 화자가 주저하고 머뭇거리는 사랑 즉 적극적이지 못하고 소극적인 사랑을 하는 것을 긴 시행과 행간 휴지부를 사용함으로 간접적 효과 증대를 보이고 있음을 이해함으로 지적 유희를 더 크게 할 필요가 있다.

푸시킨의 사랑시의 대부분이 그렇듯 이 시 역시 2음보 약강격을 활용하고 있다. 시의 내용을 꼼꼼히 살펴보면 서정적 자아는 남성으로 주어 'я'가 직접적으로 나온다. 반면에 그의 사랑의 대상이 되고 있는 여인은 인칭대명사 'она'로 표기 된 적이 단 한 번도 없다. 그럼에도 불구하고 이 시에서 주도권을 쥐고 있는 사람은 여자다. 남성 화자 '나'는 내용에서도 직접 언급하고 있듯이 '소극적'이고 자신 없는 사랑을 하고 있다. 모든 결정권은 여자에게 달려있다. 이런 것을 구조적으로 뒷받침하기 위해 이 시에서 여성 각운을 먼저 놓고 그 다음에 남성 각운을 사용하고 있다. 여성 운으로 모든 행을 만들 수도 있었을 것이지만, 사랑의 속성이 주고받는 관계임을 고려해 보면 여성 운과 남성 운이 교차하는 것을 쉽게 이해할 수 있다.

[제 목]

이 시는 판본에 따라 제목이 없이 출판되기도 하고 이 책에서 제시한 것처럼 표기되어 출판되기도 했다. 전치사로 누군가에 바치는 시로 이해를 할 수도 있고 이 철자로 시작되는 이름의 여인에게 바치는 시로 이해를 할 수도 있다. 실제로 이 시에 나타난 여성이 누구인지는 분명치 않다. 그러나 짜블로프스카야(Цявловская)는 1821년 푸시킨이 처음 만났었고 그 후 유형지에서 돌아온 후 다시 관계를 지속한 카롤리나 소반스카야(Каролина Собанская)일 가능성이 크다고 주장한다. 이 여인에게 바친 시의 경우는 그녀의 이름 첫 글자를 따서 제목을 위의 본문처럼 붙이기도 한다. 또한 이 시는 후에 올레니나(Оленина)라는 역시 푸시킨이 청혼까지 했다가 거절당한 여자의 개인 앨범 속에 푸시킨 자신이 직접 써 넣었다는 주장도 있다.

제1연

첫 행의 반구가 "나는 한때 당신을 사랑했었소."이다. 여기에서 활용되고 있는 동사의 과거는 불 완료상 동사의 과거이다. 따라서 동사가 가지는 의미가 과거시제임에도 불구하고 상의 개념으로 인해 동작이 완료된 것이 아니라 현재까지 진행될 수도 있음을 시사한다. 우리말로 번역하기가 어려운 점이 바로 여기에 있는데 사실 이 러시아어 표현을 정확히 우리말로 옮기자면 이렇게 될 것이다. "나는 한때 당신을 사랑했었소. 그리고 그 사랑은 어쩌면 지금도 계속되고 있는지 모를 일입니다." 그러나 이 번역은 전혀 시적이지 않다는 데 문제가 있다.

상의 이런 의미 때문에 이 행의 나머지 부분과 다음 행에서 그 사실을 부연 설명하고 있다. 즉 "사랑은 어쩌면 내 영혼 속에서 완전히 사라진 것은 아닐지도 모릅니다."라고 함으로 화자가 사랑했던 행위가 완전히 끝난 것이 아니라 아직도 지속되고 있다고도 볼 수 있는 개연성이 존재한다. 동사의 상을 적절히 활용함으로 이런 깊이 있는 표현을 할 수 있게 된다. 그런 다음 시인은 그 내용을 마치 독자에게 설명이라도 하려는 듯 부연 설명을 완벽하게 하고 있다. 여기에서 동사 과거(любил)가 명사 (любовь)로 대체 되는데 이는 사랑하는 두 사람 중 한 사람의 독립적인 존재가 가시화 되는 것으로 해석되고 이런 점에서 이것은 어원적인 비유로 볼 수 있다. 동사의 상의 경우에는 사랑하는 사람을 보내는 서정적인 테마의 발전에서 어느 것도 완료된 것으로 제시되지 않는 까닭에 완료상을 쓰지 않았다.

그러나 2행에서 완료상 동사가 쓰인 것은 사랑의 종말(완전히 사라짐: угасла)이라는 가공의 테마를 부정하기 위한 것으로 설명된다. 이것은 러시아어 동사의 상의 쓰임 중에서 부정문에 관계해서 완료상은 어떤 상태의 변화만을 부정하는데 반해서 불완료상은 그 변화로 가는 과정과 그것으로 초래되는 상태의 변화까지도 부정의 영역에 포함되는 것과 관계된다. 따라서 '완전히 사라지지는 않았음(угасла не совсем)'은 단순 도치법이 아니라 완료상의 동사를 부정함으로 '사라졌다'라는 상태의 변화만 부정되어 사랑이 '남아 있는 것'이 된다.

세 번째 행은 역접사로 시작되어 앞의 두 행에서 했던 언술과 반대되는 내용으로 연결되게 한다. 즉 '그러나 그 사랑이 당신을 더 이상 괴롭히지 않게 하소서'라는 3인칭 명령문이다. 여기에서

'그 사랑'이라 함은 화자가 한때 사랑했었고 비록 과거의 일이기는 하지만 화자의 입장에서는 아직도 계속되고 있는지도 모를 그 사랑이며, 화자의 영혼 속에서 사라지기는 했으나 완전히 사라지지는 않은 그 사랑을 말한다. 그런데 그런 사랑임에도 한 마디로 말해 화자 자신만의 사랑 즉 사랑의 대상인 여인의 입장은 전혀 고려되지 않은 사랑임에도 불구하고, 화자는 그 사랑이 그녀에게 더 이상 괴로움을 주지 않게 해 달라고 3인칭 명령 구문을 사용해 절대자에게 기원하고 있다. 여인이 끝을 선언한 사랑이지만, 화자에게는 아직도 그토록 절실하고 애절한 사랑인지도 모를 일이다. 한때 사랑했던 두 사람의 입장이 차이가 나는 것 때문에 사랑하는 대상을 '그대'가 아닌 '당신'으로 하고 있음도 하나의 지적 사항이다.

그렇기 때문에 이 연의 마지막 행에서 화자는 "나는 그 어떤 것으로도 당신을 슬프게 하고 싶지가 않아요."라고 하고 있다. 여기에서 말하고 있는 '그 어떤 것'에는 바로 위에서 언급한 사랑까지도 포함된다. 사랑함에도 불구하고 그 사랑으로조차도 상대를 슬프게 하고 싶지 않은 화자의 애절한 마음이다. 물론, 이미 떠나버린 여인에게 이 사랑을 구구절절 다시 논한다면 그 여인은 이 사랑으로 인해 슬퍼할 것이며 또 괴로움을 받을 수도 있다는 것이 전제되어 있다.

제2연

이 연의 첫 두 행은 화자가 사랑했던 방법을 소개하고 있다. "나는 당신을 말없이 그리고 희망 없이 사랑했었습니다. 때로는 소심함으로 때로는 질투로 괴로워했었지요." '말없이' 사랑하기가 어떤 것인지 짐작하는 것은 대단히 어려운 일이다. 이 서정적 자아가 상대인 여인에게 한 마디 말도 하지 않았다는 것을 의미하지는 않을 것이다. 다만, 남자인 화자는 연인과 사랑을 함에 있어서 자기의 주장을 내세우는 말을 하지 않았다고 이해를 하는 것이 가장 적절하다. 그래야 '희망 없이' 사랑하기가 이해된다. 사랑을 하는데 각종 희망이 생긴다. 결혼, 가정, 자녀를 포함해 인생 설계 전체가 희망으로 대두될 수 있다. 그러나 화자는 연인에게 그 어떤 자기주장도 하지 않았다. 따라서 언제고 연인이 하자고 한 대로만 했다. 다시 말해 연인이 부여해 주고 허락을 하는 범위 내에서 희망을 가질 수는 있었겠지만, 그 역시 자기 자신의 능동적 희망이 아니기에 결국은 그녀의 희망일 뿐이다. 따라서 화자는 그 어떤 희망도 기대도 없이 그녀를 사랑했었던 것이다.

이 시의 마지막 두 행은 이 시의 백미이다. "나는 당신이 다른 남자에 의해 사랑을 받는 여인이 되게 해 주세요 하고 신께 기도를 할 정도로 그렇게 진실 되고 그렇게 부드럽게 당신을 사랑했습니다." 우리말 번역을 위해 러시아어의 아름다움을 송두리째 망가트리고 어순을 바꾸어 버렸다. 이 표현에서는 비교 구문이 활용되고 있다. 문제는 기도의 내용이다. 그 여인이 '나'를 떠나버렸기에 미운 마음에 저주와 불행을 갈구하는 것이 아니라 축복을 기원하고 또 새로운 사랑을 기원해 주고 있다. 신께서 허락을 하시어 그 여인이 다른 남자의 사랑을 받을 수 있게 해 달라고 하고 있다. 비인간적이다. 아니, 최소한 보통의 남자들이 가지는 태도는 아니다. 그것도 아니라면 이 화자는 성자이거나 아니면 말 그대로 신사이다. 사실 제2연의 이 명령문과 제1연의 4행은 서로 보충해 주는 역할을 한다. 단 이 두 명령문의 관계는 3연의 2행을 가능한 두 해석 중에서 어떤 것을 옳은 것으로 받아들이는 가에 따라서 다소 달라질 수 있다. 첫 번째의 가능성은 1연의 4행의 의미와 상통하여 위에서 분석한 것과 마찬가지로 마치 주문을 외듯이 사랑하는 임을 보내는 테마의 종결로 보는 것이다.

두 번째의 가능성은 '신께 기도를 하는 것(Дай вам бог)'은 비현실적 명령으로 아마 초자연적인 요소가 개입하기 전에는 여주인공이 다른 사람을 만나는 것이 거의 불가능하리라는 것을 의미한다. 따라서 이것은 암시적인 부정의 의미이고 1연의 4행에서 마치 사랑하는 임을 보내는 마음이 다 굳어진 듯 하다가 다시 3연의 마지막 행에 와서는 정말 보내려는 마음이 있는 것인지 다시 모호하게 된다.

그리고 이 구절은 간 텍스트성(интертекстуальность) 차원에서 '애이불비(哀以不悲)'로 일컬어지는 김소월의 "진달래 꽃"의 마지막 구절과 상호 영향 관계를 연구하는 것은 흥미 있는 일이 될 것이다.

이 시의 주제는 남·여 간의 사랑이다. 서정적 자아가 남성인 것은 동사의 과거가 남성이 활용된 것과 '괴로움을 당하다'는 피동형 동사 현재 남성 단수 단어미로 간단히 확인할 수 있다. 그러나 이 화자가 사랑한 사람이 여자라는 것을 확인하는 것은 그리 간단하지는 않다. 이 시의 마지막 행에 활용되고 있는 표현 '사랑받는 여인이 되도록(любимой быть)'이라는 표현에서 확인이 가능하다. 'любимой'가 피동 형동사 현재 여성 단수 장 어미 조격임으로 시 속 화자의 사랑 대상은 여성임에 틀림없다.

이 작품에서는 사랑이 소멸됨을 나타내는 비유가 어휘적으로 하나도 없고 대신 문법적인 비유로 꽉 차 있다. 그래서 격변화 및 활용을 한 단어 중에서 대명사가 가장 많이 쓰인 것이라든지 동사의 상의 쓰임새나 구문적인 유사성 등이 비유를 대신해서 쓰이고 있다.

또 하나 간과하지 말아야 할 지적 사항이 있다. 2연의 2행과 3연의 2행은 구문적으로 유사하다는 것과, 2연에서의 질투가 누구에게 대한 것인지, 혹 3연에서의 '다른 남자에 의해(другим)'에서의 인물과 동일 인물에 대한 것인지 아니면 또 다른 사람에 대한 것인지 불확실하다는 것이다.

Бесы

I

Мчатся тучи, вьются тучи;
Невидимкою луна
Освещает снег летучий;
Мутно небо, ночь мутна.
Еду, еду в чистом поле;
Колокольчик дин-дин-дин...
Страшно, страшно поневоле
Средь неведомых равнин!

II

<<Эй, пошел, ямщик!...>> – <<Нет мочи:
Коням: барин, тяжело;
Вьюга мне слипает очи;
Все дороги занесло;
Хоть убей, следа не видно;
Сбились мы. Что делать нам!
В поле бес нас водит, видно,
Да кружит по сторонам.

III

Посмотри: вон, вон играет,
Дует, плюет на меня;
Вот – теперь в овраг толкает
Одичалого коня;
Там верстою небывалой
Он торчал передо мной;

Там сверкнул он искрой малой
И пропал во тьме пустой>>.

IV
Мчатся тучи, вьются тучи;
Невидимкою луна
Освещает снег летучий;
Мутно небо, ночь мутна.
Сил нам нет кружиться доле;
Колокольчик вдруг умолк;
Кони стали... <<Что там в поле?>> –
<<Кто их знает? пень иль волк?>>

V
Вьюга злится, вьюга плачет;
Кони чуткие храпят;
Вот уж он далече скачет;
Лишь глаза во мгле горят;
Кони снова понеслися;
Колокольчик дин–дин–дин...
Вижу: духи собралися
Средь белеющих равнин.

VI
Бесконечны, безобразны,
В мутной месяца игре
Закружились бесы разны,
Будто листья в ноябре...
Сколько их? Куда их гонят?

Что так жалобно поют?
Домового ли хоронят,
Ведьму ль замуж выдают?

VII
Мчатся тучи, вьются тучи;
Невидимкою луна
Освещает снег летучий;
Мутно небо, ночь мутна.
Мчатся бесы рой за роем
В беспредельной вышине,
Визгом жалобным и воем
Надрывая сердце мне...
(1830)

시행의 길이가 길기 때문에 율격과 각운 표기를 아래에 한다.

I
⊥ _ ⊥ _ ⊥ _ ⊥ _
o̲ _ ⊥ _ o̲ _ ⊥
o̲ _ ⊥ _ ⊥ _ ⊥ _
⊥ _ ⊥ _ ⊥ _ ⊥
⊥ _ ⊥ _ ⊥ _ ⊥ _
o̲ _ ⊥ _ ⊥ \ ⊥
⊥ _ ⊥ _ o̲ _ ⊥ _
o̲ _ ⊥ _ o̲ _ ⊥

II
⊥ _ ⊥ _ ⊥ _ ⊥ _

⊥ _ ⊥ _ o _ ⊥
⊥ _ ⊥ _ ⊥ _ ⊥ _
⊥ _ ⊥ _ o _ ⊥
⊥ _ ⊥ _ ⊥ _ ⊥ _
⊥ _ ⊥ _ ⊥ _ ⊥
⊥ _ ⊥ _ ⊥ _ ⊥ _
o _ ⊥ _ o _ ⊥

III

o _ ⊥ _ ⊥ _ ⊥ _
⊥ _ ⊥ _ o _ ⊥
⊥ _ ⊥ _ ⊥ _ ⊥ _
o _ ⊥ _ o _ ⊥
⊥ _ ⊥ _ o _ ⊥ _
⊥ _ ⊥ _ o _ ⊥
⊥ _ ⊥ _ ⊥ _ ⊥ _
o _ ⊥ _ ⊥ _ ⊥

IV

⊥ _ ⊥ _ ⊥ _ ⊥ _
o _ ⊥ _ o _ ⊥
o _ ⊥ _ ⊥ _ ⊥ _
⊥ _ ⊥ _ ⊥ _ ⊥
⊥ _ ⊥ _ ⊥ _ ⊥ _
o _ ⊥ _ ⊥ _ ⊥
⊥ _ ⊥ _ ⊥ _ ⊥ _
⊥ _ ⊥ _ ⊥ _ ⊥

V

⊥ _ ⊥ _ ⊥ _ ⊥ _
⊥ _ ⊥ _ o̲ _ ⊥
⊥ _ ⊥ _ ⊥ _ ⊥ _
⊥ _ ⊥ _ ⊥ _ ⊥
⊥ _ ⊥ _ o̲ _ ⊥ _
o̲ _ ⊥ _ ⊥ \ ⊥
⊥ _ ⊥ _ o̲ _ ⊥ _
o̲ _ ⊥ _ o̲ _ ⊥

VI

o̲ _ ⊥ _ o̲ _ ⊥ _
⊥ _ ⊥ _ o̲ _ ⊥
o̲ _ ⊥ _ ⊥ _ ⊥ _
⊥ _ ⊥ _ o̲ _ ⊥
⊥ _ ⊥ _ ⊥ _ ⊥ _
⊥ _ ⊥ _ o̲ _ ⊥
o̲ _ ⊥ _ o̲ _ ⊥ _
⊥ _ ⊥ _ o̲ _ ⊥

VII

⊥ _ ⊥ _ ⊥ _ ⊥ _
o̲ _ ⊥ _ o̲ _ ⊥
o̲ _ ⊥ _ ⊥ _ ⊥ _
⊥ _ ⊥ _ ⊥ _ ⊥
⊥ _ ⊥ _ ⊥ _ ⊥ _
o̲ _ ⊥ _ o̲ _ ⊥
⊥ _ ⊥ _ o̲ _ ⊥ _
o̲ _ ⊥ _ ⊥ _ ⊥

감 상

시작법

강약 4음보 격으로 이 시의 주제와 깊은 관련이 있다. 이 율격은 러시아 민요에서도 많이 활용되고 있다.5)

8행이 한 연을 구성하고 있으며 모두 7연이다. 그런데 제1연

---

5) 강약 4음보를 주로 하는 민요(folk song)에 대해 블라지미르 프롭은 다음처럼 구분을 하고 있다.

1. 농사일과 관련이 있는 농민들의 노래

가. 의식(儀式)의 노래

a) 달력에 표기된 이교도 축제일과 정교 축제일과 관련이 있는 노래

b) 결혼식이나 장례식과 관련이 있는 노래

나. 비 의식(非 儀式)의 노래

a) 노예농노들의 노래: 후에 프롤레타리아 노래가 영향을 이어 받음

b) 사랑노래(춤을 동반한 노래 хоровод, 춤이 없는 노래)

c) 가정생활에 관한 노래(삶의 고통스러움, 아내의 무관심, 처녀시절에 대한 후회.)

d) 유머나 비판적 노래

e) 자장가

2. 농사일과 관련이 없는 농민들의 노래(군인의 노래, 배 끄는 노예들의 노래)

a) 부를라키(бурлаки)의 노래: 배를 끄는 사람들의 노래

b) 의도(義盜) 노래: 의로운 도적질을 하다가 잡힌 자를 영웅시 한 노래

c) 군인의 노래: 군대생활 전반에 걸친 노래

d) 감옥이나 유형지의 노래

3. 프롤레타리아 노래

a) 공장 노동자와 광산 광부의 노래

의 첫 4행은 제4연의 서두와 제7연의 서두에서 동일하게 반복된다. 이는 마치 노래의 후렴구와 같은 역할을 하며 이 시의 작법이 민요와 같은 형태를 띠고 있으므로 같은 차원에서 이해를 해야 할 것이다.

[제 목]

이 시의 제목은 "악령들"이다. 러시아 민속에서 나쁜 기운 혹은 귀신들 중 가장 악한 순서로 예를 들어보면 'дьявол–демон–черт–шайтан–домовой–ведьма–русалка'가 될 수 있다. 인간의 삶 영역에서 이들이 하는 나쁜 짓과 행동에 따라 그 격이 달라지는 것이다. 이 시의 제목으로 사용된 'бесы'는 대략 'черт'와 엇비슷한 수준의 귀신이다.

제1연

앞 4행은 현재 서정적 자아가 처한 주변 환경에 대한 묘사이다. "먹구름이 내닫는다, 먹구름이 휘감긴다. 보이지 않는 달이 휘날리는 눈을 하얗게 빛낸다. 하늘은 어둡고 밤은 깜깜하다."

매우 부정적이고 음산한 눈이 오는 겨울밤을 연상할 수 있다. 깜깜한데다가 눈이 곱게 내리는 것이 아니라 바람에 이리저리 날리고 있는 풍경이다. 먹구름으로 인하여 밤이 깜깜한 상황인데 달이 보일 리가 없다. 그러나 시인이 그 구름 너머에 있는 달이 눈을 비추어 하얗게 보이게 한다는 논리를 펴는 것을 알아차리는 것은 재미있는 일이다.

나머지 4행은 위에서 주어진 상황에서 화자와 등장인물들이 하고 있는 행위 묘사이다. "나는 계속해서 텅 빈 들판을 따라 마차를 달리고 달린다. 조그만 종은 딩–딩–딩 울린다. 알지 못하

악령(시마코프 작, 1904년)

는 황야 가운데 있으므로 인해 무서워지고 무서워지는 것을 어쩔 수 없다!"

먹구름이 깔리고 바람이 세차게 불며 눈보라가 치는 겨울밤에 화자가 마차를 타고 황량한 들판을 달리고 있다. 작은 종 하나가 울리는 것으로 보아 화자가 타고 가는 마차는 아마도 단 필 마차이거나 아니면 여러 말이 끄는 마차이기는 하지만, 방울을 가운데나 어디 하나만 달고 가는 마차일 것이다. 이는 다음 연에서 확실해 진다.

제2연

이 연에서는 화자와 마부가 대화를 하는 내용의 도입 부분이다. “마부야! 자, 가세! – 힘이 없습니다. 나리 말들에게 너무 힘이 듭니다. 눈보라가 내 눈꺼풀에 붙습니다. 모든 길이 다 덮여 버렸어요. 비록 저를 죽도록 때리신다 해도 저는 길의 흔적을 찾아낼 수가 없습니다. 우리는 길을 잃었습니다. 우리가 무엇을 해야만 합니까! 들판으로 악마가 우리를 안내하고 있으며 아마도 우리로 하여금 온 사방으로 빙글빙글 돌게 만들고 있는 듯합니다.”

눈보라치는 겨울밤에 황량한 들판에서 길을 잃은 주인과 마부의 대화이다. 우선 지적하여야 할 것은 앞의 연에서 말이 한 필인 마차의 가능성이 있었는데 이 연에서 ‘말들에게’라는 표현이 있어 말이 복수임을 알 수 있다. 따라서 말은 한 필이 아니라 여러 마리의 말이 끄는 마차임에 틀림이 없다.

러시아의 자연에 대해 주의를 기울일 수 있는 연이다. 눈보라의 강력함과 들판의 광활하고 황량함을 볼 수 있다. 이렇게 눈보라가 치면 길과 들의 구분이 없어지고 여행을 하기가 어렵고 위험해진다.

흥미로운 것은 마부가 주인에게 하는 말 중에 ‘죽도록 저를 때리신다고 해도’라는 표현이다. 이 표현을 통해 미루어 짐작해 보면 러시아에서 귀족이 마부를 심하게 학대하는 일이 종종 발생했음을 엿볼 수 있다.

“거칠고 순수한 자연 앞에서 인간이 할 수 있는 일이 어떤 것이 있겠는가?”라는 내용이 감탄문으로 표기되어 있다. 단순히 현재 길은 잃은 상태에서 어떤 방법으로도 길을 찾을 수 없다는 현실적인 문제를 뛰어 넘어 인관과 자연과의 관계 차원까지 시의 주제를 끌어올리고 있다.

그리고 민속적인 모티프로 악마가 여행객을 들판으로 내 몰고 있으며 길을 잃고 헤매게 하고 있다. 시각적인 이미지가 매우 잘 드러나 있는 표현이다.

제3연

이 연에서는 마부의 이야기가 계속되고 있으며 그의 이야기의 내용은 현재 그 앞에서 악마가 하고 있는 행위이다. "보라, 저기, 저기에서 놀고 있으며 바람을 일으키고 있고 내게 침을 뱉는다. 이제는 계곡 속으로 거칠어진 말을 밀어 넣는다. 저곳에 전에 없었던 이정표처럼 악마가 내 앞에 불쑥 나타났다. 그곳에서 악마는 조그만 불꽃으로 빛나고 공허한 어둠 속에서 사라져버렸다."

눈앞에서 펼쳐지는 악령의 놀음을 잘 묘사하고 있다. 단순한 악마의 놀음이 아니라 이정표의 역할을 하므로 이 시에 등장하는 인물과 말을 인도하고 있는 것이다. 어느 일정한 장소로 인도를 하는 것이 아니라 인간들을 희롱하고 있음을 볼 수 있다. 그래서 이정표처럼 나타났다가 갑자기 사라진다. 여행객에게 이정표의 중요성은 예나 지금이나 모두가 실감하는 사항이다. 그런데 여기서는 악마가 이정표 역할을 하고 있으니 서정적 자아와 마부가 처한 상황이 대단히 어려운 지경일 수밖에 없다.

제4연

화자와 그의 마부가 들판에서 길을 잃고 헤매면서 지쳐버린 모습을 볼 수 있다. "먹구름이 내닫는다, 먹구름이 휘감긴다. 보이지 않는 달에 의하여 날아다니는 눈이 하얗게 빛난다. 하늘은 어둡고 밤은 깜깜하다. 우리는 더 이상 빙빙 돌 힘이 없다. 갑자기 방울 소리가 멈췄다. 말들이 섰다... "저 들판에 있는 것들이 무엇인가?" – "저것들을 누가 알겠습니까? 나무 그루터기인지 아니면 늑대인지?"

말과 마부가 최선을 다하여 길을 찾으려고 노력한 시간이 많이 지난 것을 추측할 수 있다. 이제는 힘이 없다는 것이다. 힘이 다할 때까지 이들이 노력하였음을 알 수 있다. 이제는 육체적으로 지친 것뿐만 아니라 환영을 보고 있다. 즉 정신적으로도 올바른 사고를 하기가 어려운 상황에 처한 화자와 그의 마부를 볼 수 있다.

눈보라의 모습에 대한 묘사는 역시 한 폭의 그림을 연상시켜준다. 이 그림은 아름다운 풍경화가 아니라 사나운 눈보라가 주된 정조를 이루는 그림이다. 무서운 자연 현상 한 가운데 처한 서정적 자아와 마부가 마차를 몰고 있다. 그것도 길을 잃어 한 곳에서 빙빙 돌고만 있는 그림이기에 대단히 섬뜩한 장면이다.

제5연

화자의 눈에 비친 악마들의 놀음을 계속해서 묘사하고 있다. "눈보라는 더 사나워지고 눈보라가 울부짖고 있다. 민감한 말들은 힝힝거린다. 저 멀리에 악마는 더 멀리 달아나고 있다. 단지 악마의 눈들만이 어둠 속에서 빛난다. 말들은 다시 움직이기 시작하였다. 방울소리가 딩-딩-딩... 나는 허옇게 빛나는 들판에 악마들이 모이는 것을 본다."

악마들에게 홀려 눈보라치는 들판을 헤매다가 말이 멈추어 섰었다. 그런데 다시 말이 움직이는 것을 보면 말이 휴식을 취할 정도의 시간이 흘렀음을 의미한다. 사람들도 정신을 차려 말방울 소리를 듣고 있으며 주위에서 일어나는 일을 관찰하고 있다.

눈보라가 '울부짖고' 있다고 하므로 의인화가 되었다.

제6연

화자의 관찰에 의해 묘사된 악령들의 모습이 나타나고 있다. "수없이 많고 무시무시한 그리고 다양한 악령들이 마치 동짓달 낙엽처럼 희미한 달빛 속에서 빙빙 돌고 있다... 저들이 몇이나 되는가! 저들을 어디로 데리고 가는가? 도대체 무엇 때문에 저토록 구슬프게 우는가? 집 귀신의 장례를 치르고 있는가 아니면 마녀를 시집보내기라도 하는가?"

'동짓달 낙엽처럼'이라는 직유가 매우 회화적으로 구체성을 띠며 눈앞에 그림을 그릴 수 있게 해 준다. 이미 나무에서 떨어져 바람이 부는 대로 움직이는 낙엽처럼 악령들이 이리 쏠리고 저리 쏠리는 모습을 상상할 수 있게 해 준다.

흥미로운 일은 화자가 악령들의 놀음을 인식하는 수준을 알아보는 것이다. 화자의 인식체계 속에서 지금 눈앞에 펼쳐지는 악령들의 모습은 두 가지의 가능성을 지니고 있다. 첫째는 '집 귀신의 장례를 치르고 있는 것'이다. 문제는 집 귀신도 생명이 다하여 죽는 존재인지 알 수 없음에도 불구하고 화자는 집 귀신의 장례라고 말하고 있다. 인간의 장례가 되었건 귀신의 장례가 되었건 장례라고 하는 것이 슬프고 우울한 것만은 동일한 것 같다.

두 번째 가능성은 '마녀를 시집보낸다는 것'인데 마녀도 시집을 가는지 궁금한 일이다. 마녀의 남편은 마귀인가? 아니면 악령인가? 등등의 의문이 남는 구절이다. 장례가 슬프고 우울한 것은 이해할 수 있다. 마녀가 시집을 간다면 인간사에 비유하면 즐거운 일일 텐데 그렇지 않음을 알 수 있다. 즉 악령들의 세계에서는 시집이 결코 즐거운 잔치가 아닌 듯하다. 아니면 인생에 있어서도 결혼의 잔치가 갖는 의미 중 앞으로의 삶이 결코 순탄하지만도 쉽지도 않을 것임을 위안하기 위하여 주위에서 시끌벅적하게 놀아줌으로 그러한 힘든 미래를 잊게 해주는 그런 의미를 시인은 은연중에 암시하고 있다고도 할 수 있다.

제7연

민속적인 모티프를 이용한 비교적 긴 시의 마지막 연이다. "먹구름이 내닫는다, 먹구름이 휘감긴다. 보이지 않는 달에 의하여 날아다니는 눈이 하얗게 빛난다. 하늘은 어둡고 밤은 깜깜하다. 악마의 무리들이 떼를 지어 한없이 높은 곳에서 내달리고 있다. 애달픈 외침소리와 길고 높게 우는소리로 내 가슴을 찢어 놓으면서..." 세 번에 걸쳐 반복되는 구절이 반복되고 있고 나머지 부분은 이러한 악령들의 놀음에 대해 화자가 느끼는 감정을 나타내고 있다. 즉 악령들의 놀음에 대해 화자의 마음도 또한 결코 즐거울 수 없다. 그럼에도 불구하고 서정적 자아가 스스로의 가슴이 찢어지는 느낌을 받고 있으므로 인간과 악령들 간의 교감이라는 차원까지 이어진다.

러시아인들의 삶에 있어서 샤머니즘적이고 원초 신앙적인 태도를 화자가 가지고 있다고 해도 무방하다. 결코 러시아 정교적인 차원에서의 존재나 인생에 대한 이해가 아니라 러시아 자연이 간직하고 있는 광대함과 원초적 힘에 바탕하여 러시아인들이 가지고 있는 존재에 대한 한 인식의 방법으로서의 민속에 대한 또 다른 변주다.

***

Не дай мне бог сойти с ума.   _ ⊥ _ ⊥ _ ⊥ _ ⊥
Нет, легче посох и сума;   \ ⊥ _ ⊥ _ ○ _ ⊥
      Нет, легче труд и глад.   \ ⊥ _ ⊥ _ ⊥
Не то, чтоб разумом моим   _ ⊥ _ ⊥ _ ○ _ ⊥
Я дорожил; не то, чтоб с ним   _ ○ _ ⊥ _ ⊥ _ ⊥
      Расстаться был не рад: _ ⊥ _ ⊥ _ ⊥

Когда б оставили меня   _ ⊥ _ ⊥ _ ○ _ ⊥
На воле, как бы резво я   _ ⊥ _ ⊥ _ ⊥ _ ⊥
      Пустился в темный лес!   _ ⊥ _ ⊥ _ ⊥
Я пел бы в пламенном бреду,   _ ⊥ _ ⊥ _ ○ _ ⊥
Я забывался бы в чаду   _ ○ _ ⊥ _ ○ _ ⊥
      Нестройных, чудных грез.   _ ⊥ _ ⊥ _ ⊥

И я б заслушивался волн,   _ ⊥ _ ⊥ _ ○ _ ⊥
И я глядел бы, счастья полн,   _ ⊥ _ ⊥ _ ⊥ _ ⊥
      В пустые небеса;   _ ⊥ _ ○ _ ⊥
И силен, волен был бы я,   _ ⊥ _ ⊥ _ ⊥ _ ⊥
Как вихорь, роющий поля,   _ ⊥ _ ⊥ _ ○ _ ⊥
      Ломающий леса.   _ ⊥ _ ○ _ ⊥

Да вот беда: сойди с ума,   _ ⊥ _ ⊥ _ ⊥ _ ⊥
И страшен будешь, как чума.   _ ⊥ _ ⊥ _ ⊥ _ ⊥
      Как раз тебя запрут,   _ ⊥ _ ⊥ _ ⊥
Посадят на цепь дурака   _ ⊥ _ ⊥ _ ○ _ ⊥
И сквозь решетку как зверка   _ ⊥ _ ⊥ _ ⊥ _ ⊥
      Дразнить тебя придут.   _ ⊥ _ ⊥ _ ⊥

А ночью слышать буду я	_ ⊥ _ ⊥ _ ⊥ _ ⊥
Не голос яркий соловья,	_ ⊥ _ ⊥ _ ○ _ ⊥
Не шум глухой дубров –	_ ⊥ _ ⊥ _ ⊥
А крик товарищей моих,	_ ⊥ _ ⊥ _ ○ _ ⊥
Да брань смотрителей ночных,	_ ⊥ _ ⊥ _ ○ _ ⊥
Да визг, да звон оков.	_ ⊥ _ ⊥ _ ⊥

(1833)

감 상

시작법

6행이 한 연을 이루고 있으며 총 5연으로 구성되어 있는 시이다. 약강 4음보 격과 3음보 격이 같이 사용되고 있다. 3음보 격으로 되어 있는 행은 1연의 3행과 6행, 2연의 3행, 6행, 3연의 3행과 6행, 4연의 3행과 6행, 5연의 3행과 6행이다. 즉 모든 연에서 3행과 6행에서 3음보 격이 사용되고 있다.

각운의 형태는 모두 남성 각운이며 aabccb의 형태를 이루고 있다. 1행과 2행은 인접 각운이고 나머지 4행은 환상 각운을 이루고 있는 것이다. 이러한 각운의 형태는 자유스러운 1행과 2행 그리고 그 자유가 억압당한 3~6행과 관련이 있다고 할 수 있다.

[제 목]

이 시는 제목이 없는 시다. 자유를 갈구하는 시인 혹은 화자의 절규를 감상할 수 있는 시다.

제1연

제1행은 "신이여 내가 미치지 않도록 해 주소서"라는 기도의 내용이다. 이는 현실에 적응할 수 없는 서정적 자아의 심경을 나타내고 있다. 즉 현실에 의해 서정적 자아는 미칠 것만 같은 심적 상태에 있음을 알 수 있다.

1행과 2행의 각운은 '-ма'이지만 기본적인 요건을 충족하고도 넘치는 각운 '-suma'가 되고 있는데 이는 '미치다'의 일부 표현인 'с ума'와 '바랑'을 나타내는 'сума'가 풍요 각운을 이루고 있다. 푸시킨답게 놀라운 각운이다.

제2행과 3행은 같은 내용을 담고 있다. "아니오, 기다란 지팡이와 비렁뱅이 바랑이 더 가볍습니다. 아니오, 노동과 배고픔이 더 낫습니다." 여기에서 비교의 대상으로 되고 있는 것은 네 가지로 '기다란 지팡이', '바랑', '노동' 그리고 '배고픔'이다. 서정적 자아는 현실에 적응하기 위하여 주어진 곳에서 노력을 하는 것보다는 길을 떠나고 있다. 먼 길을 감에 지팡이와 바랑이 필요한 것이다. 그런데 여기에서 지팡이와 바랑이 의미하는 것은 일정한 목적지를 가지고 떠나는 여행이 아니라 정처 없이 흘러가는 길임을 알게 해 준다. 그리고 생명을 연장하기 위한 보잘것없는 노동과 그것이 충분치 않아 겪어야 하는 배고픔이 결코 쉬운 것은 아닐 것이다. 그러나 "미치는 것보다는 낫다"라고 서정적 자아는 말하고 있어 그의 심경이 얼마나 괴로운 것인지 짐작할 수 있다.

나머지 3행은 '미친다'는 내용과 직접적인 관련이 있는 이성에 관계된 내용이다. "내가 나의 이성을 높이 평가하고자 함도 아니요, 나의 이성과 떨어짐이 내게 기쁜 일이 아니어서도 아니다." '미친다'는 것은 이성을 잃는 것인데 서정적 자아는 자신의 이성이 고귀하기 때문에 미칠 수 없다는 주장을 하고 있는 것이 아니며 또한 이성과 떨어지는 것 즉 미치는 것이 즐거운 일이 아니기 때문에 신에게 나로 하여금 미치지 않게 해달라고 기원을 하는 것이 아니라는 논리이다.

제2연

이 연은 모두가 가정이며 그 가정이 실현될 때 서정적 자아가 하고자 하는 내용으로 이루어져 있다. 가정은 "나를 자유로운 상태로 내버려둔다면"으로 현재 서정적 자아가 자유로운 상태에 있지 않다는 것을 의미한다. 이 가정이 실현된다면 서정적 자아가 첫째로 하고자 하는 것은 “그때 나는 즉시 깊은 숲 속으로 사라질 것이다!”라고 한다. 이 내용은 그가 사람들로 인해 생겨난 모든 부조리와 부자연스러움으로부터 자연 속으로 들어가겠다는 의지의 표현이다. 다시 말해서 사람들로부터 받은 몰이해와 비방과 중상이 많이 있음을 짐작할 수 있다.

두 번째로 서정적 자아가 하고자 하는 바는 “불꽃처럼 타오르는 의식으로 잠꼬대 같은 노래를 부를 텐데.”이다. 부조리한 세상 속에서 통용되고 있는 이성적인 노래가 아니라 그와는 전혀 무관한 잠꼬대 같은 노래를 부르겠다고 하고 있다. 이는 의식의 상태와 부르려는 노래 사이에 대한 모순어법의 활용으로 화자가 부르고자 하는 노래가 현실과 얼마나 큰 괴리를 가지고 있는가를 보여준다. 물론, 여기에서 화자가 부르고자 하는 노래는 쾌재도 아닐 것이며 세상을 역으로 비방하는 노래도 아닐 것이다. 다만, 사람들과의 관계 속에서 자신의 존재를 인식하는 것이 아니라 절대적인 자유의 상태에서 자신의 존재를 인식하겠다는 의지의 표현이다.

셋째로 화자가 하고자 하는 것은 “질서 정연하지도 않고 이성적으로 설명할 수 없는 기적적인 환상에 망연자실하여 자신의 존재에 대한 의식 자체를 잊어버릴 것”이다. 위의 행에서 노래를 부르겠다던 소망도 이제는 자신의 존재에 대해 잊어버리고자 하는 화자의 심적 상태로의 변화를 엿볼 수 있다. 이는 자신이 버리고자 하는 아니면 자신이 멀리하고자 하는 세상의 주체들인 사람들과 마찬가지로 화자 자신도 한 인간임 그 자체를 생각하고 싶지 않음을 나타낸다. 이러한 바람의 점층적인 발전은 다음 연에서도 계속된다.

제3연

위의 연의 내용을 계속 이어받기 위하여 이 연에서는 접속사 'и'를 세 번이나 사용하고 있다. 따라서 가정은 제2연에서 한 것이 계속 유효하며 그것이 실현될 경우 화자가 취하고자 하는 행동을 계속하고 있다.

첫째는 "나는 물결을 주의 깊게 듣겠다."이다. 물론, 여기에서 표현 기법 상 물결은 '듣기'보다는 '보는 것'이 더 합당하다. 이렇게 공감각을 사용하고 있는 것은 세상에서 통용되는 이성적으로 생각하기를 거부하는 시 화자의 태도를 잘 보여주고 있다. 보다 중요한 것은 역시 자연과 더불어 살아가겠다는 서정적 자아의 태도다.

두 번째 하고자 하는 것 역시 자연과 관련이 있다. "행복으로 가득 차 나는 텅 빈 하늘을 우러러 보고 싶다." 텅 빈 하늘이 상징하고 있는 것도 왁자지껄한 세상이 아니라 무한한 자연의 일부이다. 그리고 이렇게 하는 과정에서 서정적 자아는 '행복으로 가득 차'게 되는 것이다. 자연과 합일된 자아 인식이 서정적 자아에게 행복을 가져다주는 것을 알 수 있다.

이 연의 나머지 부분에서는 위와 같은 화자의 욕망이 충족됨으로 그가 될 수 있는 상태를 나타내고 있다. "나는 들판을 마구 헤집고 숲을 부수어 버리는 회오리바람처럼 강하고 자유롭게 될 것이다." 이 표현에서 서정적 자아가 중요시하고 있는 것은 강함이며 자유로움이다. 세상의 모든 시끄러움에 주의를 기울이지 않을 정도로 강하고 자유롭고자 하는 화자의 욕망이다. 회오리바람이 이성적으로 설명할 수 있게 움직이지 않는다. 자연 그대로 움직이는 강하고 자유로운 회오리바람처럼 되고자 하는 화자의 욕망을 볼 때 화자가 자유를 얼마나 그리워하고 있는지 알 수 있다.

제4연

제2연과 제3연에서 꿈꾸었던 것과는 다른 현실에 관해 이야기를 하고 있다. "하지만 슬픈 일이다. 미쳐버려라. 그러면 그대는 역병과 같이 무시무시해 질 것이다. 그 즉시 사람들이 그대를 가두어버릴 것이며 바보들의 쇠창살 속에 앉혀버릴 것이며 마치 짐승을 보듯이 창살 너머로 그대를 약 올리기 위하여 찾아 올 것이다."

현실이 꿈꾸고 있는 것과 다르다는 것을 직접적으로 표현하고 있다. 미친다고 하여 위에서 꿈꾸고 있는 것이 실현되는 것이 아니라 오히려 사회는 그대를 감옥에 가두어버리고 말 것이 현실이다. 여기에서 인칭의 변화로 2인칭 단수를 사용하고 있는 것은 특정 2인칭을 염두에 두고 하는 말이 아니라 일반적으로 모두에게 해당되는 표현법이다. 누구든 미치면 사회로부터 그들의 구속 안에 가두어버린다는 것이다. 서정적 자아가 사회에 만연한 부조리를 이렇게 갈파하고 있다.

제5연

이 연은 다시 화자가 하고자 하는 바와 하게 될 것들을 언급하고 있다. "하지만 밤에 나는 들을 것이다. 그러나 선명한 꾀꼬리의 소리도 아니오, 참나무들의 들리지 않는 저음의 소음도 아니라 내가 듣게 될 것은 내 동지들의 외침소리와 밤에 보초를 서는 사람들의 욕지거리와 단말마와 가쇄(枷鎖)의 소리를 듣게 될 것이다."

화자가 소리를 듣기는 하되 자연의 소리를 듣는 것이 아니라 현실의 고통 속에서 나오는 소리를 듣게 될 것이라고 예언하고 있다. 이는 첫째로 화자가 자유의 상태로 갈 수 없음을 말하고 있는 것이며, 둘째로는 지금 처해 있는 현실의 소리가 이러한 종류의 소리라는 것을 의미한다.

'내 동지들의 외침소리'는 1825년 12월 당원 반란의 결과로 시베리아로 추방을 당한 젊은 지식인들의 외침소리일 것이다. 그리고 이러한 의미에서 볼 때 화자가 자유의 몸으로 시베리아를 갈 지라도 자연의 소리보다는 자유를 박탈당한 동료들의 소리에 귀를 기울이게 될 것임을 암시하고 있다.

화자의 동료들이 갇혀 있는 것은 그들에게 보초병들이 있음을 통해 알 수 있다. 그리고 보초병들은 화자의 동료들에게 인간적인 대접을 하는 것이 아니라 욕지거리를 퍼붓고 있다. 게다가 화자의 동료들의 발에는 가쇄(枷鎖)가 매달려 있다. 이는 이들이 자유를 추구하다가 시베리아로 추방당하였으며 자연의 상태를 잘 보존하고 있는 시베리아에서조차 발에는 족쇄를 차고 생활을 하고 있으므로 자유 추구와 사회적 부조리간의 괴리가 얼마나 큰 지를 잘 보여준다.

푸시킨의 자유에 대한 또 다른 차원의 시라고 할 수 있다.

Осень(Отрывок)

Чего в мой дремлющий тогда не входит ум?

Державин

I

Октябрь уж наступил — уж роща отряхает
Последние листы с нагих своих ветвей;
Дохнул осенний хлад — дорога промерзает.
Журча еще бежит за мельницу ручей,
Но пруд уже застыл; сосед мой поспешает
В отъезжие поля с охотою своей,
И страждут озими от бешеной забавы,
И будит лай собак уснувшие дубравы.

II

Теперь моя пора: я не люблю весны;
Скучна мне оттепель; вонь, грязь — весной я болен;
Кровь бродит; чувства, ум тоскою стеснены.
Суровою зимой я более доволен,
Люблю ее снега; в присутствие луны
Как легкий бег саней с подругой быстр и волен,
Когда под соболем, согрета и свежа,
Она вам руку жмет, пылая и дрожа!

III

Как весело, обув железом острым ноги,
Скользить по зеркалу стоячих, ровных рек!
А зимних праздников блестящие тревоги?..
Но надо знать и честь: полгода снег да снег,

Ведь это наконец и жителю берлоги,
Медведю, надоест. Нельзя же целый век
Кататься нам в санях с Армидами младыми
Иль киснуть у печей за стеклами двойными.

IV

Ох, лето красное! любил бы я тебя,
Когда б не зной, да пыль, да комары, да мухи.
Ты, все душевные способности губя,
Нас мучишь; как поля, мы страждем от засухи;
Лишь как бы напоить да освежить себя —
Иной в нас мысли нет, и жаль зимы старухи,
И, проводив ее блинами и вином,
Поминки ей творим мороженым и льдом.

V

Дни поздней осени бранят обыкновенно,
Но мне она мила, читатель дорогой,
Красою тихою, блистающей смиренно.
Так нелюбимое дитя в семье родной
К себе меня влечет. Сказать вам откровенно,
Из годовых времен я рад лишь ей одной.
В ней много доброго; любовник не тщеславный,
Я нечто в ней нашел мечтою своенравной.

VI

Как это объяснить? Мне нравится она,
Как, вероятно, вам чахоточная дева
Порою нравится. На смерть осуждена,

Бедняжка клонится без ропота, без гнева.
Улыбка на устах увянувших видна;
Могильной пропасти она не слышит зева;
Играет на лице еще багровый цвет.
Она жива еще сегодня, завтра нет.

VII

Унылая пора! очей очарованья!
Приятна мне твоя прощальная краса —
Люблю я пышное природы увяданье,
В багрец и в золото одетые леса.
В их сенях ветра шум и свежее дыханье,
И мглой волнистою покрыты небеса,
И редкий солнца луч, и первые морозы,
И отдаленные седой зимы угрозы.

VIII

И с каждой осенью я расцветаю вновь;
Здоровью моему полезен русский холод;
К привычкам бытия вновь чувствую любовь;
Чредой слетает сон, чредой находит голод;
Легко и радостно играет в сердце кровь.
Желания кипят — я снова счастлив, молод,
Я снова жизни полн — таков мой организм
(Извольте мне простить ненужный прозаизм).

IX

Ведут ко мне коня; в раздолии открытом,
Махая гривою, он всадника несет,

И звонко под его блистающим копытом
Звенит промерзлый дол и трескается лед.
Но гаснет краткий день, и в камельке забытом
Огонь опять горит — то яркий свет лиет,
То тлеет медленно — а я пред ним читаю
Иль думы долгие в душе моей питаю.

X

И забываю мир — и в сладкой тишине
Я сладко усыплен моим воображеньем.
И пробуждается поэзия во мне:
Душа стесняется лирическим волненьем,
Трепещет и звучит, и ищет, как во сне,
Излиться наконец свободным проявленьем —
И тут ко мне идет незримый рой гостей,
Знакомцы давние, плоды мечты моей.

XI

И мысли в голове волнуются в отваге,
И рифмы легкие навстречу им бегут.
И пальцы просятся к перу, перо к бумаге,
Минута — и стихи свободно потекут.
Так дремлет недвижим корабль в недвижной влаге,
Но чу! — матросы вдруг кидаются, ползут
Вверх, вниз — и паруса надулись, ветра полны;
Громада двинулась и рассекает волны!

XII

Плывет. Куда ж нам плыть? . . . .

. . . .
. . . .
(1833)

시행의 길이가 길기 때문에 율격과 각운 표기를 아래에 한다.

I

＿ ⊥ ＿ ○ ＿ ⊥ ‖ ＿ ⊥ ＿ ○ ＿ ⊥ ＿
＿ ⊥ ＿ ○ ＿ ⊥ ‖ ＿ ⊥ ＿ ⊥ ＿ ⊥
＿ ⊥ ＿ ⊥ ＿ ⊥ ‖ ＿ ⊥ ＿ ○ ＿ ⊥ ＿
＿ ⊥ ＿ ○ ＿ ⊥ ‖ ＿ ⊥ ＿ ○ ＿ ⊥
＿ ⊥ ＿ ○ ＿ ⊥ ‖ ＿ ⊥ ＿ ○ ＿ ⊥ ＿
＿ ⊥ ＿ ○ ＿ ⊥ ‖ ＿ ⊥ ＿ ○ ＿ ⊥
＿ ⊥ ＿ ⊥ ＿ ○ ‖ ＿ ⊥ ＿ ○ ＿ ⊥ ＿
＿ ⊥ ＿ ⊥ ＿ ⊥ ‖ ＿ ⊥ ＿ ○ ＿ ⊥ ＿

II

＿ ⊥ ＿ ⊥ ＿ ⊥ ‖ ＿ ○ ＿ ⊥ ＿ ⊥
＿ ⊥ ＿ ⊥ ＿ ○ ‖ \ ⊥ ＿ ⊥ ＿ ⊥ ＿
\ ⊥ ＿ ⊥ ＿ ⊥ ‖ ＿ ⊥ ＿ ○ ＿ ⊥
＿ ⊥ ＿ ○ ＿ ⊥ ‖ ＿ ⊥ ＿ ○ ＿ ⊥ ＿
＿ ⊥ ＿ ⊥ ＿ ⊥ ‖ ＿ ⊥ ＿ ○ ＿ ⊥
＿ ⊥ ＿ ⊥ ＿ ○ ‖ ＿ ⊥ ＿ ○ ＿ ⊥ ＿
＿ ⊥ ＿ ⊥ ＿ ○ ‖ ＿ ⊥ ＿ ○ ＿ ⊥
＿ ⊥ ＿ ⊥ ＿ ⊥ ‖ ＿ ⊥ ＿ ○ ＿ ⊥

III

＿ ⊥ ＿ ○ ＿ ⊥ ‖ ＿ ⊥ ＿ ⊥ ＿ ⊥ ＿
＿ ⊥ ＿ ⊥ ＿ ○ ‖ ＿ ⊥ ＿ ⊥ ＿ ⊥

_ ⊥ _ ⊥ _ ○ ‖ _ ⊥ _ ○ _ ⊥ _
_ ⊥ _ ⊥ _ ⊥ ‖ _ ⊥ _ ⊥ _ ⊥
_ ⊥ _ ○ _ ⊥ ‖ _ ⊥ _ ○ _ ⊥ _
_ ⊥ _ ○ _ ⊥ ‖ _ ⊥ _ ⊥ _ ⊥
_ ⊥ _ ⊥ _ ⊥ ‖ _ ⊥ _ ○ _ ⊥ _
_ ⊥ _ ○ _ ⊥ ‖ _ ⊥ _ ○ _ ⊥ _

IV

\ ⊥ _ ⊥ _ ○ ‖ _ ⊥ _ ⊥ _ ⊥
_ ⊥ _ ⊥ _ ⊥ ‖ _ ⊥ _ ○ _ ⊥ _
_ ⊥ _ ⊥ _ ○ ‖ _ ⊥ _ ○ _ ⊥
_ ⊥ _ ⊥ _ ⊥ ‖ _ ⊥ _ ○ _ ⊥ _
_ ⊥ _ ○ _ ⊥ ‖ _ ○ _ ⊥ _ ⊥
_ ⊥ _ ⊥ _ ○ ‖ _ ⊥ _ ⊥ _ ⊥ _
_ ○ _ ⊥ _ ⊥ ‖ _ ⊥ _ ○ _ ⊥
_ ⊥ _ ⊥ _ ⊥ ‖ _ ⊥ _ ○ _ ⊥

V

\ ⊥ _ ⊥ _ ○ ‖ _ ⊥ _ ○ _ ⊥ _
_ ⊥ _ ⊥ _ ⊥ ‖ _ ⊥ _ ○ _ ⊥
_ ⊥ _ ⊥ _ ○ ‖ _ ⊥ _ ○ _ ⊥ _
_ ○ _ ⊥ _ ○ ‖ _ ⊥ _ ⊥ _ ⊥
_ ⊥ _ ⊥ _ ⊥ ‖ _ ⊥ _ ○ _ ⊥ _
_ ○ _ ⊥ _ ⊥ ‖ _ ⊥ _ ⊥ _ ⊥
_ ⊥ _ ⊥ _ ⊥ ‖ _ ⊥ _ ○ _ ⊥ _
_ ⊥ _ ⊥ _ ⊥ ‖ _ ⊥ _ ○ _ ⊥ _

VI

\ ⊥ _ ○ _ ⊥ ‖ _ ⊥ _ ○ _ ⊥

\̲ o̲ _ ⊥ _ ⊥ || _ ⊥ _ o̲ _ ⊥ _

_ ⊥ _ ⊥ _ o̲ || _ ⊥ _ o̲ _ ⊥

_ ⊥ _ ⊥ _ o̲ || _ ⊥ _ o̲ _ ⊥ _

_ ⊥ _ o̲ _ ⊥ || _ ⊥ _ o̲ _ ⊥

_ ⊥ _ ⊥ _ o̲ || _ ⊥ _ ⊥ _ ⊥ _

_ ⊥ _ o̲ _ ⊥ || _ ⊥ _ ⊥ _ ⊥

_ ⊥ _ ⊥ _ ⊥ || _ ⊥ _ ⊥ _ ⊥

VII

_ ⊥ _ o̲ _ ⊥ || _ ⊥ _ o̲ _ ⊥ _

_ ⊥ _ ⊥ _ ⊥ || _ ⊥ _ o̲ _ ⊥

_ ⊥ _ ⊥ _ o̲ || _ ⊥ _ o̲ _ ⊥ _

_ ⊥ _ ⊥ _ o̲ || _ ⊥ _ o̲ _ ⊥

_ ⊥ _ ⊥ _ ⊥ || _ ⊥ _ o̲ _ ⊥ _

_ ⊥ _ ⊥ _ o̲ || _ ⊥ _ o̲ _ ⊥

_ ⊥ _ ⊥ _ ⊥ || _ ⊥ _ o̲ _ ⊥ _

_ o̲ _ ⊥ _ o̲ || _ ⊥ _ ⊥ _ ⊥ _

VIII

_ ⊥ _ ⊥ _ o̲ || _ o̲ _ ⊥ _ ⊥

_ ⊥ _ o̲ _ ⊥ || _ ⊥ _ ⊥ _ ⊥ _

_ ⊥ _ o̲ _ ⊥ || _ ⊥ _ o̲ _ ⊥

_ ⊥ _ ⊥ _ ⊥ || _ ⊥ _ ⊥ _ ⊥ _

_ ⊥ _ ⊥ _ o̲ || _ ⊥ _ ⊥ _ ⊥

_ ⊥ _ o̲ _ ⊥ || _ ⊥ _ ⊥ _ ⊥ _

_ ⊥ _ ⊥ _ ⊥ || _ ⊥ _ o̲ _ ⊥

_ ⊥ _ o̲ _ ⊥ || _ ⊥ _ o̲ _ ⊥

IX

_ ⊥ _ ⊥ _ ⊥ ‖ _ ⊥ _ ○ _ ⊥ _
_ ⊥ _ ⊥ _ ○ ‖ _ ⊥ _ ○ _ ⊥
_ ⊥ _ ○ _ ⊥ ‖ _ ⊥ _ ○ _ ⊥ _
_ ⊥ _ ⊥ _ ⊥ ‖ _ ⊥ _ ○ _ ⊥
_ ⊥ _ ⊥ _ ⊥ ‖ _ ○ _ ⊥ _ ⊥ _
_ ⊥ _ ⊥ _ ⊥ ‖ _ ⊥ _ ⊥ _ ⊥
_ ⊥ _ ⊥ _ ○ ‖ _ ⊥ _ ⊥ _ ⊥ _
_ ⊥ _ ⊥ _ ○ ‖ _ ⊥ _ ⊥ _ ⊥ _

X

_ ○ _ ⊥ _ ⊥ ‖ _ ⊥ _ ○ _ ⊥
_ ⊥ _ ○ _ ⊥ ‖ _ ⊥ _ ○ _ ⊥ _
_ ○ _ ⊥ _ ○ ‖ _ ⊥ _ ○ _ ⊥
_ ⊥ _ ⊥ _ ○ ‖ _ ⊥ _ ○ _ ⊥ _
_ ⊥ _ ○ _ ⊥ ‖ _ ⊥ _ ○ _ ⊥
_ ⊥ _ ○ _ ⊥ ‖ _ ⊥ _ ○ _ ⊥ _
_ ⊥ _ ⊥ _ ⊥ ‖ _ ⊥ _ ⊥ _ ⊥
_ ⊥ _ ⊥ _ ○ ‖ _ ⊥ _ ⊥ _ ⊥

XI

_ ⊥ _ ○ _ ⊥ ‖ _ ⊥ _ ○ _ ⊥ _
_ ⊥ _ ⊥ _ ○ ‖ _ ⊥ _ ⊥ _ ⊥
_ ⊥ _ ⊥ _ ○ ‖ _ ⊥ _ ⊥ _ ⊥ _
_ ⊥ _ ○ _ ⊥ ‖ _ ⊥ _ ○ _ ⊥
_ ⊥ _ ○ _ ⊥ ‖ _ ⊥ _ ⊥ _ ⊥ _
_ ⊥ _ ⊥ _ ⊥ ‖ _ ⊥ _ ⊥ _ ⊥
_ ⊥ _ ⊥ _ ⊥ ‖ _ ⊥ _ ⊥ _ ⊥ _
_ ⊥ _ ⊥ _ ○ ‖ _ ○ _ ⊥ _ ⊥ _

XII

— ⊥ — ⊥ — ⊥ ‖ — — — — —
— — — — — ‖ — — — — — —
— — — — — ‖ — — — — —

감 상

시작법

이 시는 약강 6보격으로 제6음절 다음에 행간 휴지부를 가지고 있다. 비교적 긴 시행이므로 휴지부를 갖는 것은 독자의 호흡을 가다듬게 해 준다. 8행이 한 연을 이루고 있으며 총 12연으로 되어 있다. 그러나 마지막 연인 제12연은 첫 행의 반구만 있어 총 행수는 88.5행이라고 하는 것이 합당하다.

제12연이 완성되지 않은 채로 끝이 나고 있어 이 시의 제목 다음에 괄호 안에 “단편” 혹은 “완성되지 않은 일부”라는 부제가 붙어 있다. 형식적인 차원에서 이 시는 불완전한 시다. 그러나 내용적으로 이 시는 완전하다. 시인 혹은 화자가 자신의 선호하는 계절에 대한 자신의 태도를 분명히 밝히고 난 다음 정신적인 상태에서의 환희를 느끼며 그 환희가 항해를 하는 것으로 승화된다. 그런데 그 항해의 방향은 전혀 잡혀있지 않다.

방향 잡히지 않은 항해는 제사(題詞)와 관련이 있게 되는데, 시인 혹은 화자의 상상력이 나래를 펴고 있기에 항해의 방향은 상상이 전개되는 대로 정해질 것이다. 또한 마지막 반구가 의문문으로 되어 있으므로 독자는 그 해답을 찾기 위해 결국은 처음부터 이 시를 다시 읽도록 강요당하고 있다. 따라서 처음으로 다시 되돌아가고 이 지점에 오면 다시 되돌아가야 하는 원형적 구조를 가지게 됨으로 내용적으로는 완벽한 구조를 추구했다.

대단히 긴 시에 해당된다. 그 지루함을 피하기 위해 이 시의 각운이 다양성을 띠고 있다. 즉 홀수 연은 첫 6행에서 여성과 남성 각운이 교체하고 마지막 7~8행은 여성 인접 각운을 이루고 있다. 그러나 짝수 연은 완전히 그 반대다. 즉 첫 6행에서 남성과 여성 각운이 교체하고 나머지 7~8행에서는 남성 각운이 인접해 있다.

[제 목]

이 시의 제목은 '가을'이다. 계절 중 어느 한 계절을 시인 혹은 이 서정적 자아가 좋아하는지에 관한 시다. 누구든 선호하는 계절이 있을 수 있다. 하지만, 이 시에서 푸시킨은 자신이 선호하는 계절에 대한 구체성과 서정성 그리고 논리성을 완벽하게 추구해 내고 있다.

제사(題詞)

이 시에서 데르자빈을 인용하여 제사로 활용하고 있다. 내용은 "그때 나의 졸리는 이성 속으로 무엇이든 들어오지 않겠는가?"다. 졸고 있는 시인 혹은 이 서정적 자아의 머릿속에는 온갖 생각이 다 들어온다는 것을 의미한다. 이 시의 마지막 연에서는 화자가 계절의 선호에 대한 설명에서 상상의 세계로 승화되어 간다. 그 상상의 나래가 펼쳐지는 화자의 영혼 속에는 모든 것이 다 가능해진다는 것을 미리 제사에서 언급하고 있다.

제1연

첫 두 행에서는 10월의 풍경을 묘사하고 있다. "시월이 이미 다가왔다. 숲이 이미 헐벗은 나뭇가지에서 마지막 잎사귀들을 흔들어 떨어트리고 있다." 계절을 구체적으로 밝히고 있으며 그 계절의 특징을 숲과 나뭇가지 그리고 잎사귀들을 통해 표현하고 있다. 시월은 러시아에서 늦가을을 의미한다. 그리고 '이미 다가왔다'라고 표현하고 있어 서정적 자아가 이 늦가을을 고대하고 있었음이 분명하다. 참고로 이 시에서는 화자와 시인을 구분하지 않고 혼용하여 이해해도 큰 문제가 없다. 물론, 화자와 시인의 거리와 관계 문제를 논지의 대상으로 삼지 않는 한이라는 전제 조건하에 말이다.

숲은 의인화되고 있으며 마지막 잎사귀들을 흔들어 떨어트리고 있다. 숲 속에 얼마 남지 않은 나뭇잎사귀가 바람에 흔들리고 있는 모습을 묘사하고 있다. 이는 이 잎사귀들이 그리 오래 가지에 붙어 있지 않을 것임을 시사한다.

이어지는 3, 4행과 5행의 반구 역시 이 계절의 기온에 대한 구체적인 현상들을 제시하고 있어 독자로 하여금 한 폭의 그림을 연상하게 해 준다. "가을 추위가 강하게 나타났다. 길이 꽁꽁 얼어붙는다. 물방앗간 뒤편의 시냇물은 아직 졸졸 흐르고 있다. 그러나 고여 있는 연못의 물은 이미 얼어붙었다." 계절이 늦가을이기에 이미 추위가 시작되었음을 선언하고 있다. 그런 다음 일어나는 자연 현상에 대한 묘사를 하고 있다.

이 묘사에서 중요한 것은 짧은 시간에 대한 묘사임을 이해하는 것이다. 즉 가을 한 때 땅이 얼기 시작하고 고여 있는 물은 이미 얼었고 흐르는 시냇물은 아직 얼지 않은 그런 기간에 대한 묘사이기 때문이다. 이런 날은 그리 오래가지 않으며 이 짧은 기간에 대한 화자의 인식은 이 시 전편에서 중요하게 대두되고 있다. 비록 강하지는 않지만 역동성을 지니고 흐르는 시냇물은 아직 졸졸거리며 흐르고 있다. 하지만 고여 있는 연못의 물은 이미 얼어버린 상태다. 시냇물 역시 졸졸거릴 수 있는 시간이 그렇게 많아보이지는 않는 그런 계절적 순간에 대한 화자의 관찰과 관심 집중인 것이다. 아직까지는 감정적인 평가가 그렇게 직접적으로 나타나고 있지는 않지만 시가 전개됨에 따라 시인 혹은 화자가 이 계절적 순간에 대한 얼마나 큰 애호를 보이는지 자명해진다.

“가을 추위가 강하게 나타났다.”라는 표현에서 러시아어 단어 ‘дохнуть’는 모음이 두 개 있어 양쪽에 다 강세가 올 수 있다. 러시아어에서 강세는 의미 분화를 일으키는 최소 단위들 중 하나임으로 그 뜻이 달라짐은 당연하다. 첫 번째 모음에 강세가 오면 ‘동물이 죽는 것’을 의미하며 두 번째 모음에 강세가 오면 ‘호흡하다’, ‘강하게 나타나다’, ‘입김을 불다’ 등을 의미한다. 여기에서는 당연히 시 작법상의 이유에서도 그렇고 내용적인 차원에서도 두 번째 모음에 강세가 오는 것으로 해석하여야 한다. 그리고 두 번째 모음에 강세가 오는 경우 이 단어가 의미하는 모든 사전적 의미 중 그 어느 것으로 해석을 해도 무방하다. 이도저도 아니라면 이 단어가 의미하는 모든 의미를 종합적으로 적용해서 이해를 해도 시의 맛을 보다 풍요롭게 해 줄 것이다.

제5행의 후반구와 이 연의 나머지 부분은 화자의 이웃에 관한 얘기다. “나의 이웃은 들판으로 사냥을 하러 서둘러 떠난다. 그러자 가을에 싹이 난 곡물이 내 이웃의 광포한 오락으로 인해 고통을 받는다. 그리고 개 짖는 소리는 이미 잠든 떡갈나무 숲을 깨운다.” 바야흐로 사냥의 계절임을 직접적으로 표현하고 있다. 가을걷이가 끝나고 또 가을 파종도 끝나 이미 싹이 돋은 계절적 특징에 주의를 기울여야 한다. 들판을 마구 짓밟고 다니는 사냥꾼에 의해 싹이 난 가을 곡물이 고통을 받는다고 했다. 시점이 사람에서 가을 곡물의 새싹으로 옮겨가고 있다. 곡물이 의인화되고 있는 것은 당연하다.

더불어서 이웃의 사냥 행위를 ‘광포한 오락’으로 표현하고 있다. 이웃이 물리적인 사냥을 하고 있는데 사냥하기 좋은 계절을

이 긴 시의 첫 연에서 묘사하고 있는 것이다. 이는 온전한 연 중 마지막 연인 제11연에서 화자가 정신적인 활동 즉 시를 쓰는 활동이 왕성한 것과 비교하여 이해를 해도 좋다. 다만 이웃의 동물 사냥과 곡물을 짓밟는 것과는 차원을 달리하고 있음을 간과하지 않으면 충분하다.

이웃이 사냥을 나가며 개를 데리고 가는 것은 매우 사실적이다. 그리고 개가 짖는 소리에 '이미 잠든 떡갈나무 숲이 잠에서 깨어나는 것'은 대단히 시적이다. 이 연의 첫 부분에서 숲에는 나뭇가지에 잎이 몇 남지 않았음을 지적했다. 이미 겨울 채비를 마쳐가고 있는 숲이었다. 그 중에서도 활엽수인 떡갈나무는 다른 나무보다 먼저 잎이 진다. 그러므로 떡갈나무 숲은 이미 겨울 채비를 끝냈다고 할 수 있다. 그런데 그 숲을 개 짖는 소리가 잠에서 깨우고 있다. 사냥꾼의 입장에서 생각을 해 봐도 잎이 다 진 떡갈나무 숲으로 사냥을 나가야 짐승을 더 잘 볼 수 있고 사냥의 기회가 더 많을 것임은 당연지사다. 아직 잎이 몇 개 남아 있는 숲으로 사냥을 나가는 것보다는 훨씬 더 유리할 것이기 때문이다. 이렇듯 가을의 정취를 묘사하는 것에 지나지 않는 것처럼 보이지만, 실상은 늦가을 러시아에서의 사냥에 대한 사실적 정보도 제공하고 있다.

제2연

이 연에서 화자는 세 계절에 관한 얘기를 하고 있다. 첫 행의 반구에서는 제1연에서 시작된 계절 가을에 대한 결론을 직접적으로 언급하고 있다. "지금이 나의 계절이다."라고 선언하고 있다. 물론 여기에서 '지금'은 가을을 의미하는 것은 당연하다. 제1연에서 언급한 가을에 대한 모든 언급을 화자가 '자기의 계절'이라는 한 마디로 결론 맺고 있다. 이렇게 짧은 종합적인 결론은 차후에 등장할 가을에 대한 소상한 묘사와 논의를 기대하게 해준다.

첫 행의 후 반구와 이어지는 제2행과 3행에서는 봄에 대한 논의를 한다. 가을을 '나의 계절'이라고 선언적 호감을 표시한 것에 비해 "나는 봄을 사랑하지 않는다."라고 봄에 대한 직접적인 태도를 화자가 표하고 있다. 화자에게 눈이 녹는 계절인 봄은 '지루하기만 하다.' 왜냐하면 눈이 녹으면 '악취가 나고 더럽기' 때문이다. 겨우내 눈에 덥혀있을 때는 보이지 않던 온갖 쓰레기와 오물들이 눈이 녹으면서 드러나게 된다. 그리고 얼어 있을 때에는 아무런 냄새도 나지 않던 것들이 봄이 되어 눈이 녹으면 악취가 나게 되어 있다. 화자는 이런 이유로 봄을 사랑하지 않는다고 한다. 사실, 우리나라에서의 봄의 싱그러움과 역동적이고 파란 싹들로 희망이 넘치는 특징과는 사뭇 다른 러시아의 봄을 연상할 수 있어야 한다.

나아가 화자는 봄을 좋아하지 않는 이유를 "봄에 나는 몸이 아프곤 한다."고 말한다. 봄이 되면 몸이 아픈 사람에게 봄을 좋아하라고 할 수는 없을 것이다. 몸이 아픈 것을 화자는 몸속의 "피가 방황하여 슬슬 흐른다."고 표현하고 있다. 피는 사람의 몸속에서 일정 방향으로 일정 속도로 흘러 순환해야 한다. 그런데 봄이 되면 화자의 몸속에서는 피가 어디로 흐를지를 몰라 방황하고 속도를 상실한 채 서서히 돌아다닌다고 한다. 느낌과 신체적인 컨디션이 봄이 되면 나른해지고 무기력해지는 것을 두고 화자는 마치 과학적으로 정확한 것처럼 피의 순환 상태에 대해 논하고 있어 차라리 몽환적 분위기를 자아내고 있다. 이렇게 신체적인 컨디션이 좋지 않은 화자의 "감정과 예지는 우수에 사로

잡혀 부끄러워하고 있다." 시인의 감정이 예리하고 예지가 날이 서 있을 때 시를 쓸 수 있다. 그런데 이 두 요소가 '우수에 사로잡혀' 있어 밖으로 나올 생각을 않고 '부끄러워하고' 있는 계절이 바로 봄이라고 서정적 주인공이 자신의 견해를 밝히고 있다.

이런 이유들로 인해 사랑하지도 않는 계절에 대해 길게 논의한다는 것 역시 괴로운 일일 것이다. 그래서 시인은 단 두 행 반에서 봄에 대한 논의를 마무리 짓고 있다.

그리고 곧바로 겨울로 논지를 옮기고 있다. "나는 혹독한 겨울에 더 큰 만족을 느낀다. 나는 겨울의 눈을 사랑한다." 눈이 녹고 악취가 나고 더러움이 드러나는 봄의 따뜻함 보다는 겨울의 추위에서 화자는 더 큰 만족을 얻고 있음을 알 수 있다. 그리고 겨울눈을 사랑한다고 한다. 눈을 좋아하는 이유가 바로 이어져 제시되고 있다. "달이 떠 있는 밤에 애인과 함께 타고 가는 썰매의 가벼운 질주는 얼마나 날쌔고 자유로운지!" 한 폭의 그림을 보는 듯 겨울에 눈이 하얗게 싸여있고 달이 떠 있다. 이 밤에 애인과 함께 썰매를 타고 가볍게 달리고 있다. 이런 분위기에서 화자가 느끼는 감정은 썰매의 '날렵함과 자유로움'이다. 앞에서 봄에 관해 언급을 하면서 '감정과 예지가 수줍어하고 있던 것'과는 완전히 반대 감정이다.

겨울의 만족스런 요소인 눈과 설매 타기의 주제는 마지막 두 행에서 더 깊이 발전된다. "그럴 때면 모피로 몸을 감싼 그녀가 몸이 따뜻해지고 기분이 상쾌해져서 얼굴이 빨갛게 달아오르고 몸을 파르르 떨며 그대의 손을 꼭 잡는다!" 애인과 함께 달이 뜬 저녁에 눈밭에 가볍게 썰매를 타고 달리고 있다. 그 애인은 모피를 입고 있다. 그래서 몸이 따뜻해졌다. 하지만 얼굴이 빨개진다. 추위 때문이기도 할 것이고 애인과 함께 밤에 썰매를 타는 사랑 때문이기도 할 것이다. 그래서 그녀의 얼굴이 상기되어 있다. 그녀가 화자의 손을 잡을 때 그녀의 손이 떨리는 것은 결코 추위 때문이 아니라 사랑으로 인해 고취된 감정 때문이다. 화자가 봄 보다는 겨울을 더 사랑하는 이유가 아주 명백해졌다.

그렇다고 해서 화자가 가장 좋아하는 계절이 겨울인지의 여부는 아직 밝혀지지 않았다. 조금 앞서나가 결론부터 논하자면 겨울의 단점은 지나치게 길다는 것이다. 이 긴 겨울을 논의하자면 논의 자체도 길어야 명과 실이 상부해질 것이다. 그래서 시인은 제3연을 온전히 겨울에 할애하면서 그것도 모자라 제2연의 5행에서 추가로 겨울에 관한 논의를 미리 시작하고 있다. 독자도 겨울에 관한 화자의 논의를 읽으면 지루해 질 것은 명약관화한 일이다.

제3연

"얼마나 즐거운가! 발에는 날카로운 쇠를 단 구두를 신고 잔잔한 강의 명경 같은 얼음 위를 지치는 것은." 화자가 겨울을 좋아하는 또 다른 스포츠가 소개되고 있다. '날카로운 쇠를 단 구두'는 물론 스케이트를 말한다. 겨울에 스케이트를 타는 것을 화자가 좋아하고 있다. 위 연에서는 썰매를 탔고 이 연에서는 스케이트를 타고 있다. 겨울에 강물이 얼어서 스케이트를 탈 수 있는 것은 새로울 것이 없다.

다음 행에서도 화자가 겨울을 좋아하는 이유를 계속해서 제시하고 있다. "겨울 잔치 날들의 반짝이는 걱정들은 또 어떻게 하고?" 잔치의 즐거움이야 분석의 대상에서 제외를 시켜도 좋을 것이다. 다만, 잔치 날에 무슨 '걱정'인가 하겠는데, 이는 즐거운 걱정이다. 누구와 춤을 추고 무엇을 먹고 마시며 얼마를 먹고 마셔야 하는가 하는 즐거운 걱정이기에 화자가 겨울에 있는 잔치 날들을 좋아하는 것이다. 주의를 기울일 것은 겨울을 좋아하는 예들을 제시하면서 이 행 마지막에서 줄임표를 활용하고 있다는 사실이다. 이는 더 이상의 이유를 들지 않겠다는 화자의 의지 표현이기도 하고 또 계속할 수도 있다는 가능성의 표현이기도 하다.

그래서 다음 행의 시작이 앞 행의 줄임표 활용 이후 역접으로 되고 있어 논지의 반전을 꾀하고 있다. "그러나 양심은 있어야 하는 법이다. 반년이나 눈이 오고 또 눈이 온다. 그러다 보니 이 겨울이 결국은 동굴의 거주자인 곰에게도 염증이 나게 되는 것이다." 새 행을 시작하면서 역접속사로 시작함으로 이제까지 겨울을 선호했던 이유와는 달리 겨울을 더 이상 좋아할 수 없는 것들을 지적하고 있다. 여기에서 가장 중요한 요소는 겨울이 너무 길다는 특징이다. 겨울잠을 자는 곰에게도 지겨울 정도라고 화자가 강변하고 있다. 그것을 '양심이 있어야 한다.'는 것으로 겨울이 길어도 너무 길다는 논지다. 러시아의 겨울을 반년으로 잡고 있는 것 역시 화자가 겨울을 지겨워하는 태도의 표현이라고 할 것이다.

이 연의 마지막 두 행에서는 겨울이 곰에게는 물론이거니와 사람에게도 지겨울 수밖에 없음을 논하고 있다. "우리도 백 년 내내 아리따운 여인들인 아르미다들과 썰매를 타고 있을 수만은 없다. 그렇다고 이중문을 닫은 난로 앞에 앉아 아무 것도 하지 않고 의기소침해 있을 수도 없다." 겨울을 좋아할 수 있는 요소 중 하나였던 애인과 썰매타기가 아무리 좋아도 백 년 동안 내내 할 수는 없다는 서정적 자아의 겨울에 대한 태도다. 물론, 여기에서 '백 년'이라고 하는 것은 한 평생 전체를 말함은 당연하다.

평생 다른 일은 하지 않고 애인과 썰매를 타고 허송세월을 할 수는 없는 것이 인생이라는 의미로 해석을 해도 지나친 해석은 아니다.

애인과 썰매를 타는 것보다는 보다 소극적인 집 안에서 난로 앞에 앉아서 허송세월을 하는 것 역시 겨울의 단점임을 보여준다. 한두 번 난로 앞에서 시간을 보내는 것은 낭만적이고 따스함을 맛볼 수 있을 것이다. 그러나 겨울이 반년이나 지속되는데 그 시간 전체를 난로 앞에 앉아 있을 수만은 없다는 것이 화자의 태도이며 의견이다. 따라서 겨울이 화자가 가장 좋아하는 계절에는 미치지 못한다는 결론을 내릴 수 있게 된다.

제4연

이 연에서는 여름에 관한 화자의 태도를 피력하고 있다. 물론, 한 연이 끝날 때까지 여름에 관한 얘기를 할 수 없어 겨울과 비교를 하고 있다.

이 연의 첫 행 전 반구에서 여름에 대한 특징을 직접적으로 표현하고 있다. “오! 아름다운 여름이여!” 감탄문으로 여름을 아름답다고 표현하고 있다. 이 아름다움은 역설도 아니고 다른 비꼼도 아니다. 진정으로 아름답다고 하는 것이다.

그렇기 때문에 화자는 여름을 사랑할 수도 있었다고 말한다. “나는 너를 사랑했을 수도 있었는데!” 다만, 이 사랑은 조건이 전제된 사랑이다. 그 조건은 “폭염과 먼지 그리고 모기떼와 파리떼만 아니라면”이다. 사실 여름을 특징짓는 모든 요소를 제외시킨 전제가 되기 때문에 ‘아름답다’고 한 것과 ‘사랑할 수도 있었을 것’이라고 한 것이 진실한 만큼 더 실망스럽게 되는 표현법을 사용하고 있다. 구문적인 비교이며 선택이다. 여기에서 화자는 여름을 대화 상대로 삼을 정도로 의인화시키고 있다. 그렇게 함으로 계속해서 논지를 전개시키기가 수월해 짐은 당연하다.

"그대는 우리의 모든 정신적 능력을 파멸시키며 우리를 괴롭힌다." 우리를 괴롭히고 우리의 정신적 능력을 파괴하는 장본인은 여름이다. 여름의 폭염과 먼지 그리고 모기떼와 파리 떼가 우리의 정신적 능력을 파괴하고 그렇게 함으로 우리를 괴롭히는 것이다. 여기서 '우리'라 함은 시인, 화자, 독자를 포함한 인간 전체를 일컫고 있다.

여름의 특징 그것도 화자가 여름을 좋아할 수 없는 특징이 계속해서 논의의 대상이 되고 있다. "들판처럼 우리는 가뭄에 시달리고 있다. 그저 물이나 실컷 마셨으면 그리고 좀 시원해질 수 있으면 좋으련만." 여름 가뭄에 들판이 말라 갈라지듯 화자도 가뭄에 시달린다고 했다. 그러니 물이 그립고 시원하게 목욕이나 샤워를 통해 시원해지고자 하는 욕망을 있는 그대로 표현하고 있다.

'들판처럼 가뭄에 시달리는' 화자의 상태는 곧바로 정신적인 상태로 연결된다. "때로 우리는 아무 생각도 할 수 없다." 더위, 먼지, 모기 떼, 파리 떼, 목마름으로 인간이 생각을 할 수 없는 여름이라는 것이다. 그러니 여름의 반대 계절인 겨울로 또 한 번 눈길을 돌리는 것은 화자의 당연한 태도이다. 기실 화자는 겨울을 지나치게 긴 것을 제외하고는 다 좋아했다는 것을 우리는 이미 분석했다.

"겨울 할미가 아쉽다. 나는 블린과 포도주로 겨울을 보냈다. 그러니 겨울에게 아이스크림과 얼음으로 선물을 만들어 보내자." 무더운 여름에 겨울을 그리워하고 있는 화자의 모습이다. 화자가 겨울에 어떻게 시간을 보냈는가와 겨울의 특징을 선물을 주고받는 관계로 설정함으로 대단히 시적 감흥을 불러일으킨다.

결국은 여름에 할애된 연 하나를 다 소화하지 못하고 겨울과 비교당하고 있는 여름이므로 화자가 선호하는 계절이 결코 될 수 없음은 자명한 일이 되고 만다.

제5연

제5연에서부터 이 시의 온전한 마지막 연인 제11연까지는 화자가 좋아하는 계절 가을에 관한 내용인데 화자가 좋아하는 계절임으로 이 시의 시작 연인 제1연에 이어 나머지 대부분을 할애하고 있음을 알 수 있다. "늦가을의 날들을 사람들은 저주한다. 그러나 친애하는 독자여 그 늦가을이 고요한 아름다움과 겸허한 광채로 내게는 사랑스럽게 여겨진다." 이제까지 화자는 다른 계절에 대한 자신의 호·불호를 논했다. 그런데 여기서는 화자와 다른 사람들과의 태도 차이를 논하면서 자신의 견해를 구체화하고 있다. 비록 다른 사람들이 늦가을의 날씨를 싫어하고 욕을 퍼붓더라도 화자에게는 그 늦가을이 아름답다는 것이다. 독자를 거론하면서까지 자신의 선호도를 강조하고 있음으로 보아 앞으로 나올 내용이 얼마나 정교하며 화자에게 고귀할 것인지를 짐작하게 한다.

늦가을이 화자의 마음을 사로잡는 요소는 두 가지다. 첫째는 늦가을의 '고요한 아름다움'이다. 아름다움이 시끌벅적하지 않고 고요하다고 했다. 늦가을을 마음속에 떠올려보자. 들판은 추수가 끝나고 텅 비어 있다. 인적이 드물다. 이제 사람들은 실내에서 시간을 보낼 준비를 다 마쳐가고 있다. 따라서 사방이 고요하다. 그러한 자연적 배경에 화자의 감정이 섞여 가을의 아름다움을 '고요하게' 느끼는 것이다. 둘째 요소는 '겸허한 광채'다. 늦가을에 광채가 없는 것이 아니라 있다. 그런데 그 광채가 '겸허하다'고 한다. 여름의 광채와 비교해 볼 때 가을의 광채는 그야말로 겸허하다. 이제 곧 겨울의 힘없는 광채로 넘어가기 전 가을의 광채에 관한 푸시킨다운 표현이다.

사람들이 늦가을을 싫어하는 것과 화자 자신은 좋아하는 것을 비유를 들어 논지를 발전시키고 있다. "자기 집에서도 사랑 받지 못하는 아이처럼 이 늦가을이 나를 끌어당겨 내 마음을 끈다." 여러 아이가 있는 집에서 어떤 아이는 사랑을 더 받고 어떤 아이는 사랑을 덜 받는 것이 사실이다. 우리말에 '열 손가락 깨물어 안 아픈 손가락 없다.'라는 표현과는 사뭇 다른 정서인 듯 보이지만 잘 살펴보면 그렇지도 않다. 사실 우리말의 이 표현은 '아픈' 공통적인 사실만을 얘기하고 있지, 아픈 정도를 논하고 있는 것이 아니다. 아픈 정도는 여러 가지 변수에 의해 얼마든지 달라질 수 있다. 게다가 이런 말을 만들어 낸 것 자체가 모든 자식을 다 똑같이 사랑하지 않는 혹은 사랑할 수는 없는 현실을 전제하고 있다. 일 년에 4계절이 있어 네 자식이 있는 가정이라고 한다면 가을은 이 가족 구성원들에게 사랑을 가장 적게 받는 계절이다. 오히려 저주의 대상이 되고 있는 계절이라고 했다.

이런 계절을 놓고 화자는 또다시 독자에게 호소를 한다. "독자 여러분께 솔직히 말씀 드리건대 나는 계절 중에서 오로지 이 계절 하나에만 기쁨을 느낍니다." 화자가 기쁨을 느낄 수 있는 계절은 오로지 늦가을이라고 말하고 있다. 더 이상의 분석이 필요치 않다.

그 이유는 "늦가을에는 좋은 게 참으로 많다."라고 화자가 이어 말하고 있기 때문이다. 이 말을 부연 설명하는 화자는 구체적인 논지 전개보다는 두루뭉술한 언급으로 이 연을 마무리 짓고 있다. "나는 허영심이 많은 애인은 아니다. 나는 나의 변덕스러운 몽상으로 늦가을에서 무언가를 찾았다." 우선 자기 자신이 어떤 사람인지를 밝히고 있는데 '허영심이 많은 애인이 아니다'라고 한다. 쓸데없이 이것저것 원하는 사람이 아니라는 뜻이다. 늦가을이 '고요한 아름다움'을 지니고 있고 '겸허한 광채'를 빛내듯 화자 역시 무언가를 소박하게 사랑하는 사람이라고 주장하고 있다.

또한 화자는 시인답게 '변덕스러운 몽상'을 잘하는 사람이다. 그러한 몽상으로 늦가을에서 자기의 마음에 드는 어떤 것을 발견했다고 한다. 따라서 우리 독자는 화자가 늦가을에서 찾은 그 어떤 것을 알기 위해 계속해서 이 시를 읽어야만 한다. 긴 시를 써 놓고 독자로 하여금 중간에서 읽기를 멈추지 않게 하는 방법도 다양하다. 이 시에서 활용하고 있는 제사를 다시 한 번 더 상기할 필요성도 대두되고 있다.

제6연

"이것을 어떻게 설명할까? 때로는 폐병에 걸린 처녀가 당신의 마음에 드는 것이 분명한 사실이듯 그렇게 이 늦가을이 내 마음을 사로잡는다." 화자에게는 늦가을이 마음에 드는데 그것을 독자나 혹은 다른 사람들에게 설명을 어떻게 할지 고민을 하고 있다. 일종의 수사법적 질문을 던지고 있는데 이 질문에 대한 답을 화자 스스로가 즉시 제시하고 있다. 화자가 늦가을에게 마음을 빼앗기는 것은 마치 사람들이 폐병에 걸린 소녀를 마음에 들어 하는 것과 같다는 논리 전개다. 결국 늦가을과 폐병 걸린 소녀와의 공통점이 있다는 쪽으로 화자는 논지를 전개해 갈 것이다.

늦가을과 폐병에 걸린 소녀와의 공통점이 이 연의 나머지 모든 부분의 내용이다. "폐병 걸린 처녀는 이미 죽을 운명에 처해 있다. 그럼에도 불구하고 불쌍한 그녀는 불평도 하지 않고 분노를 표출하지도 않고 스러져간다. 그녀의 시들은 입술에 미소가 엿보인다. 무덤이 입을 벌리는 소리를 그녀는 듣지 못한다. 그녀의 얼굴에는 아직 발그레한 홍조를 띠고 있다. 그녀는 오늘은 살아 있지만 내일은 이미 존재하지 않을 것이다." 물금 다섯 개의 행과 반구의 내용을 한 번에 정리하였다. 왜냐하면 모두가 다 폐병에 걸린 소녀의 특징을 나타내는 것이며 그 특징들이 모두 다 늦가을에 적용될 수 있는 것이기 때문이다.

하지만 하나하나의 특징은 별도의 분석을 해 봄으로 그 맛을 더 느낄 수 있게 한다. 첫 번째 특징은 '죽음에 처해 있음'이다. 이 시를 집필했던 시기에 폐병은 불치의 병이었다. 따라서 이 병에 걸리면 죽음을 면치 못했다. 물론, 모든 사람은 다 죽는다는 명제의 차원에서 이 구절을 이해할 수도 있겠으나 그렇게 되면 일반론이 되기 때문에 이 시의 내용과 범위를 벗어나게 된다. 늦가을과 비교를 해도 임박한 죽음을 말하고 있음이 분명하다. 늦가을에 연이은 계절은 겨울이다. 따라서 가을의 마지막 정취와 생명력이 겨울이 되면 다하는 것으로 화자가 인식하고 있으며 이러한 인식은 독특한 것이 아니라 이미 계절에 대한 보편적 인식이다. 폐병 걸린 소녀가 오래 살지 못하는 것을 첫 번째 특징으로 언급하므로 늦가을 역시 오래 지속되지 않을 것임을 암시하고 있다. 늦가을이 오래 지속되지 않는 것은 이미 제1연에서 언급하였던 '흐르는 물은 아직 졸졸 흐르고 있지만 고여 있는 물은 이미 얼어버린' 상태의 늦가을이 폐병에 걸린 소녀와 비교됨으로 그 짧고 연약하며 곧 사라질 특징이 더더욱 강조되고 있다.

폐병 걸린 소녀의 그 다음 특징은 "불쌍한 그녀는 불평도하지 않고 분노를 표출하지도 않고 스러져간다."는 것이다. 화자는 이 소녀를 '불쌍하게' 보고 있다. 그 이유는 죽음에 직면해 있기 때문이다. 따라서 화자에게는 늦가을이 불쌍하게 여겨지게 된다. 그리고 이 소녀가 '분노도 표출하지 않고 스러져가는 것'은 늦가을의 '고요한 아름다움'과 '겸허한 광채'와 직접적인 관련이 있다. 제5연에서 논했던 늦가을의 특징이 폐병에 걸린 소녀와 비교되는 과정에서 다시 반복될 뿐만 아니라 그 차원을 달리하여 고상해지고 있다. 겨울에게 계절의 자리를 내 주면서 늦가을은 아무런 항변도 하지 않는다. 그저 자연의 섭리대로 오는 겨울에 겸허하게 아무런 분노의 표출 없이 자신의 자리를 내 준다. 마치 폐병에 걸린 소녀가 아무 말 없이 죽음을 받아들이는 것처럼 말이다.

이어지는 소녀의 특징은 '그녀의 시든 입술에 미소가 엿보이는 것'이다. 소녀의 입술이 시들었다는 표현은 소녀가 병을 앓으면서 건강이 대단히 악화될 정도로 시달렸음을 말한다. 폐병을 앓으면 사람이 체중이 줄어들고 객혈을 동반한 심한 기침으로 인해 신체가 약해 질대로 약해진다. 아무리 나이가 어린 소녀라 해도 얼굴이 고울 수 없다. 그런 소녀의 얼굴에서 미소를 발견하고 있다. 마치 늦가을이 이미 모든 아름다움을 다 소실해 버린 가을이라고 해도 마지막 '고요한 아름다움'과 '겸허한 광채'를 간직하고 있는 것과 같은 차원이다.

아직은 나이가 어린 소녀이기에 '무덤이 입을 벌리는 소리를 그녀는 듣지 못한다.' 죽음의 공포나 혹은 절망적인 상태에 대한 세속적인 이해가 결여된 상태를 의미한다. 이 세상을 살면서 성공적인 삶을 살고 또 자기의 삶에 대한 스스로의 지배가 크고 완벽한 사람일수록 죽음 자체를 두려워하고 싫어하게 된다. 그만큼 이 세상의 삶에 애착을 가질 수밖에 없기 때문이다.

그런데 이 소녀는 그렇지 않다. 늦가을이 조용히 겨울에 자리를 내 주듯 그렇게 자신의 존재를 죽음에게 내 주고 있다. 최근 우리나라에 소개되기 시작한 '사망학(Thanatology/Танатология)' 차원에서도 충분히 논의가 가능한 주제다.

폐병을 앓고 있는 소녀의 마지막 신체적 특징은 '그녀의 얼굴에는 아직 발그레한 홍조를 띠고 있는 것'이다. 이는 푸시킨이 의학적으로 대단히 정확한 기술을 통해 시적 완성도를 높이고 있는 부분이다. 즉 폐병 환자가 죽기 2~3일 전에 그 환자의 얼굴에 홍조가 피어오르고 혈색이 좋아지는 자연적 현상을 푸시킨이 알고 있었다. 생의 마지막 아름다움을 늦가을에 비유하고 있는 것이다.

그렇기 때문에 폐병에 걸린 '그녀는 오늘은 살아 있지만 내일은 이미 존재하지 않게 되는 것'이다. 하루살이 인생을 살아가고 있는 폐병에 걸린 소녀의 아름다움을 인식한 시인 혹은 화자가 그 아름다움을 늦가을에 비유하고 있다. 흐르는 시냇물이 아직은 졸졸 흐르지만 내일이면 얼어붙어 버릴 그 늦가을, 마지막으로 '겸허한 광채'를 소박하게 빛내고 있는 늦가을, 고요한 아름다움을 간직한 늦가을, 그토록 짧은 늦가을이 화자가 가장 좋아하는 계절이다.

제7연

제1연을 시작하면서 시인은 늦가을을 얘기하기 위해 '이미 시월이 도래했다.'고 했다. 그러면서 제6연까지는 다른 계절에 대한 화자의 태도를 논했다. 제7연에 와서야 비로소 늦가을 자체에 대해 시작을 하고 있어 내용적으로는 이제 본격적으로 늦가을 즉 화자가 가장 좋아하는 계절에 대한 논의에 대한 시작인

셈이다. 즉 이 시의 제목에 관한 진정한 내용은 이제 시작된다.

그래서 첫 행에서 늦가을에 대한 종합적 결론에 해당하는 선언을 하고 있다. "우울한 계절이여! 지극히 매혹적인 아름다움이여!" '우울한 계절'은 양가적 가치를 지니고 있다. 첫째는 모든 생물이 '죽음'으로 상징되는 겨울채비를 하기 때문에 잎이 떨어지고 색이 바라는 것을 의미한다. 둘째는 사람들의 견해로 가을에 대한 특징을 이렇게 한정하고 있다. 그러나 화자는 이에 동의하지 않기 때문에 같은 행에서 다른 가치 평가를 내리고 있다. '지극히 매혹적인 아름다움이여!' 이 표현은 러시아 사람들의 인구에 회자하는 표현이 될 정도로 대단히 긍정적인 표현이다. 화자의 가을에 대한 절실한 사랑의 표현이다.

다음 두 행에서는 화자가 늦가을에 대해 어떤 것을 좋아하는지 구체적으로 밝히고 있다. "내게는 그대의 꺼져가는 아름다움이 매혹적이다. 나는 자연이 화려하게 시들어가는 것을 사랑한다." 제2행과 제3행의 이 선언에서 우리는 몇 가지를 구체적으로 분석해야 한다. 첫째, 제2행과 제3행에서 활용되고 있는 술어가 서로 다르다는 것이다. 즉 제2행에서는 수동적인 표현을 위해 느낌을 가지는 주체는 여격으로 놓고 자연현상을 주격으로 놓고 있다. 이렇게 함으로 화자가 느끼는 감정에 일정 거리를 확보할 수 있게 된다. 즉 '꺼져가는 아름다움'이기 때문에 사람들이 별로 좋아하지 않지만, 화자에게는 그 아름다움이 매혹적임을 표현할 수 있게 된다.

이에 반해 제3행에서는 술어가 타동사임으로 주어와 목적어가 확실하게 드러난다. 앞 행의 수동적 구문에 이은 이 행에서의 타동사와 목적어 활용은 그만큼 화자의 감정을 직접적으로 독자에게 전달해 준다. 더 나아가 이 행에서는 모순어법을 활용함으로 그 정도의 차원을 달리하고 있다. 즉 '화려하게 시들어가는 자연의 아름다움'인데 시들어가는 자연에서 아름다움을 찾는다는 것은 시인이어야 만 할 수 있는 일일 것이다. 사람들은 본능적으로 생에 집착하기 때문에 시들어가는 것보다는 피어나는 것을, 죽어가는 것보다는 이제 막 성장 하는 것을 더 선호하기 때문이다.

화자가 발견하고 있는 '화려하게 시들어가는 아름다움'은 '숲이 자줏빛과 황금빛으로 옷을 갈아입은 것'이다. 단풍이 든 숲을 이르는 시적 표현이다.

나머지 네 행에서는 이 숲과 관련하여 늦가을의 아름다움을 구체적으로 예시하고 있다. 첫째 예는 "숲의 그늘에 있는 바람 소리와 더욱 더 신선한 숨결"이다. 가을바람과 그로 인한 신선한 공기를 숲과 화자가 호흡하는 과정에서 느끼는 신선함을 논하고 있다.

두 번째 예는 숲 위의 "하늘을 감싸고 있는 파도처럼 굽이치는 짙은 안개"다. 맑고 높고 푸른 가을하늘을 연상하는 한국의 독자들에게 러시아 가을 날씨를 상상하는 것은 어려운 일일 것이다. 그러나 러시아의 가을 하늘은 한국의 그것과 사뭇 다르다. 러시아에서는 가을이 되면 이제 곧 한없이 내리게 될 눈을 맞을 준비라도 하듯 잔뜩 흐리다. 이런 하늘에서 화자는 아름다움을 찾아내고 있다. 숲 속의 몇 안 되는 단풍잎과 그 배경으로 잔뜩 흐려있는 가을하늘과의 조화에서 화자는 정신적인 미를 추구하려고 한다. 늦가을의 순간적 아름다움을 포착하려 가는 단계 중 하나다.

그 다음 예는 "그저 가끔 비치는 햇빛과 첫 서리"다. 구름으로 뒤덮인 가을하늘이기에 자주 해가 날 리 만무하다. 그러기에 가끔 비치는 햇빛이다. 게다가 땅에는 첫 서리가 내려 추위의 전령

이 뚜렷하다. 늦가을의 이러한 순간적인 아름다움에 대해 화자가 자신의 애정을 쏟아내고 있다.

마지막 예는 '백발의 겨울이 멀리서 위협을 가하는 것'이다. 짧기만 한 늦가을이기 때문에 하얀 눈으로 위협을 가하면서 가을에게 자리를 내 놓으라고 재촉하는 겨울이 코앞에 다가와 있는 그런 순간이다. 자고나면 가을이 자취를 감추고 겨울이 성큼 다가와 있을 그런 계절적 순간이다. 아니면 길어야 며칠 더 지속될 늦가을의 아름다움이다.

제8연

제7연에서 늦가을의 아름다움 그 자체를 구체적인 예를 들어 제시한 다음 이 연에서는 화자가 가을에 느끼는 자신의 신체적 심정적 상태에 대해 논하고 있다.

"해마다 가을이면 나는 다시 소생한다." '시들어 가는 아름다움'의 계절인 가을에 화자는 다시 '소생하고 있다'고 선언한다. 자연현상과 서정적 자아 사이에 일어나는 모순적 관계다. 그러나 화자에게는 그렇게 느껴지는 것을 부정할 방법은 없다. 개인적인 차원에서 서정적 자아의 인식을 솔직하게 표현하고 있을 따름이다.

화자는 "러시아의 추위가 내 건강에 좋다."라고 그 다음 행에서 밝히고 있다. 즉 '늦가을에 소생을 한다는 것'은 결국 화자는 추위가 다가오는 가을에 자신의 건강이 더 좋아진다는 것을 고백하고 있는 것이다. 여름의 더위를 상기해 볼 때 늦가을의 추위가 화자에게 얼마만큼 좋은 영향을 미칠지 짐작하는 것은 그리 어려운 일이 아니다.

좋아지는 건강에 머물지 않고 화자는 자신에게 일어나는 변화에 대해 이 연의 마지막 행을 제외한 모든 행을 할애하여 설명하고 있다. “나는 다시 일상으로 되돌아가고 사랑을 느끼는 것”이 그 첫째다. 더위 때문에 그 어떤 일상도 수행할 수 없었던 여름에 비해 가을이 되면 화자는 일상을 되찾게 된다. 게다가 건강도 좋아졌다. 그러니 사랑을 다시 느끼는 것도 일상의 일부이기 때문만이 아니라 또 다른 차원에서의 ‘소생’을 경험하는 것이다.

건강해지고 일상도 되찾고 사랑도 느끼는 화자에게 이제는 “공상도 차례대로 지나가고 또 식욕도 되돌아온다.” 늦가을이다. 화자에게 커다란 변화가 일어나는 계절이다.

봄에 피가 끓어 혈관 어디를 타고 흐를지를 몰랐던 것에 비해 이 가을에는 “심장에서 피가 가볍고도 즐겁게 요동친다.” 막연하게 건강이 회복되었던 이 연의 첫 부분에 대한 구체적인 예다. 신선한 호흡에 심장이 활발하게 작동하는 화자의 건강상태임으로 이 계절을 화자가 좋아하지 않을 수 없을 것이다.

이와 같은 신체적인 변화에 힘입어 화자에게 ‘욕망이 끓어오르고’ 화자는 ‘다시 행복해 지고 다시 젊음을 느낄 수 있게 된다.’ 그래서 화자는 결국 ‘다시 생명으로 가득 차게 되고’ 또 이렇게 되는 것이 화자의 ‘유기체적 신체’라고 말한다. 화자 자신의 몸과 마음에서 일어나는 작은 변화들에 그토록 민감하고 풍부한 감정으로 그 변화들을 느끼며 즐기고 있는 것이다.

이 연의 마지막 행은 괄호 속에 표현되어 있어 시의 내용과 동떨어진 내용을 전달하려고 한다. 그렇다고 해서 시 작법의 규칙까지 무시하는 것은 아니고 완벽하게 시 작법 규칙에 맞게 표현되어 있다. “쓸데없이 산문체에서나 사용하는 용어를 쓴 것에 대해 용서해 주시오”라는 내용으로 화자가 독자에게 직접 호소하고 있다. 화자가 언급하고 있는 ‘쓸데없는 산문체 용어’는 물론 '유기체적 신체'를 말한다. 푸시킨이 이 시를 썼던 당시만 해도 시에 이런 용어를 사용하는 것이 관례를 벗어나는 일이었다. 그러나 '산문체 용어'라는 단어와 이 단어가 지칭하는 '유기체적 신체'라는 말이 창조해 내는 각운은 찬탄을 금치 못하게 할 정도로 훌륭하다.

시 속의 화자가 독자에게 직접 호소를 하는 것도 특이하려니와 화자 스스로 용서를 구하며 잘못된 것을 지적하는 것 그 자체가 오히려 시적으로 대단한 발전을 추구하여 실현하고 있다는 사실을 감지하는 것은 독자의 즐거움이다.

제9연

이 연에서부터 시작하여 마지막 연까지 화자는 늦가을에 자신이 하고 싶고 할 수 있는 일들에 관한 견해를 밝히고 있다. 특히 이 연에서는 물리적이고 육체적인 것에서 시작하여 영적이고 정신적인 문제로 넘어가기 위한 발판을 마련하고 이 연을 마무리 짓고 있다.

"사람들이 내게 말을 한 필 끌고 온다. 탁 트인 들판에서 갈기를 휘날리며 그 말은 잔등에 앉은 사람을 업고 달린다." 화자가 말을 타고 늦가을의 텅 빈 들판을 가로질러 달리는 모습이다. 늦가을에 이웃이 말을 타고 사냥을 나간 장면은 이미 묘사했다. 그리고 분석도 마쳤다. 이제는 화자에게도 말을 타고 밖을 달려 보라는 권유를 실천하고 있다. 말이 화자를 태우고 달린다. 이 연에서 물리적인 장면에 대한 묘사는 수동으로 되어 있고 마지막 부분에 가서 영적인 문제로 이동하고 나면 화자가 다시 능동적으로 등장한다.

"그러면 말의 빛나는 발굽 아래서 얼어붙은 골짜기가 쩌렁쩌렁 울리고 얼음이 툭툭 갈라진다." 여전히 주변 환경에 대한 묘사다. 말은 달리고 있고 말발굽은 반짝반짝 빛난다. 말이 달림에 따라 골짜기에서 말발굽소리가 메아리친다. 늦가을의 맑은 공기와 사람이 없이 고요한 골짜기임에 틀림없다. 이미 고인 물이 얼어있어 그 얼음이 말발굽 아래서 갈라지고 있다. 화자가 처음에 말을 타고 달리던 곳이 '탁 트인 들판'이었는데 '갈기를 휘날리며' 달린 덕에 이미 골짜기를 달리고 있다. 시간의 흐름과 공간의 변화를 직접적으로 보여주고 있다.

말 타기를 마치고 화자가 집에 돌아온 상황에서의 주변묘사가 이어진다. "그러나 짧기만 한 낮은 저물고 조그만 난로에는 또다시 불길이 타 오른다. 그러자 밝은 빛이 흘러나오기도 하고 또 때로는 불빛이 사그라지기도 한다. 한편 나는 그 앞에 앉아 책을 읽기도 하고 또 내 마음은 하염없는 상념에 빠지기도 한다." 늦가을에 해가 있는 동안 말 타기를 즐겼다. 물리적인 혹은 육체적인 즐거움을 만끽한 상태다. 늦가을의 짧은 하루가 지나고 화자는 집으로 돌아온다. 그리고 집에 있는 조그만 난로에는 다시 불이 지펴진다. 불을 지핀 난로 앞에 앉은 화자는 책을 읽거나 정신적인 활동인 끝없는 상념에 잡힌다. 다른 계절에 육체적인 존재를 유지하기 위해 전전긍긍해야 했던 것과는 정반대의 현상이다. 육체적인 즐거움을 가지는 것을 초월하여 정신적인 활동 혹은 보다 직접적으로 표현하여 시를 쓰는 일이 가능한 계절이 바로 이 늦가을이다. 그만큼 화자는 늦가을을 사랑하고 있고 또 그 이유가 충분하다.

제10연

이 연과 실질적인 마지막 연인 제11연에서는 화자가 시를 쓰게 되는 정신적인 상황에 대한 논의를 펼친다.

“나는 세상을 다 잊는다. 그리고 달콤한 정적 속에서 나는 나의 공상으로 달콤하게 취한다.” 육체적인 즐거움을 가졌던 낮의 일을 다 잊어버린다. 낮이 지배하는 세상 전체를 잊어버리는 화자다. 이제는 영적인 활동이 활발하게 일어나고 있는 상태다. ‘달콤한’ 상태를 나타내는 단어를 한 문장에서 두 번이나 반복할 정도로 화자의 정신적인 활동은 그토록 대단한 쾌감과 만족을 수반하고 있음을 알 수 있다.

“그러자 내 안에서는 시가 잠에서 깨어난다. 내 영혼은 서정시가 흘러나옴을 부끄러워하고, 서정시는 떨리기도 하고 소리를 내기도 하고 마치 꿈속에서처럼 마침내 자유로운 형태로 모습을 띠고 나오려 한다. 바로 이때 눈에 보이지 않는 손님들 무리가 내게로 온다. 이 손님들은 내 꿈의 산물들로 오래된 친구들이다.”

공상에 잠긴 화자에게 시가 저절로 생겨나는 현상을 말하고 있다. 시의 세계와 정신적인 상태가 합일을 이루기 위해 정신적 상태가 조금 주저하는 모습이다. 그러나 이내 화자의 영혼 세계에서 시가 꿈틀거리고 꿈에서나 그려왔듯이 시가 저절로 흘러나온다.

여기에서 ‘눈에 보이지 않는 손님들 무리’는 시적 표현들이다. 시 작법에 따른 운율이 맞는 단어들과 각운을 이룰 수 있는 단어들 모두가 ‘손님들 무리’에 속하며 이러한 시어들로 구성된 주제적인 차원의 시를 이루는 모든 것을 ‘손님’으로 표현하고 있다. 따라서 이 손님들은 화자의 ‘꿈의 산물’ 즉 영적 활동의 결과이다. 그와 동시에 시를 쓰는 것에 동반되는 모든 표현적·주제적 시의 구성요소들은 화자가 시인이기에 이 화자에게는 익숙한 친구들이 된다. 정신적으로 대단히 생산적인 활동의 상태를 '손님'이라는 은유를 통해 표현하고 있다.

제11연

앞 연에서 시를 쓰는 정신적 상태를 읊은 것에 이어 이 연에서는 시를 쓰는 구체적인 내용이 나타난다. "그러면 내 머릿속에는 생각들이 용감하게 들끓고, 가벼운 각운들이 서로가 서로를 향해 달려간다." 화자의 정신 속에 시의 주제가 과감하게 표출되고 있다. 그것을 시로 표현하기 위해 각운을 이루는 단어가 서로 서로를 찾고 있다고 한다. 시인이 아닌 독자로서는 한 편 부럽기도 하고, 다른 한 편으로는 놀랍기도 한 현상을 목격하고 있다. 일반인들은 시인이 써 놓은 각운을 찾아내고 그 각운의 형태를 분석하는 것도 단순한 작업이 아니다. 그런데 지금 여기에서 화자에게는 각운을 이루는 단어들이 서로가 서로의 짝을 찾아 저절로 달려들고 있다. 즉 각운을 이루는 단어들이 저절로 생겨난다는 뜻이다. 어떻게 보면 시가 저절로 써 지는 것 같다. 그러나 화자는 지난 모든 계절을 인고의 세월로 보냈으며 이제 늦가을을 맞아 드디어 시를 쓰고 있음을 상기해 보면 그렇게 쉽고 저절로 이루어지는 일은 아닌 것이 분명하다.

화자의 이러한 정신적으로 생산적인 상태에 육체적인 기능 역시 부합하는 상태로 진입한다. "그러자 손가락들이 펜을 요구한다. 펜은 종이를 요구하고. 순식간에 시가 저절로 흘러넘친다." 머릿속에서 시가 완전히 준비되자 이제는 손가락이 움직여 그 시를 글로 써야 하는 상태가 전개된다. 이에 손가락이 펜을 요구하고 펜은 이 시를 쓸 종이를 요구한다. 모든 것 즉 정신적인 생산성과 육체적인 기능 모두가 합일을 이루는 경지다. 그러기에

'시가 저절로 흘러넘치고' 있는 것이다.

화자의 늦가을에 대한 사랑이 시의 창작으로 이어지는 고차원의 세계가 절정에 달했다. 따라서 더 이상 어떻게 상승시킬 방법이 모호해지자 화자는 다시 은유의 세계로 접어든다. "이런 식으로 움직이지 않는 배가 잔잔한 바다에서 졸고 있다. 그러나 보라! 선원들이 갑자기 내 달린다. 위로 아래로 자신들의 자리를 찾아 분주하다. 그러자 돛이 바람을 가득 머금고 부풀어 오른다. 거대한 선체가 움직이면서 파도를 가른다!" 정신적으로 시를 잉태하면서 정적인 상태를 묘사한 다음 격정적인 움직임의 상태 즉 시가 저절로 흘러넘치는 상태로 진입하는 것을 표현하고 있다. 그것을 마치 잔잔한 바다에 정박하고 있던 거대한 배가 바람을 찾아 갑자기 힘찬 항해를 시작하는 것에 비유를 하고 있다. '선원들이 제 자리를 찾는 것'은 자기 역할을 수행하기 위해 움직이는 것으로 시를 창조하는 과정에 비유를 하자면 강세가 일정한 위치에 오도록 단어들이 배열되며 또 각운들이 서로 짝을 찾아 움직이는 것과 동일하다. 그러기에 이 은유는 대단히 강력하고 신선하다.

제 자리를 다 찾은 단어와 표현들이 이제는 '힘찬 항해' 즉 시의 주제적인 차원에서의 완성을 향해 내달음을 시작하는 것이다. 언어의 파도에서 한 편의 시가 일사분란하게 또 필요 없는 단어들의 방해를 거침없이 헤치며 앞으로 나가는 모습이다.

늦가을에 화자의 정신적인 상태와 시를 완성할 수 있는 모든 조건이 죽기 직전의 폐병 소녀의 마지막 아름다움처럼 그 마지막 미를 추구하고 완성되고 있는 것이다. 소녀는 죽을 운명이다. 늦가을 역시 겨울에 그 자리를 내 줘야한다. 그러나 시인에 의해 완성된 시적 아름다움은 영원히 남는다. 자연의 변화하는 한 순간을 통해 영원히 아름다운 한 편의 시를 창조해내는 순간이다.

제12연

창조의 상태가 절정에 달했다. 이제 이 시는 어떤 식으로 결론을 맺을지 화자 자신도 또는 시인도 모를 일이다. 그러기에 이 연은 완성되지 못하고 첫 행의 반구만 쓰였다. 이제 막 항해를 시작한 시의 창작이 어떻게 결론을 맺을지 모르기 때문에 다음과 같이 외친다. "항해를 하고 있다. 그런데 우리는 어디로 항해를 해야 하는가?..." 첫 행의 후반부가 생략되고 그 이후 모든 행이 다 생략되어 있다.

화자의 이러한 수사적 질문에는 독자의 심성에 따른 모든 종류의 설명이 다 해답이 될 것이다. 예를 들면, 이 시의 처음으로 되돌아가 모든 계절에 대한 화자의 감정과 태도를 다시 논하고 늦가을에 이르면 또 다른 차원의 정신적 활동 즉 새로운 다른 시를 한 편 더 쓰는 것 역시 지금 막 항해를 시작한 이 시의 항해 목적지가 될 수 있을 것이다. 이렇게 하여 이 늦가을에 화자가 쓰게 될 모든 시들이 창작되는 모든 과정은 계속적으로 반복될 것임을 암시하기에 반행만 쓰고 있다.

생략을 하고 있는 그 자체로 이 연 혹은 이 시의 완성은 아직 멀었다고 할 것이다. 그러나 다른 측면에서 생각하여 생략을 함으로 시 한 편의 창작 과정을 끊임없이 계속해서 반복해야 한다는 당위성에 동의를 한다면 또 다른 차원의 천재적 완성을 기하고 있다고도 할 것이다.

***

Exegi monumentum (Я воздвиг памятник) (лат.)

Я памятник себе воздвиг нерукотворный,
К нему не зарастет народная тропа,
Вознесся выше он главою непокорной
Александрийского столпа.

Нет, весь я не умру — душа в заветной лире
Мой прах переживет и тленья убежит —
И славен буду я, доколь в подлунном мире
Жив будет хоть один пиит.

Слух обо мне пройдет по всей Руси великой,
И назовет меня всяк сущий в ней язык,
И гордый внук славян, и финн, и ныне дикой
Тунгус, и друг степей калмык.

И долго буду тем любезен я народу,
Что чувства добрые я лирой пробуждал,
Что в мой жестокий век восславил я Свободу
И милость к падшим призывал.

Веленью божию, о муза, будь послушна,
Обиды не страшась, не требуя венца,
Хвалу и клевету приемли равнодушно
И не оспоривай глупца.

(1836)

시행의 길이가 길기 때문에 율격과 각운 표기를 아래에 한다.

_ ⊥ _ o̲ _ ⊥ _ ⊥ _ o̲ _ ⊥ _
_ ⊥ _ o̲ _ ⊥ _ ⊥ _ o̲ _ ⊥
_ ⊥ _ ⊥ _ ⊥ _ ⊥ _ o̲ _ ⊥ _
_ o̲ _ ⊥ _ o̲ _ ⊥

⟍ ⊥ _ o̲ _ ⊥ _ ⊥ _ ⊥ _ ⊥ _
_ ⊥ _ o̲ _ ⊥ _ ⊥ _ o̲ _ ⊥
_ ⊥ _ ⊥ _ ⊥ _ ⊥ _ ⊥ _ ⊥ _
⟍ ⊥ _ ⊥ _ ⊥ _ ⊥

⟍ ⊥ _ o̲ _ ⊥ _ ⊥ _ ⊥ _ ⊥ _
_ o̲ _ ⊥ _ ⊥ ⟍ ⊥ _ ⊥ _ ⊥
_ ⊥ _ ⊥ _ ⊥ _ ⊥ _ ⊥ _ ⊥ _
_ ⊥ _ ⊥ _ ⊥ _ ⊥

_ ⊥ _ ⊥ _ ⊥ _ ⊥ _ ⊥ _ ⊥ _
_ ⊥ _ ⊥ _ o̲ _ ⊥ _ o̲ _ ⊥
_ ⊥ _ ⊥ _ ⊥ _ ⊥ _ ⊥ _ ⊥ _
_ ⊥ _ ⊥ _ o̲ _ ⊥

_ ⊥ _ ⊥ _ o̲ _ ⊥ _ ⊥ _ ⊥ _
_ ⊥ _ o̲ _ ⊥ _ ⊥ _ o̲ _ ⊥
_ ⊥ _ o̲ _ ⊥ _ ⊥ _ o̲ _ ⊥ _
_ ⊥ _ ⊥ _ o̲ _ ⊥

감 상

시작법

4행이 한 연을 이루고 있으며 처음 3행은 약강격 6음보, 마지막 행은 약강격 4음보의 특이한 조합 형태를 띠고 있다.

여섯 번째 음절 다음에 행간 휴지부가 있어 12음절 혹은 13음절로 구성된 긴 행의 숨을 쉬었다 가게 하는 역할을 하고 있다.

각운은 여성 운과 남성 운이 교차하고 있다.

제사/제목

자칫 이 시의 제목으로 오인을 받는 것이 바로 이 제사이다. 이 제사는 라틴어로 "나는 기념비를 세웠다"의 의미이다. 제사로 사용되고 있는 이 글은 그리스의 시인 호레이스(Horace)가 쓴 시의 제목이며 러시아에서는 데르자빈이 같은 제목으로 쓴 시가 있다. 따라서 이 세 시인의 시에는 간 텍스트 성(Intertextuality)이 형성되므로 비교해서 읽어도 흥미가 있다. 결론적으로 이 시는 제목이 없이 집필 된 시이다.

제1연

첫 연을 분석하기에 앞서 이 시는 푸시킨이 결투에서 죽기 바로 전 해에 집필되었다는 사실을 지적하고자 한다. 결과론적일 수도 있겠으나 푸시킨은 이 시를 씀으로 마치 자기의 죽음을 예견하고 있었던 것처럼 보인다. 갑작스러운 죽음인 결투가 이전에 한 번도 없었던 것도 아니며 또한 단테스(d'Anthes)와의 관계가 악화와 호전이 있었던 상황이어서 꼭 이 시 집필 다음해인 1837년의 결투로 푸시킨이 죽으리라는 개연성은 없었다. 그럼에도 불구하고 이 시를 남김으로 푸시킨은 문자 그대로 절대 명성 즉 그 어떤 것으로도 흠집을 낼 수 없는 그런 문학적 기념비를 남기게 되었다.

그런 시의 첫 행이 “나는 나 스스로에게 인간의 손으로 만들지 않은 기념비를 세웠다.”라는 내용이다. 위의 제사로 활용된 것과 내용이 크게 차이나지 않는 것으로 오해할 수 있으나 사실은 근본적인 차이가 있다. 이것이 바로 푸시킨의 이 시와 호레이스 혹은 데르자빈의 시와 변별성을 띠게 되는 부분이다. 즉 푸시킨이 세운 기념비는 ‘인간의 손으로 만든 것이 아닌’ 기념비이다. 호레이스나 데르자빈이 세운 기념비는 인간에 의해 세워진 기념비이다. 그러나 푸시킨의 기념비는 인간의 능력을 초월하는 그런 기념비이다. 물론, 어차피 인간인 푸시킨의 모든 문학적 업적 자체를 그가 세운 기념비로 이해할 때 이 기념비 역시 인간에 의해 세워진 것이라고 주장할 수도 있다. 그러나 문학에서 작가가, 혹은 시인이 즉 푸시킨이 자신의 문학 업적을 스스로 평가하면서 인간의 영역을 벗어나는 정도로 평가하고 있음은 오히려 긍정적으로 보인다. 당대 푸시킨의 역할이나 위치 그리고 그의 사후 러시아 문학에서 그의 위치 등 러시아 문학과 관련된 모든 것을 고려해 보아도 이는 지나치다고 하기보다는 오히려 정당하다는 것이 더 옳다고 사료된다.

두 번째 행에서는 “이 기념비로 가는 길에는 잡초가 자라지 않을 것이다.”라고 단정하고 있다. 간단히 말해 사람들이 끊임없이 이 기념비를 찾아 올 것이므로 그곳으로 향하는 길에는 잡초가 자랄 시간이 없을 것을 예견하고 있다. 사람들은 인간의 손으로 만들어지지 않은 기념비가 어떤 것인가를 보기 위해 끊임없이 이 기념비를 보러 올 것이다. 이 주장은 그의 사후 171년이 지난

2008년 현재도 현실적으로 증명이 되고 있다. 전 세계의 러시아 전공자들이나 문학 애호가들은 여전히 푸시킨의 문학 작품을 읽고 있다. 이것이 바로 그의 기념비를 찾고 있는 사람들이다.

첫 연의 마지막 두 행은 한 문장임으로 동시에 분석을 하는 것이 좋다. 이 두 문장의 내용은 "이 기념비는 숙일 줄 모르는 머리로 알렉산더 탑보다도 더 높이 올라갔다."이다. 자기 자신보다 더 뛰어난 것이나 사람에게는 머리를 숙여 예를 갖추는 것이 통상적이다. 그런데 푸시킨이 세운 이 기념비는 그 어떤 것에도 그 어떤 사람에게도 머리를 숙일 필요가 없다. 왜냐하면 이 기념비보다 더 뛰어난 것이 없고 더 뛰어난 기념비를 세운 사람이 없기 때문이다. 여기에서 비교가 되고 있는 하나의 구상물이 있는데 그것은 알렉산더 탑이다.

알렉산더 탑은 1834년 러시아 상트페테르부르크의 겨울궁전 혹은 에르미타주 앞에 있는 광장인 궁전광장에 세워졌다. 이 탑을 설계한 건축가는 오귀스트 리샤르 몽페랑이었다. 이 탑은 황제 니콜라이 I세가 그의 형인 황제 알렉산더 I세가 나폴레옹과의 전쟁에서 승리한 것을 기념하기 위해 세운 것이다. 이 기념비는 사각형의 받침대 위에 장밋빛 대리석으로 둥근 기둥을 세우고 꼭대기에는 황제 알렉산더 I세의 얼굴을 한 천사가 왼 손으로 십자가를 잡고 있고 오른손으로는 하늘을 가리키는

알렉산더 탑

형상의 조각이 있다. 이 조각은 오를로프스키의 작품이다. 이 탑의 높이는 47.5미터이며 둘레는 3.66미터이다. 또한 탑의 몸체 부분의 무게만 해도 600톤 정도라고 알려져 있다. 이 탑을 이렇게 장황하게 소개하는 이유는 이 탑이 당대 문명세계 즉 프랑스, 영국, 독일, 이탈리아를 통 털어서 인간이 만든 구조물 중에 가장 높은 것이었음을 강조하기 위함이다. 푸시킨이 자신이 세운 기념비를 설명하기 위해 독자들에게 구체적인 사물을 제시함으로 그 위용을 드러내고자 했을 것이다. 사실, 알렉산더 기념비를 세우는데 군인이 2,000명이 동원되었으며 항용 일을 한 노동자가 400명이었다. 그리고 이 기념비가 완공되자 상트페테르부르크 사람들은 이 탑이 무너지지 않을까 걱정을 했다. 그래서 설계자인 몽페랑은 매일 그의 산책을 이 기념비 밑을 도는 것으로 시작했는데 거의 죽기 직전까지 계속했다고 한다. 이 탑이 동시대인들에게 준 인상이 그런 정도였으니 푸시킨이 활용할 만도 했다.

제2연

이 연의 첫 두 행은 푸시킨이 자기 존재의 영원성에 대한 주장을 펴고 있다. '죽지 않을 것'을 주장하고 있는데 이는 육체적인 죽음을 논하는 것이 아니다. 그래서 죽지 않겠다고 한 다음 곧바로 자신의 영혼은 '신성한 서정시 속에 남아 있을 것'이라고 한다. 그리고 육체의 죽음이 아님을 증명하려는 듯 '자기의 재가 살아남고 자신에게 있어서는 썩는 일도 없다는 것'을 강변한다. 여전히 육체적인 죽음이 전제된 이상 그 자체를 부정할 수는 없고 존재가 다른 차원에서 영원하리라는 것을 설하고 있으므로 육체적인 죽음과 문학적인 명성과 존재 가치의 죽음이 차원이다름을 제시하고 있다.

그 한 형태로 자신의 존재가 영원하게 될 모습과 전제를 이 연의 나머지 두 행에서 하고 있다. 우선, 자신의 존재 형태는 "나는 칭송을 받게 될 것이다." 칭송을 받음으로 사람들의 마음속에 존재하며 그 존재 양식 역시 비난의 대상이 아니라 칭송의 대상이 될 것임을 예측하고 주장한다. 그런데 이렇게 칭송 받는 존재로 남아있기 위한 전제가 있다. 그것은 "달 아래 세상에 단 한 사람의 시인이라도 살아 있게 된다면"이다. 앞으로 인류가 살아남고 그 중에 시인이 한 사람만 있게 된다고 해도 푸시킨은 그 시인에 의해 칭송을 받게 될 것이라는 주장이다. 그 한 시인은 푸시킨을 위대하다 칭송을 할 것이고 또 푸시킨을 흉내 내기 위해 노력할 것을 당연시 하고 있다. 그러므로 푸시킨은 그 시인의 마음속에, 그 시인의 시 속에 그리고 그 시를 읽는 모든 독자들의 마음속에 존재하게 된다.

제3연

이 연에서는 푸시킨이 자신의 명성에 대한 주장을 펴고 있다. 크게 두 가지로 첫째는 자기에 대한 소문이 전 러시아에 퍼질 것이고, 둘째는 러시아에 사는 모든 종족들이 자기를 부르게 될 것이라는 주장이다. "위대한 러시아 전 지역을 따라 나에 대한 소문은 퍼질 것이며/러시아에 존재하는 모든 언어들이 나를 부를 것이다, 자랑스러운 슬라브의 자손들, 핀 족, 그리고 지금은 야만족인 퉁구스, 그리고 스텝의 친구인 칼미크 족." 한 마디로 말해 러시아에 사는 사람은 시간을 초월하여 모두가 자기의 문학 작품을 읽게 될 것을 예견하고 있다. 그리고 그의 이런 예견은 지금도 여전히 현실로 나타나고 있음은 부정의 여지가 없는 사실이다. 인종이나 그에 따른 언어의 장벽을 넘고 거대한 러시아라는 공간 전역을 통해 자신의 명성이 자자할 것을 확신하고 있는 시인의 위대함을 여실히 보여주고 있다.

제4연

제2연에서 죽지 않을 것과 칭송을 받게 될 것을 주장하고 제3연에서는 자신에 대한 소문이 퍼질 것과 모든 인종이 자기를 부르게 될 것을 주장했다. 이런 주장에 이어 이 연에서는 자기가 사람들에게 사랑받게 될 것을 주장하고 있다. "그리고 나는 민중에 의해 오랫동안 사랑받을 것이다." 그가 민중의 사랑을 받게 될 이유를 세 개 들고 있다. 첫 번째 것은 "서정시로 선량한 감정을 불러일으킨 것에 대하여"이다. 자신이 쓴 시로 사람들의 마음속에 선한 감정을 불러일으켰다는 것이다. 사람을 변화시키기가 얼마나 어려운 일인가를 염두에 두고 이 말을 곱씹어보면 푸시킨 서정시의 위대함은 측량하기조차 어려운 일이 될 것이다.

사람들에게서 사랑받게 될 두 번째 이유는 "그리고 나의 잔인한 시기에 내가 자유를 구가한 것에 대하여"이다. 푸시킨이 쓴 시의 주제는 사랑, 인생, 사회, 정치, 역사, 철학 등 모든 분야를 다 망라하고 있다. 그 중 자유를 구가한 시는 그야말로 "펜이 칼보다 강하다"는 말을 여실히 증명하는 막강한 힘을 지닌 시이다. 당대 푸시킨의 자유를 구가한 시가 얼마나 무시무시한 것이었는가 하는 것은 푸시킨이 추방을 당하기도 하고 황제로부터 직접적인 모욕을 당하기도 했고 급기야는 황제 자신이 푸시킨이 쓴 모든 글은 직접 검열을 하겠다고 나설 정도였음을 상기하면 쉽게 짐작할 수 있다. 앞에서 감상을 한 "수인", "바다에게", "단검" 등의 시를 다시 한 번 읽어도 좋을 대목이다.

사람들에게서 사랑받게 될 세 번째 이유는 "그리고 쓰러지는 사람들에 대하여 내가 동정을 불러일으키게 한 것에 대하여"이다. 푸시킨의 시를 읽으면서 얼마나 많은 사람들이 마음의 위안을 받았겠는가! 마음의 상처를 입고 삶에 대한 의욕을 잃은 사람들, 사랑에 실패한 사람들, 정치적으로 자유를 빼앗긴 사람들, 경제적으로 어려움을 겪고 더 이상은 살 가치가 없다고 절망한 사람들, 삶의 무게를 견디지 못하는 사람들에게 푸시킨의 시는 희망 그 자체이다. 따라서 어떤 형태로든 살면서 마음의 상처를 입은 사람들은 푸시킨의 시를 찾게 되어 있다. "인생의 짐마차", "삶이 그대를 속일지라도..." 등의 시를 상기해 보면 쉽게 이해할 수 있고 동의할 수 있는 구절이다.

제5연

마지막 연에서는 푸시킨의 자기 시의 여신과 대화를 나누고 있는 내용이다. "오! 시의 신이여, 부디 들으소서. 비방을 두려워하지 말고, 왕관을 요구하지도 말고 칭찬도 중상도 무관심하게 받아들여라 그리고 쪼다와는 다투지를 마라." 자기 시의 신을 불러내고 그 다음에는 자기가 하는 얘기를 들어달라고 부탁하고 있다. 이 부탁의 내용 중 첫 번째 것은 '비방을 두려워하지 말고, 왕관을 요구하지도 말라'는 것이다. 대상은 두 가지로 비방과 왕관이며 내용은 '두려워 말라는 것'과 '요구하지 말라는 것'이다. 푸시킨 자신의 문학이나 여타의 것에 대해 비방하는 것을 두려워 말라고 하고 있다. 이는 비방이 있을 것을 전제로 하고 있으며 있게 될 경우를 대비하여 부탁을 하고 있는 것이다. 그리고 왕관 역시 요구를 할 만 하다는 전제가 있는데 그 자체도 요구하지 말라는 것이다. 자연스럽게 생길 것이기도 하려니와 이 지상에서의 왕관 따위에 관심을 두지 말라는 부탁이기도 하다.

계속해서 같은 논리로 '칭찬과 중상을 무관심하게 받아들이라'고 부탁하고 있다. 즉 칭찬도 있을 것이고 비방도 있을 것이라는 것을 시인은 다 예견하고 있다는 것이 증명되는 부분이다. 그 어떤 경우에도 치우침이 있어서는 안 될 것임을 경고하고 있다. 칭찬한다고 해서 우쭐해 할 일도 아니며 중상을 한다고 해서 마음의 상처를 입어서도 안 된다는 것이다. 이러한 부탁을 하고 있는 대상이 푸시킨 자신의 시신(詩神)이다. 따라서 푸시킨의 시에 관한 인생살이의 긍정적인 왕관과 칭찬이든, 부정적인 비방과 중상이든 모두가 다 해당 사항이 없다는 뜻이다. 즉 푸시킨의 시는 이런 세속적 판단의 기준을 초월한다는 것을 말하고 있다.

그렇기 때문에 이 시의 마지막 행에서 마침표를 찍고 있다. "그리고 쪼다와는 다투지 말라." 사실 이 시구는 러시아의 전문 낭송 가들이 낭송을 한 것을 잘 들어보면 아주 속삭이듯 낭송한다. 다른 부분의 내용이 강력하고 주장하는 것이기에 힘차고 자신 있게 낭송하는 것에 비해 이 시구의 내용은 하도 하잘 것 없는 일로 이해되기 때문에 속삭이듯 읽는다. 즉 푸시킨의 문학에 대해 이러쿵저러쿵 말을 하는 것 자체가 쪼다스러운 일이며 그렇게 하는 사람은 모두가 다 쪼다가 되는 것이다. 그래서 시신에게 쪼다와는 다투지 말라고 부탁을 하고 있다. 쪼다랑 다투는 일을 그렇게 크게 소리칠 필요가 없게 되는 것이다. 큰 소리로 외치는 그 자체 역시 쪼다스러운 일이 될 것이기 때문이다.

이 시를 감상하는 모두에서도 언급했듯이 푸시킨은 자신의 죽음을 정확히 예견했고 그에 따른 자신의 문학적 업적을 이 시에서 자평하고 있다. 자못 과장된 것 아닐까 하는 의구심이 들겠지만, 푸시킨의 문학을 연구하고 즐기면 즐길수록 그의 주장은 전혀 넘치지 않을 뿐더러 오히려 정도가 더 높아져도 아무런 문제가 없음을 느끼게 된다. 푸시킨의 생애나, 생김새, 여성 편력 등 그 어떤 것을 가지고 그를 폄하하려고 해도 그의 문학적 위대함에는 단 하나의 흠집도 생기지 않을 것임을 주장하고 있고 또 실제로 그러함을 증명해 보인 시이다.

부록 I (본문 및 강세 패턴)

Пирующие студенты

I

Друзья! досужный час настал;	_ ⊥ _ ⊥ _ ⊥ _ ⊥
Всё тихо, всё в покое;	╲ ⊥ _ ⊥ _ ⊥ _
Скорее скатерть и бокал!	_ ⊥ _ ⊥ _ ○ _ ⊥
Сюда, вино златое!	_ ⊥ _ ⊥ _ ⊥ _
Шипи, шампанское, в стекле	_ ⊥ _ ⊥ _ ○ _ ⊥
Друзья, почто же с Кантом	_ ⊥ _ ⊥ _ ⊥ _
Сенека, Тацит на столе,	_ ⊥ _ ⊥ _ ○ _ ⊥
Фольянт над фолиантом?	_ ⊥ _ ○ _ ⊥ _
Под стол холодных мудрецов,	_ ⊥ _ ⊥ _ ○ _ ⊥
Мы полем овладеем;	_ ⊥ _ ○ _ ⊥ _
Под стол ученых дураков?	_ ⊥ _ ⊥ _ ○ _ ⊥
Без них мы пить умеем.	_ ⊥ _ ⊥ _ ⊥ _

II

Ужели трезвого найдем	_ ⊥ _ ⊥ _ ○ _ ⊥
За скатертью студента?	_ ⊥ _ ○ _ ⊥ _
На всякий случай изберем	_ ⊥ _ ⊥ _ ○ _ ⊥
Скорее президента.	_ ⊥ _ ○ _ ⊥ _
В награду пьяным — он нальет	_ ⊥ _ ⊥ _ ⊥ _ ⊥
И пунш и грог душистый,	_ ⊥ _ ⊥ _ ⊥ _
А вам, спартанцы, поднесет	_ ⊥ _ ⊥ _ ○ _ ⊥
Воды в стакане чистой!	_ ⊥ _ ⊥ _ ⊥ _
Апостол неги и прохлад,	_ ⊥ _ ⊥ _ ○ _ ⊥
Мой добрый Галич, vale!	_ ⊥ _ ⊥ _ ⊥ _
Ты Эпикуров младший брат,	_ ○ _ ⊥ _ ⊥ _ ⊥
Душа твоя в бокале.	_ ⊥ _ ⊥ _ ⊥ _

Главу венками убери, _ ⊥ _ ⊥ _ ○ _ ⊥
　　Будь нашим президентом, \ ⊥ _ ○ _ ⊥ _
И станут самые цари _ ⊥ _ ⊥ _ ○ _ ⊥
　　Завидовать студентам. _ ⊥ _ ○ _ ⊥ _

III

Дай руку, Дельвиг! что ты спишь? \ ⊥ _ ⊥ _ ⊥ _ ⊥
　　Проснись, ленивец сонный! _ ⊥ _ ⊥ _ ⊥ _
Ты не под кафедрой сидишь, _ ○ _ ⊥ _ ○ _ ⊥
　　Латынью усыпленный. _ ⊥ _ ○ _ ⊥ _
Взгляни: здесь круг твоих друзей; _ ⊥ _ ⊥ _ ⊥ _ ⊥
　　Бутыль винем налита, _ ⊥ _ ⊥ _ ⊥ _
За здравье нашей музы пей, _ ⊥ _ ⊥ _ ⊥ _ ⊥
　　Парнасский волокита. _ ⊥ _ ○ _ ⊥ _
Остряк любезный, по рукам! _ ⊥ _ ⊥ _ ○ _ ⊥
　　Полней бокал досуга! _ ⊥ _ ⊥ _ ⊥ _
И вылей сотню эпиграмм _ ⊥ _ ⊥ _ ○ _ ⊥
　　На недруга и друга. _ ⊥ _ ○ _ ⊥ _

IV

А ты, красавец молодой, _ ⊥ _ ⊥ _ ○ _ ⊥
　　Сиятельный повеса! _ ⊥ _ ○ _ ⊥ _
Ты будешь Вакха жрец лихой, _ ⊥ _ ⊥ _ ⊥ _ ⊥
　　На прочее — завеса! _ ⊥ _ ○ _ ⊥ _
Хотя студент, хотя я пьян, _ ⊥ _ ⊥ _ ⊥ _ ⊥
　　Но скромность почитаю; _ ⊥ _ ○ _ ⊥ _
Придвинь же пенистый стакан, _ ⊥ _ ⊥ _ ○ _ ⊥
　　На брань благословляю. _ ⊥ _ ○ _ ⊥ _

V

Товарищ милый, друг прямой,	_ ⊥ _ ⊥ _ ⊥ _ ⊥
Тряхнем рукою руку,	_ ⊥ _ ⊥ _ ⊥ _
Оставим в чаше круговой	_ ⊥ _ ⊥ _ ○ _ ⊥
Педантам сродну скуку:	_ ⊥ _ ⊥ _ ⊥ _
Не в первый раз мы вместе пьем,	_ ⊥ _ ⊥ _ ⊥ _ ⊥
Нередко и бранимся,	_ ⊥ _ ○ _ ⊥ _
Но чашу дружества нальем –	_ ⊥ _ ⊥ _ ○ _ ⊥
И тотчас помиримся.	_ ⊥ _ ○ _ ⊥ _

VI

А ты, который с детских лет	_ ⊥ _ ⊥ _ ⊥ _ ⊥
Одним весельем дышишь,	_ ⊥ _ ⊥ _ ⊥ _
Забавный, право, ты поэт,	_ ⊥ _ ⊥ _ ⊥ _ ⊥
Хоть плохо басни пишешь;	_ ⊥ _ ⊥ _ ⊥ _
С тобой тасуюсь без чинов,	_ ⊥ _ ⊥ _ ○ _ ⊥
Люблю тебя душою,	_ ⊥ _ ⊥ _ ⊥ _
Наполни кружку до краев, –	_ ⊥ _ ⊥ _ ○ _ ⊥
Рассудок! бог с тобою!	_ ⊥ _ ⊥ _ ⊥ _

VII

А ты, повеса из повес,	_ ⊥ _ ⊥ _ ○ _ ⊥
На шалости рожденный,	_ ⊥ _ ○ _ ⊥ _
Удалый хват, головорез,	_ ⊥ _ ⊥ _ ○ _ ⊥
Приятель задушевный,	_ ⊥ _ ○ _ ⊥ _
Бутылки, рюмки разобьем	_ ⊥ _ ⊥ _ ○ _ ⊥
За здравие Платова,	_ ⊥ _ ○ _ ⊥ _
В казачью шапку пунш нальем –	_ ⊥ _ ⊥ _ ⊥ _ ⊥
И пить давайте снова!..	_ ⊥ _ ⊥ _ ⊥ _

VIII

Приближься, милый наш певец,	_ ⊥ _ ⊥ _ ⊥ _ ⊥
Любимый Аполлоном!	_ ⊥ _ ○ _ ⊥ _
Воспой властителя сердец	_ ⊥ _ ⊥ _ ○ _ ⊥
Гитары тихим звоном.	_ ⊥ _ ⊥ _ ⊥ _
Как сладостно в стесненну грудь	_ ⊥ _ ○ _ ⊥ _ ⊥
Томленье звуков льется!..	_ ⊥ _ ⊥ _ ⊥ _
Но мне ли страстью воздохнуть?	_ ⊥ _ ⊥ _ ○ _ ⊥
Нет! пьяный лишь смеется!	\ ⊥ _ ○ _ ⊥ _

IX

Не лучше ль, Роде записной,	_ ⊥ _ ⊥ _ ○ _ ⊥
В честь Вакховой станицы	\ ⊥ _ ○ _ ⊥ _
Теперь скрыпеть тебе струной	_ ⊥ _ ⊥ _ ⊥ _ ⊥
Расстроенной скрыпицы?	_ ⊥ _ ○ _ ⊥ _
Запойте хором, господа,	_ ⊥ _ ⊥ _ ○ _ ⊥
Нет нужды, что нескладно;	_ ⊥ _ ⊥ _ ⊥ _
Охрипли? – это не беда:	_ ⊥ _ ⊥ _ ○ _ ⊥
Для пьяных всё ведь ладно!	_ ⊥ _ ⊥ _ ⊥ _

X

Но что?.. я вижу всё вдвоем;	_ ⊥ _ ⊥ _ ⊥ _ ⊥
Двоится штоф с араком;	_ ⊥ _ ⊥ _ ⊥ _
Вся комната пошла кругом;	_ ⊥ _ ○ _ ⊥ _ ⊥
Покрылись очи мраком...	_ ⊥ _ ⊥ _ ⊥ _
Где вы, товарищи? где я?	_ ⊥ _ ⊥ _ ○ _ ⊥
Скажите, Вакха ради...	_ ⊥ _ ⊥ _ ⊥ _
Вы дремлете, мои друзья,	_ ⊥ _ ○ _ ⊥ _ ⊥

Склоновшись на тетради...	_ ⊥ _ ○ _ ⊥ _
Писатель за свои грехи!	_ ⊥ _ ○ _ ⊥ _ ⊥
Ты с виду всех трезвее;	_ ⊥ _ ⊥ _ ⊥ _
Вильгельм, прочти свои стихи,	_ ⊥ _ ⊥ _ ⊥ _ ⊥
Чтоб мне заснуть скорее.	_ ⊥ _ ⊥ _ ⊥ _

(1814)

Кинжал

I

Лемносский бог тебя сковал
Для рук бессмертной Немезиды,
Свободы тайный страж, карающий кинжал,
Последний судия позора и обиды.

_ ⊥ _ ⊥ _ ⊥ _ ⊥
_ ⊥ _ ⊥ _ ○ _ ⊥ _
_ ⊥ _ ⊥ _ ⊥ _ ⊥ _ ○ _ ⊥
_ ⊥ _ ⊥ _ ○ _ ⊥ _ ○ _ ⊥ _

II

Где Зевса гром молчит, где дремлет меч закона,
Свершитель ты проклятий и надежд,
Ты кроешься под сенью трона,
Под блеском праздничных одежд.

_ ⊥ _ ⊥ _ ⊥ _ ⊥ _ ⊥ _ ⊥ _
_ ⊥ _ ⊥ _ ⊥ _ ○ _ ⊥
_ ⊥ _ ○ _ ⊥ _ ⊥ _
_ ⊥ _ ⊥ _ ○ _ ⊥

III

Как адский луч, как молния богов,
Немое лезвие злодею в очи блещет,
И, озираясь, он трепещет
Среди своих пиров.

_ ⊥ _ ⊥ _ ⊥ _ ○ _ ⊥
_ ⊥ _ ⊥ _ ○ _ ⊥ _ ⊥ _ ⊥

_ ○ _ ⊥ _ ⊥ _ ⊥ _
_ ⊥ _ ⊥ _ ⊥

IV

Везде его найдет удар нежданный твой:
На суше, на морях, во храме, под шатрами,
За потаенными замками,
На ложе сна, в семье родной.

_ ⊥ _ ⊥ _ ⊥ _ ⊥ _ ⊥ _ ⊥
_ ⊥ _ ○ _ ⊥ _ ⊥ _ ○ _ ⊥ _
_ ○ _ ⊥ _ ○ _ ⊥ _
_ ⊥ _ ⊥ _ ⊥ _ ⊥

V

Шумит под Кесарем заветный Рубикон,
Державный Рим упал, главой поник закон;
Но Брут восстал вольнолюбивый:
Ты Кесаря сразил — и, мертв, объемлет он
Помпея мрамор горделивый.

_ ⊥ _ ⊥ _ ○ _ ⊥ _ ○ _ ⊥
_ ⊥ _ ⊥ _ ⊥ _ ⊥ _ ⊥ _ ⊥
_ ⊥ _ ⊥ _ ○ _ ⊥ _
_ ⊥ _ ○ _ ⊥ _ ⊥ _ ⊥ _ ⊥
_ ⊥ _ ⊥ _ ○ _ ⊥ _

VI

Исчадье мятежей подъемлет злобный крик:
Презренный, мрачный и кровавый,
Над трупом вольности безглавой

Палач уродливый возник.

_ ⊥ _ ○ _ ⊥ _ ⊥ _ ⊥ _ ⊥
_ ⊥ _ ⊥ _ ○ _ ⊥ _
_ ⊥ _ ⊥ _ ○ _ ⊥ _
_ ⊥ _ ⊥ _ ○ _ ⊥

VII

Апостол гибели, усталому Аиду
Перстом он жертвы назначал,
Но вышний суд ему послал
Тебя и деву Эвмениду.

_ ⊥ _ ⊥ _ ○ _ ⊥ _ ○ _ ⊥ _
_ ⊥ _ ⊥ _ ○ _ ⊥
_ ⊥ _ ⊥ _ ○ _ ⊥
_ ⊥ _ ⊥ _ ○ _ ⊥ _

VIII

О юный праведник, избранник роковой,
О Занд, твой век угас на плахе;
Но добродетели святой
Остался глаз в казненном прахе.

_ ⊥ _ ⊥ _ ○ _ ⊥ _ ○ _ ⊥
_ ⊥ _ ⊥ _ ⊥ _ ⊥ _
_ ○ _ ⊥ _ ○ _ ⊥
_ ⊥ _ ⊥ _ ⊥ _ ⊥ _

IX

В твоей Германии ты вечной тенью стал,
Грозя бедой преступной силе –

И на торжественной могиле

Горит без надписи кинжал.

(1821)

_ ⊥ _ ⊥ _ o _ ⊥ _ ⊥ _ ⊥

_ ⊥ _ ⊥ _ ⊥ _ ⊥ _

_ o _ ⊥ _ o _ ⊥ _

_ ⊥ _ ⊥ _ o _ ⊥

Узник

Сижу за решеткой в темнице сырой.
Вскормленный в неволе орел молодой,
Мой грустный товарищ, махая крылом,
Кровавую пищу клюет под окном,
_ ⊥ _ _ ⊥ _ _ ⊥ _ _ ⊥
_ ⊥ _ _ ⊥ _ _ ⊥ _ _ ⊥
_ ⊥ _ _ ⊥ _ _ ⊥ _ _ ⊥
_ ⊥ _ _ ⊥ _ _ ⊥ _ _ ⊥

Клюет, и бросает, и смотрит в окно,
Как будто со мною задумал одно.
Зовет меня взглядом и криком своим
И вымолвить хочет: <<Давай улетим!
_ ⊥ _ _ ⊥ _ _ ⊥ _ _ ⊥
_ ⊥ _ _ ⊥ _ _ ⊥ _ _ ⊥
_ ⊥ _ _ ⊥ _ _ ⊥ _ _ ⊥
_ ⊥ _ _ ⊥ _ _ ⊥ _ _ ⊥

Мы вольные птицы; пора, брат, пора!
Туда, где за тучей белеет гора,
Туда, где синеют морские края,
Туда, где гуляем лишь ветер... да я!>>
(1822)
_ ⊥ _ _ ⊥ _ _ ⊥ \ _ ⊥
_ ⊥ _ _ ⊥ _ _ ⊥ _ _ ⊥
_ ⊥ _ _ ⊥ _ _ ⊥ _ _ ⊥
_ ⊥ _ _ ⊥ _ _ ⊥ _ _ ⊥

Телега жизни

Хоть тяжело подчас в ней бремя,	_ ○ _ ⊥ _ ⊥ _ ⊥ _
Телега на ходу легка;	_ ⊥ _ ○ _ ⊥ _ ⊥
Ямщик лихой, седое время,	_ ⊥ _ ⊥ _ ⊥ _ ⊥ _
Везет, не слезет с облучка.	_ ⊥ _ ⊥ _ ○ _ ⊥
С утра садимся мы в телегу;	_ ⊥ _ ⊥ _ ⊥ _ ⊥ _
Мы рады голову сломать	_ ⊥ _ ⊥ _ ○ _ ⊥
И, презирая лень и негу,	_ ○ _ ⊥ _ ⊥ _ ⊥ _
Кричим: пошел!	_ ⊥ _ ⊥
Но в полдень нет уж той отваги;	_ ⊥ _ ⊥ _ ⊥ _ ⊥ _
Порастрясло нас; нам страшней	_ ⊥ _ ○ _ ⊥ _ ⊥
И косогоры, и овраги;	_ ○ _ ⊥ _ ○ _ ⊥ _
Кричим: полегче, дуралей!	_ ⊥ _ ⊥ _ ○ _ ⊥
Катит по-прежнему телега;	_ ⊥ _ ⊥ _ ○ _ ⊥ _
Под вечер мы привыкли к ней	_ ⊥ _ ⊥ _ ⊥ _ ⊥
И дремля едем до ночлега –	_ ⊥ _ ⊥ _ ○ _ ⊥ _
А время гонит лошадей.	_ ⊥ _ ⊥ _ ○ _ ⊥

(1823)

К морю

I

Прощай, свободная стихия!
В последний раз передо мной
Ты катишь волны голубые
И блещешь гордою красой.

_ ⊥ _ ⊥ _ ○ _ ⊥ _
_ ⊥ _ ⊥ _ ○ _ ⊥
\ ⊥ _ ⊥ _ ○ _ ⊥ _
_ ⊥ _ ⊥ _ ○ _ ⊥

II

Как друга ропот заунывный,
Как зов его в прощальный час,
Твой грустный шум, твой шум призывный
Услышал я в последний раз.

_ ⊥ _ ⊥ _ ○ _ ⊥ _
_ ⊥ _ ⊥ _ ⊥ _ ⊥
\ ⊥ _ ⊥ _ ⊥ _ ⊥ _
_ ⊥ _ ⊥ _ ⊥ _ ⊥

III

Моей души предел желанный!
Как часто по брегам твоим
Бродил я тихий и туманный,
Заветным умыслом томим!

_ ⊥ _ ⊥ _ ⊥ _ ⊥ _
_ ⊥ _ ○ _ ⊥ _ ⊥

_ ⊥ _ ⊥ _ ○ _ ⊥ _
_ ⊥ _ ⊥ _ ○ _ ⊥

IV

Как я любил твои отзывы,
Глухие звуки, бездны глас,
И тишину в вечерний час,
И своенравные порывы!

_ ⊥ _ ⊥ _ ⊥ _ ⊥ _
_ ⊥ _ ⊥ _ ⊥ _ ⊥
_ ○ _ ⊥ _ ⊥ _ ⊥
_ ○ _ ⊥ _ ○ _ ⊥ _

V

Смиренный парус рыбарей,
Твоею прихотью хранимый,
Скользит отважно средь зыбей:
Но ты взыграл, неодолимый,
И стая тонет кораблей.

_ ⊥ _ ⊥ _ ○ _ ⊥
_ ⊥ _ ⊥ _ ○ _ ⊥ _
_ ⊥ _ ⊥ _ ○ _ ⊥
_ ⊥ _ ⊥ _ ○ _ ⊥ _
_ ⊥ _ ⊥ _ ○ _ ⊥

VI

Не удалось навек оставить
Мне скучный неподвижный брег,
Тебя восторгами поздравить

И по хребтам твоим направить
Мой поэтический побег!
_ ○ _ ⊥ _ ⊥ _ ⊥ _
_ ⊥ _ ○ _ ⊥ _ ⊥
_ ⊥ _ ⊥ _ ○ _ ⊥ _
_ ○ _ ⊥ _ ⊥ _ ⊥ _
_ ○ _ ⊥ _ ○ _ ⊥

VII
Ты ждал, ты звал... я был окован;
Вотще рвалась душа моя:
Могучей страстью очарован,
У берегов остался я...
_ ⊥ _ ⊥ _ ⊥ _ ⊥ _
_ ⊥ _ ⊥ _ ⊥ _ ⊥
_ ⊥ _ ⊥ _ ○ _ ⊥ _
_ ○ _ ⊥ _ ⊥ _ ⊥

VIII
О чем жалеть? Куда бы ныне
Я путь беспечный устремил?
Один предмет в твоей пустыне
Мою бы душу поразил.
_ ⊥ _ ⊥ _ ⊥ _ ⊥ _
_ ⊥ _ ⊥ _ ○ _ ⊥
_ ⊥ _ ⊥ _ ⊥ _ ⊥ _
_ ⊥ _ ⊥ _ ○ _ ⊥

IX

Одна скала, гробница славы...
Там погружались в хладный сон
Воспоминанья величавы:
Там угасал Наполеон.

_ ⊥ _ ⊥ _ ⊥ _ ⊥ _
\ o _ ⊥ _ ⊥ _ ⊥
_ o _ ⊥ _ o _ ⊥ _
\ o _ ⊥ _ o _ ⊥

X

Там он почил среди мучений.
И вслед за ним, как бури шум,
Другой от нас умчался гений,
Другой властитель наших дум.

\ ⊥ _ ⊥ _ o _ ⊥ _
_ ⊥ _ ⊥ _ ⊥ _ ⊥
_ ⊥ _ ⊥ _ ⊥ _ ⊥ _
_ ⊥ _ ⊥ _ ⊥ _ ⊥

XI

Исчез, оплаканный свободой,
Оставя миру свой венец.
Шуми, взволнуйся непогодой:
Он был, о море, твой певец.

_ ⊥ _ ⊥ _ o _ ⊥ _
_ ⊥ _ ⊥ _ ⊥ _ ⊥
_ ⊥ _ ⊥ _ o _ ⊥ _
_ ⊥ _ ⊥ _ ⊥ _ ⊥

XII

Твой образ был на нем означен,
Он духом создан был твоим:
Как ты, могущ, глубок и мрачен,
Как ты, ничем неукротим.

＿ ⊥ ＿ ⊥ ＿ ⊥ ＿ ⊥ ＿
＿ ⊥ ＿ ⊥ ＿ ⊥ ＿ ⊥
＿ ⊥ ＿ ⊥ ＿ ⊥ ＿ ⊥ ＿
＿ ⊥ ＿ ⊥ ＿ ○ ＿ ⊥

XIII

Мир опустел... Теперь куда же
Меня б ты вынес, океан?
Судьба земли повсюду та же:
Где капля блага, там на страже
Уж просвещенье иль тиран.

＼ ○ ＿ ⊥ ＿ ⊥ ＿ ⊥ ＿
＿ ⊥ ＿ ⊥ ＿ ○ ＿ ⊥
＿ ⊥ ＿ ⊥ ＿ ⊥ ＿ ⊥ ＿
＼ ⊥ ＿ ⊥ ＿ ⊥ ＿ ⊥ ＿
＼ ○ ＿ ⊥ ＿ ○ ＿ ⊥

XIV

Прощай же, море! Не забуду
Твоей торжественной красы
И долго, долго слышать буду
Твой гул в вечерние часы.

＿ ⊥ ＿ ⊥ ＿ ○ ＿ ⊥ ＿

_ ⊥ _ ⊥ _ ○ _ ⊥
_ ⊥ _ ⊥ _ ⊥ _ ⊥ _
_ ⊥ _ ⊥ _ ○ _ ⊥

XV

В леса, в пустыни молчаливы
Перенесу, тобою полн,
Твои скалы, твои заливы,
И блеск, и тень, и говор волн.
(1824)

_ ⊥ _ ⊥ _ ○ _ ⊥ _
_ ○ _ ⊥ _ ⊥ _ ⊥
_ ⊥ _ ⊥ _ ⊥ _ ⊥ _
_ ⊥ _ ⊥ _ ⊥ _ ⊥

К***

Я помню чудное мгновенье:	_ ⊥ _ ⊥ _ ○ _ ⊥ _
Передо мной явилась ты,	_ ○ _ ⊥ _ ⊥ _ ⊥
Как мимолетное виденье,	_ ○ _ ⊥ _ ○ _ ⊥ _
Как гений чистой красоты.	_ ⊥ _ ⊥ _ ○ _ ⊥
В томленьях грусти безнадежной,	_ ⊥ _ ⊥ _ ○ _ ⊥ _
В тревогах шумной суеты,	_ ⊥ _ ⊥ _ ○ _ ⊥
Звучал мне долго голос нежный	_ ⊥ _ ⊥ _ ⊥ _ ⊥ _
И снились милые черты.	_ ⊥ _ ⊥ _ ○ _ ⊥
Шли годы. Бурь порыв мятежный	\ ⊥ _ ⊥ _ ⊥ _ ⊥ _
Рассеял прежние мечты,	_ ⊥ _ ⊥ _ ○ _ ⊥
И я забыл твой голос нежный,	_ ⊥ _ ⊥ _ ⊥ _ ⊥ _
Твои небесные черты.	_ ⊥ _ ⊥ _ ○ _ ⊥
В глуши, во мраке заточенья	_ ⊥ _ ⊥ _ ○ _ ⊥ _
Тянулись тихо дни мои	_ ⊥ _ ⊥ _ ⊥ _ ⊥
Без божества, без вдохновенья,	_ ○ _ ⊥ _ ○ _ ⊥ _
Без слез, без жизни, без любви.	_ ⊥ _ ⊥ _ ○ _ ⊥
Душе настало пробужденье:	_ ⊥ _ ⊥ _ ○ _ ⊥ _
И вот опять явилась ты,	_ ⊥ _ ⊥ _ ⊥ _ ⊥
Как мимолетное виденье,	_ ○ _ ⊥ _ ○ _ ⊥ _
Как гений чистой красоты	_ ⊥ _ ⊥ _ ○ _ ⊥
И сердце бьется в упоенье,	_ ⊥ _ ⊥ _ ○ _ ⊥ _
И для него воскресли вновь	_ ○ _ ⊥ _ ⊥ _ ⊥

И божество, и вдохновенье,	ㅡ 으 ㅡ ㅗ ㅡ 으 ㅡ ㅗ ㅡ
И жизнь, и слезы, и любовь.	ㅡ ㅗ ㅡ ㅗ ㅡ 으 ㅡ ㅗ

(1825)

Сожженное письмо

Прощай, письмо любви! прощай: она велела.
Как долго медлил я! как долго не хотела
Рука предать огню все радости мои!..
Но полно, час настал. Гори, письмо любви.
Готов я; ничему душа моя не внемлет.
Уж пламя жадное листы твои приемлет...
Минуту!.. вспыхнули! пылают — легкий дым,
Виясь, теряется с молением моим,
Уж перстня верного утратя впечатленье,
Растопленный сургуч кипит... О провиденье!
Свершилось! Темные свернулися листы;
На легком пепле их заветные черты
Белеют... Грудь моя стеснилась. Пепел милый,
Отрада бедная в судьбе моей унылой,
Останься век со мной на горестной груди...
(1825)

_ ⊥ _ ⊥ _ ⊥ ‖ _ ⊥ _ ⊥ _ ⊥ _
_ ⊥ _ ⊥ _ ⊥ ‖ _ ⊥ _ ○ _ ⊥ _
_ ⊥ _ ⊥ _ ⊥ ‖ _ ⊥ _ ○ _ ⊥
_ ⊥ _ ⊥ _ ⊥ ‖ _ ⊥ _ ⊥ _ ⊥
_ ⊥ _ ○ _ ⊥ ‖ _ ⊥ _ ⊥ _ ⊥ _
_ ⊥ _ ⊥ _ ○ ‖ _ ⊥ _ ⊥ _ ⊥ _
_ ⊥ _ ⊥ _ ○ ‖ _ ⊥ _ ⊥ _ ⊥
_ ⊥ _ ⊥ _ ○ ‖ _ ⊥ _ ○ _ ⊥
_ ⊥ _ ⊥ _ ○ ‖ _ ⊥ _ ○ _ ⊥ _
_ ⊥ _ ○ _ ⊥ ‖ _ ⊥ _ ○ _ ⊥ _
_ ⊥ _ ⊥ _ ○ ‖ _ ⊥ _ ○ _ ⊥

ㅡ ⊥ ㅡ ⊥ ㅡ ⊥‖ ㅡ ⊥ ㅡ 으 ㅡ ⊥

ㅡ ⊥ ㅡ ⊥ ㅡ ⊥‖ ㅡ ⊥ ㅡ ⊥ ㅡ ⊥ ㅡ

ㅡ ⊥ ㅡ ⊥ ㅡ 으‖ ㅡ ⊥ ㅡ ⊥ ㅡ ⊥ ㅡ

ㅡ ⊥ ㅡ ⊥ ㅡ ⊥‖ ㅡ ⊥ ㅡ 으 ㅡ ⊥

***

Если жизнь тебя обманет,	⊥ _ ⊥ _ ⊥ _ ⊥ _
Не печалься, не сердись!	○ _ ⊥ _ ○ _ ⊥
В день уныния смирись:	⊥ _ ⊥ _ ○ _ ⊥
День веселья, верь, настанет.	⊥ _ ⊥ _ ⊥ _ ⊥ _
Сердце в будущем живет;	⊥ _ ⊥ _ ○ _ ⊥
Настоящее уныло:	○ _ ⊥ _ ○ _ ⊥ _
Все мгновенно, все пройдет;	⊥ _ ⊥ _ ⊥ _ ⊥
Что пройдет, то будет мило.	⊥ _ ⊥ _ ⊥ _ ⊥ _

(1825)

Пророк

Духовной жаждою томим,
В пустыне мрачной я влачился, −
И шестикрылый серафим
На перепутье мне явился.
Перстами легкими как сон
Моих зениц коснулся он.
Отверзлись вещие зеницы,
Как у испуганной орлицы.
Моих ушей коснулся он, −
И их наполнил шум и звон:
И внял я неба содроганье,
И горний ангелов полет,
И гад морских подводный ход,
И дольней лозы прозябанье.
И он к устам моим приник,
И вырвал грешный мой язык,
И празднословный и лукавый,
И жало мудрыя змеи
В уста замершие мои
Вложил десницею кровавой.
И он мне грудь рассек мечом,
И сердце трепетное вынул,
И угль, пылающий огнем,
Во грудь отверстую водвинул.
Как труп в пустыне я лежал,
И бога глас ко мне воззвал:
<<Восстань, пророк, и виждь, и внемли,

Исполнись волею моей
И, обходя моря и земли,
Глаголом жги сердца людей>>.
(1826)

_ ⊥ _ ⊥ _ ○ _ ⊥
_ ⊥ _ ⊥ _ ⊥ _ ⊥ _
_ ○ _ ⊥ _ ○ _ ⊥
_ ○ _ ⊥ _ ⊥ _ ⊥ _
_ ⊥ _ ⊥ _ ○ _ ⊥
_ ⊥ _ ⊥ _ ⊥ _ ⊥
_ ⊥ _ ⊥ _ ○ _ ⊥ _
_ ○ _ ⊥ _ ○ _ ⊥ _
_ ⊥ _ ⊥ _ ⊥ _ ⊥
_ ⊥ _ ⊥ _ ⊥ _ ⊥
_ ⊥ _ ⊥ _ ○ _ ⊥ _
_ ⊥ _ ⊥ _ ○ _ ⊥
_ ⊥ _ ⊥ _ ⊥ _ ⊥
_ ⊥ _ ⊥ _ ○ _ ⊥ _
_ ⊥ _ ⊥ _ ⊥ _ ⊥
_ ⊥ _ ⊥ _ ⊥ _ ⊥
_ ○ _ ⊥ _ ○ _ ⊥ _
_ ⊥ _ ⊥ _ ○ _ ⊥
_ ⊥ _ ⊥ _ ○ _ ⊥
_ ⊥ _ ⊥ _ ○ _ ⊥ _
_ ⊥ _ ⊥ _ ⊥ _ ⊥
_ ⊥ _ ⊥ _ ○ _ ⊥
_ ⊥ _ ⊥ _ ○ _ ⊥
_ ⊥ _ ⊥ _ ○ _ ⊥ _

— ⊥ — ⊥ — ⊥ — ⊥

— ⊥ — ⊥ — ⊥ — ⊥

— ⊥ — ⊥ — ⊥ — ⊥ —

— ⊥ — ⊥ — $\underline{\circ}$ — ⊥

— $\underline{\circ}$ — ⊥ — ⊥ — ⊥ —

— ⊥ — ⊥ — ⊥ — ⊥

Ты и вы

Пустое вы сердечным ты　_ ⊥ _ ⊥ _ ⊥ _ ⊥
Она, обмолвясь, заменила　_ ⊥ _ ⊥ _ ○ _ ⊥ _
И все счастливые мечты　_ ⊥ _ ⊥ _ ○ _ ⊥
В душе влюбленной возбудила.　_ ⊥ _ ⊥ _ ○ _ ⊥ _

Пред ней задумчиво стою,　_ ⊥ _ ⊥ _ ○ _ ⊥
Свести очей с нее нет силы;　_ ⊥ _ ⊥ _ ⊥ _ ⊥ _
И говорю ей: как вы милы!　_ ○ _ ⊥ _ ⊥ _ ⊥ _
И мыслю: как тебя люблю!　_ ⊥ _ ⊥ _ ⊥ _ ⊥
(1828)

К***

Я вас любил: любовь еще, быть может,
В душе моей угасла не совсем;
Но пусть она вас больше не тревожит;
Я не хочу печалить вас ничем.
_ ⊥ _ ⊥‖ _ ⊥ _ ⊥ _ ⊥ _
_ ⊥ _ ⊥‖ _ ⊥ _ ○ _ ⊥
_ ⊥ _ ⊥‖ _ ⊥ _ ○ _ ⊥ _
_ ○ _ ⊥‖ _ ⊥ _ ⊥ _ ⊥

Я вас любил безмолвно, безнадежно,
То робостью, то ревностью томим;
Я вас любил так искренно, так нежно,
Как дай вам бог любимой быть другим.
(1829)
_ ⊥ _ ⊥‖ _ ⊥ _ ○ _ ⊥ _
_ ⊥ _ ○‖ _ ⊥ _ ○ _ ⊥
_ ⊥ _ ⊥‖ _ ⊥ _ ○ _ ⊥ _
_ ⊥ _ ⊥‖ _ ⊥ _ ⊥ _ ⊥

Бесы

I

Мчатся тучи, вьются тучи;
Невидимкою луна
Освещает снег летучий;
Мутно небо, ночь мутна.
Еду, еду в чистом поле;
Колокольчик дин-дин-дин...
Страшно, страшно поневоле
Средь неведомых равнин!

⊥ _ ⊥ _ ⊥ _ ⊥ _
○ _ ⊥ _ ○ _ ⊥
○ _ ⊥ _ ⊥ _ ⊥ _
⊥ _ ⊥ _ ⊥ _ ⊥
⊥ _ ⊥ _ ⊥ _ ⊥ _
○ _ ⊥ _ ⊥ \ ⊥
⊥ _ ⊥ _ ○ _ ⊥ _
○ _ ⊥ _ ○ _ ⊥

II

<<Эй, пошел, ямщик!...>> – <<Нет мочи:
Коням: барин, тяжело;
Вьюга мне слипает очи;
Все дороги занесло;
Хоть убей, следа не видно;
Сбились мы. Что делать нам!
В поле бес нас водит, видно,
Да кружит по сторонам.

⊥ _ ⊥ _ ⊥ _ ⊥ _
⊥ _ ⊥ _ ○ _ ⊥
⊥ _ ⊥ _ ⊥ _ ⊥ _
⊥ _ ⊥ _ ○ _ ⊥
⊥ _ ⊥ _ ⊥ _ ⊥ _
⊥ _ ⊥ _ ⊥ _ ⊥
⊥ _ ⊥ _ ⊥ _ ⊥ _
○ _ ⊥ _ ○ _ ⊥

III

Посмотри: вон, вон играет,
Дует, плюет на меня;
Вот – теперь в овраг толкает
Одичалого коня;
Там верстою небывалой
Он торчал передо мной;
Там сверкнул он искрой малой
И пропал во тьме пустой>>.

○ _ ⊥ _ ⊥ _ ⊥ _
⊥ _ ⊥ _ ○ _ ⊥
⊥ _ ⊥ _ ⊥ _ ⊥ _
○ _ ⊥ _ ○ _ ⊥
⊥ _ ⊥ _ ○ _ ⊥ _
⊥ _ ⊥ _ ○ _ ⊥
⊥ _ ⊥ _ ⊥ _ ⊥ _
○ _ ⊥ _ ⊥ _ ⊥

IV

Мчатся тучи, вьются тучи;

Невидимкою луна
Освещает снег летучий;
Мутно небо, ночь мутна.
Сил нам нет кружиться доле;
Колокольчик вдруг умолк;
Кони стали... <<Что там в поле?>> –
<<Кто их знает? пень иль волк?>>
⊥ _ ⊥ _ ⊥ _ ⊥ _
o̲ _ ⊥ _ o̲ _ ⊥
o̲ _ ⊥ _ ⊥ _ ⊥ _
⊥ _ ⊥ _ ⊥ _ ⊥
⊥ _ ⊥ _ ⊥ _ ⊥ _
o̲ _ ⊥ _ ⊥ _ ⊥
⊥ _ ⊥ _ ⊥ _ ⊥ _
⊥ _ ⊥ _ ⊥ _ ⊥

V

Вьюга злится, вьюга плачет;
Кони чуткие храпят;
Вот уж он далече скачет;
Лишь глаза во мгле горят;
Кони снова понеслися;
Колокольчик дин–дин–дин...
Вижу: духи собралися
Средь белеющих равнин.
⊥ _ ⊥ _ ⊥ _ ⊥ _
⊥ _ ⊥ _ o̲ _ ⊥
⊥ _ ⊥ _ ⊥ _ ⊥ _
⊥ _ ⊥ _ ⊥ _ ⊥

⊥ _ ⊥ _ ○ _ ⊥ _
○ _ ⊥ _ ⊥ \ ⊥
⊥ _ ⊥ _ ○ _ ⊥ _
○ _ ⊥ _ ○ _ ⊥

VI

Бесконечны, безобразны,
В мутной месяца игре
Закружились бесы разны,
Будто листья в ноябре...
Сколько их? Куда их гонят?
Что так жалобно поют?
Домового ли хоронят,
Ведьму ль замуж выдают?

○ _ ⊥ _ ○ _ ⊥ _
⊥ _ ⊥ _ ○ _ ⊥
○ _ ⊥ _ ⊥ _ ⊥ _
⊥ _ ⊥ _ ○ _ ⊥
⊥ _ ⊥ _ ⊥ _ ⊥ _
⊥ _ ⊥ _ ○ _ ⊥
○ _ ⊥ _ ○ _ ⊥ _
⊥ _ ⊥ _ ○ _ ⊥

VII

Мчатся тучи, вьются тучи;
Невидимкою луна
Освещает снег летучий;
Мутно небо, ночь мутна.
Мчатся бесы рой за роем

В беспредельной вышине,
Визгом жалобным и воем
Надрывая сердце мне...
(1830)

⊥ _ ⊥ _ ⊥ _ ⊥ _
o̲ _ ⊥ _ o̲ _ ⊥
o̲ _ ⊥ _ ⊥ _ ⊥ _
⊥ _ ⊥ _ ⊥ _ ⊥
⊥ _ ⊥ _ ⊥ _ ⊥ _
o̲ _ ⊥ _ o̲ _ ⊥
⊥ _ ⊥ _ o̲ _ ⊥ _
o̲ _ ⊥ _ ⊥ _ ⊥

***

Не дай мне бог сойти с ума. _ ⊥ _ ⊥ _ ⊥ _ ⊥
Нет, легче посох и сума; \ ⊥ _ ⊥ _ ○ _ ⊥
Нет, легче труд и глад. \ ⊥ _ ⊥ _ ⊥
Не то, чтоб разумом моим _ ⊥ _ ⊥ _ ○ _ ⊥
Я дорожил; не то, чтоб с ним _ ○ _ ⊥ _ ⊥ _ ⊥
Расстаться был не рад: _ ⊥ _ ⊥ _ ⊥

Когда б оставили меня _ ⊥ _ ⊥ _ ○ _ ⊥
На воле, как бы резво я _ ⊥ _ ⊥ _ ⊥ _ ⊥
Пустился в темный лес! _ ⊥ _ ⊥ _ ⊥
Я пел бы в пламенном бреду, _ ⊥ _ ⊥ _ ○ _ ⊥
Я забывался бы в чаду _ ○ _ ⊥ _ ○ _ ⊥
Нестройных, чудных грез. _ ⊥ _ ⊥ _ ⊥

И я б заслушивался волн, _ ⊥ _ ⊥ _ ○ _ ⊥
И я глядел бы, счастья полн, _ ⊥ _ ⊥ _ ⊥ _ ⊥
В пустые небеса; _ ⊥ _ ○ _ ⊥
И силен, волен был бы я, _ ⊥ _ ⊥ _ ⊥ _ ⊥
Как вихорь, роющий поля, _ ⊥ _ ⊥ _ ○ _ ⊥
Ломающий леса. _ ⊥ _ ○ _ ⊥

Да вот беда: сойди с ума, _ ⊥ _ ⊥ _ ⊥ _ ⊥
И страшен будешь, как чума. _ ⊥ _ ⊥ _ ⊥ _ ⊥
Как раз тебя запрут, _ ⊥ _ ⊥ _ ⊥
Посадят на цепь дурака _ ⊥ _ ⊥ _ ○ _ ⊥
И сквозь решетку как зверка _ ⊥ _ ⊥ _ ⊥ _ ⊥
Дразнить тебя придут. _ ⊥ _ ⊥ _ ⊥

А ночью слышать буду я	_ ⊥ _ ⊥ _ ⊥ _ ⊥
Не голос яркий соловья,	_ ⊥ _ ⊥ _ ○ _ ⊥
Не шум глухой дубров –	_ ⊥ _ ⊥ _ ⊥
А крик товарищей моих,	_ ⊥ _ ⊥ _ ○ _ ⊥
Да брань смотрителей ночных,	_ ⊥ _ ⊥ _ ○ _ ⊥
Да визг, да звон оков.	_ ⊥ _ ⊥ _ ⊥

(1833)

Осень

(Отрывок)

Чего в мой дремлющий тогда не входит ум?

Державин

I

Октябрь уж наступил — уж роща отряхает
Последние листы с нагих своих ветвей;
Дохнул осенний хлад — дорога промерзает.
Журча еще бежит за мельницу ручей,
Но пруд уже застыл; сосед мой поспешает
В отъезжие поля с охотою своей,
И страждут озими от бешеной забавы,
И будит лай собак уснувшие дубравы.

_ ⊥ _ o̲ _ ⊥ || _ ⊥ _ o̲ _ ⊥ _
_ ⊥ _ o̲ _ ⊥ || _ ⊥ _ ⊥ _ ⊥
_ ⊥ _ ⊥ _ ⊥ || _ ⊥ _ o̲ _ ⊥ _
_ ⊥ _ o̲ _ ⊥ || _ ⊥ _ o̲ _ ⊥
_ ⊥ _ o̲ _ ⊥ || _ ⊥ _ o̲ _ ⊥ _
_ ⊥ _ o̲ _ ⊥ || _ ⊥ _ o̲ _ ⊥
_ ⊥ _ ⊥ _ o̲ || _ ⊥ _ o̲ _ ⊥ _
_ ⊥ _ ⊥ _ ⊥ || _ ⊥ _ o̲ _ ⊥ _

II

Теперь моя пора: я не люблю весны;
Скучна мне оттепель; вонь, грязь — весной я болен;
Кровь бродит; чувства, ум тоскою стеснены.
Суровою зимой я более доволен,
Люблю ее снега; в присутствие луны

Как легкий бег саней с подругой быстр и волен,
Когда под соболем, согрета и свежа,
Она вам руку жмет, пылая и дрожа!

_ ⊥ _ ⊥ _ ⊥ || _ o _ ⊥ _ ⊥
_ ⊥ _ ⊥ _ o || \ ⊥ _ ⊥ _ ⊥ _
\ ⊥ _ ⊥ _ ⊥ || _ ⊥ _ o _ ⊥
_ ⊥ _ o _ ⊥ || _ ⊥ _ o _ ⊥ _
_ ⊥ _ ⊥ _ ⊥ || _ ⊥ _ o _ ⊥
_ ⊥ _ ⊥ _ o || _ ⊥ _ o _ ⊥ _
_ ⊥ _ ⊥ _ o || _ ⊥ _ o _ ⊥
_ ⊥ _ ⊥ _ ⊥ || _ ⊥ _ o _ ⊥

III

Как весело, обув железом острым ноги,
Скользить по зеркалу стоячих, ровных рек!
А зимних праздников блестящие тревоги?..
Но надо знать и честь: полгода снег да снег,
Ведь это наконец и жителю берлоги,
Медведю, надоест. Нельзя же целый век
Кататься нам в санях с Армидами младыми
Иль киснуть у печей за стеклами двойными.

_ ⊥ _ o _ ⊥ || _ ⊥ _ ⊥ _ ⊥ _
_ ⊥ _ ⊥ _ o || _ ⊥ _ ⊥ _ ⊥
_ ⊥ _ ⊥ _ o || _ ⊥ _ o _ ⊥ _
_ ⊥ _ ⊥ _ ⊥ || _ ⊥ _ ⊥ _ ⊥
_ ⊥ _ o _ ⊥ || _ ⊥ _ o _ ⊥ _
_ ⊥ _ o _ ⊥ || _ ⊥ _ ⊥ _ ⊥
_ ⊥ _ ⊥ _ ⊥ || _ ⊥ _ o _ ⊥ _
_ ⊥ _ o _ ⊥ || _ ⊥ _ o _ ⊥ _

IV

Ох, лето красное! любил бы я тебя,
Когда б не зной, да пыль, да комары, да мухи.
Ты, все душевные способности губя,
Нас мучишь; как поля, мы страждем от засухи;
Лишь как бы напоить да освежить себя
Иной в нас мысли нет, и жаль зимы старухи,
И, проводив ее блинами и вином,
Поминки ей творим мороженым и льдом.

\ ⊥ _ ⊥ _ ○ ‖ _ ⊥ _ ⊥ _ ⊥
_ ⊥ _ ⊥ _ ⊥ ‖ _ ⊥ _ ○ _ ⊥ _
_ ⊥ _ ⊥ _ ○ ‖ _ ⊥ _ ○ _ ⊥
_ ⊥ _ ⊥ _ ⊥ ‖ _ ⊥ _ ○ _ ⊥ _
_ ⊥ _ ○ _ ⊥ ‖ _ ○ _ ⊥ _ ⊥
_ ⊥ _ ⊥ _ ○ ‖ _ ⊥ _ ⊥ _ ⊥ _
_ ○ _ ⊥ _ ⊥ ‖ _ ⊥ _ ○ _ ⊥
_ ⊥ _ ⊥ _ ⊥ ‖ _ ⊥ _ ○ _ ⊥

V

Дни поздней осени бранят обыкновенно,
Но мне она мила, читатель дорогой,
Красою тихою, блистающей смиренно.
Так нелюбимое дитя в семье родной
К себе меня влечет. Сказать вам откровенно,
Из годовых времен я рад лишь ей одной.
В ней много доброго; любовник не тщеславный,
Я нечто в ней нашел мечтою своенравной.

\ ⊥ _ ⊥ _ ○ ‖ _ ⊥ _ ○ _ ⊥ _

_ ⊥ _ ⊥ _ ⊥ ‖ _ ⊥ _ ○ _ ⊥
_ ⊥ _ ⊥ _ ○ ‖ _ ⊥ _ ○ _ ⊥ _
_ ○ _ ⊥ _ ○ ‖ _ ⊥ _ ⊥ _ ⊥
_ ⊥ _ ⊥ _ ⊥ ‖ _ ⊥ _ ○ _ ⊥ _
_ ○ _ ⊥ _ ⊥ ‖ _ ⊥ _ ⊥ _ ⊥
_ ⊥ _ ⊥ _ ⊥ ‖ _ ⊥ _ ○ _ ⊥ _
_ ⊥ _ ⊥ _ ⊥ ‖ _ ⊥ _ ○ _ ⊥ _

VI

Как это объяснить? Мне нравится она,
Как, вероятно, вам чахоточная дева
Порою нравится. На смерть осуждена,
Бедняжка клонится без ропота, без гнева.
Улыбка на устах увянувших видна;
Могильной пропасти она не слышит зева;
Играет на лице еще багровый цвет.
Она жива еще сегодня, завтра нет.
\ ⊥ _ ○ _ ⊥ ‖ _ ⊥ _ ○ _ ⊥
\ ○ _ ⊥ _ ⊥ ‖ _ ⊥ _ ○ _ ⊥ _
_ ⊥ _ ⊥ _ ○ ‖ _ ⊥ _ ○ _ ⊥
_ ⊥ _ ⊥ _ ○ ‖ _ ⊥ _ ○ _ ⊥ _
_ ⊥ _ ○ _ ⊥ ‖ _ ⊥ _ ○ _ ⊥
_ ⊥ _ ⊥ _ ○ ‖ _ ⊥ _ ⊥ _ ⊥ _
_ ⊥ _ ○ _ ⊥ ‖ _ ⊥ _ ⊥ _ ⊥
_ ⊥ _ ⊥ _ ⊥ ‖ _ ⊥ _ ⊥ _ ⊥

VII

Унылая пора! очей очарованья!
Приятна мне твоя прощальная краса

Люблю я пышное природы увяданье,
В багрец и в золото одетые леса.
В их сенях ветра шум и свежее дыханье,
И мглой волнистою покрыты небеса,
И редкий солнца луч, и первые морозы,
И отдаленные седой зимы угрозы.

_ ⊥ _ ○ _ ⊥ ‖ _ ⊥ _ ○ _ ⊥ _
_ ⊥ _ ⊥ _ ⊥ ‖ _ ⊥ _ ○ _ ⊥
_ ⊥ _ ⊥ _ ○ ‖ _ ⊥ _ ○ _ ⊥ _
_ ⊥ _ ⊥ _ ○ ‖ _ ⊥ _ ○ _ ⊥
_ ⊥ _ ⊥ _ ⊥ ‖ _ ⊥ _ ○ _ ⊥ _
_ ⊥ _ ⊥ _ ○ ‖ _ ⊥ _ ○ _ ⊥
_ ⊥ _ ⊥ _ ⊥ ‖ _ ⊥ _ ○ _ ⊥ _
_ ○ _ ⊥ _ ○ ‖ _ ⊥ _ ⊥ _ ⊥ _

VIII

И с каждой осенью я расцветаю вновь;
Здоровью моему полезен русский холод;
К привычкам бытия вновь чувствую любовь;
Чредой слетает сон, чредой находит голод;
Легко и радостно играет в сердце кровь.
Желания кипят – я снова счастлив, молод,
Я снова жизни полн – таков мой организм
(Извольте мне простить ненужный прозаизм).

_ ⊥ _ ⊥ _ ○ ‖ _ ○ _ ⊥ _ ⊥
_ ⊥ _ ○ _ ⊥ ‖ _ ⊥ _ ⊥ _ ⊥ _
_ ⊥ _ ○ _ ⊥ ‖ _ ⊥ _ ○ _ ⊥
_ ⊥ _ ⊥ _ ⊥ ‖ _ ⊥ _ ⊥ _ ⊥ _
_ ⊥ _ ⊥ _ ○ ‖ _ ⊥ _ ⊥ _ ⊥

_ ⊥ _ ○ _ ⊥ ‖ _ ⊥ _ ⊥ _ ⊥ _
_ ⊥ _ ⊥ _ ⊥ ‖ _ ⊥ _ ○ _ ⊥
_ ⊥ _ ○ _ ⊥ ‖ _ ⊥ _ ○ _ ⊥

IX

Ведут ко мне коня; в раздолии открытом,
Махая гривою, он всадника несет,
И звонко под его блистающим копытом
Звенит промерзлый дол и трескается лед.
Но гаснет краткий день, и в камельке забытом
Огонь опять горит — то яркий свет лиет,
То тлеет медленно — а я пред ним читаю
Иль думы долгие в душе моей питаю.

_ ⊥ _ ⊥ _ ⊥ ‖ _ ⊥ _ ○ _ ⊥ _
_ ⊥ _ ⊥ _ ○ ‖ _ ⊥ _ ○ _ ⊥
_ ⊥ _ ○ _ ⊥ ‖ _ ⊥ _ ○ _ ⊥ _
_ ⊥ _ ⊥ _ ⊥ ‖ _ ⊥ _ ○ _ ⊥
_ ⊥ _ ⊥ _ ⊥ ‖ _ ○ _ ⊥ _ ⊥ _
_ ⊥ _ ⊥ _ ⊥ ‖ _ ⊥ _ ⊥ _ ⊥
_ ⊥ _ ⊥ _ ○ ‖ _ ⊥ _ ⊥ _ ⊥ _
_ ⊥ _ ⊥ _ ○ ‖ _ ⊥ _ ⊥ _ ⊥ _

X

И забываю мир — и в сладкой тишине
Я сладко усыплен моим воображеньем.
И пробуждается поэзия во мне:
Душа стесняется лирическим волненьем,
Трепещет и звучит, и ищет, как во сне,
Излиться наконец свободным проявленьем

И тут ко мне идет незримый рой гостей,
Знакомцы давние, плоды мечты моей.

_ ○ _ ⊥ _ ⊥ ‖ _ ⊥ _ ○ _ ⊥
_ ⊥ _ ○ _ ⊥ ‖ _ ⊥ _ ○ _ ⊥ _
_ ○ _ ⊥ _ ○ ‖ _ ⊥ _ ○ _ ⊥
_ ⊥ _ ⊥ _ ○ ‖ _ ⊥ _ ○ _ ⊥ _
_ ⊥ _ ○ _ ⊥ ‖ _ ⊥ _ ○ _ ⊥
_ ⊥ _ ○ _ ⊥ ‖ _ ⊥ _ ○ _ ⊥ _
_ ⊥ _ ⊥ _ ⊥ ‖ _ ⊥ _ ⊥ _ ⊥
_ ⊥ _ ⊥ _ ○ ‖ _ ⊥ _ ⊥ _ ⊥

XI

И мысли в голове волнуются в отваге,
И рифмы легкие навстречу им бегут.
И пальцы просятся к перу, перо к бумаге,
Минута — и стихи свободно потекут.
Так дремлет недвижим корабль в недвижной влаге,
Но чу! — матросы вдруг кидаются, ползут
Вверх, вниз — и паруса надулись, ветра полны;
Громада двинулась и рассекает волны!

_ ⊥ _ ○ _ ⊥ ‖ _ ⊥ _ ○ _ ⊥ _
_ ⊥ _ ⊥ _ ○ ‖ _ ⊥ _ ⊥ _ ⊥
_ ⊥ _ ⊥ _ ○ ‖ _ ⊥ _ ⊥ _ ⊥ _
_ ⊥ _ ○ _ ⊥ ‖ _ ⊥ _ ○ _ ⊥
_ ⊥ _ ○ _ ⊥ ‖ _ ⊥ _ ⊥ _ ⊥ _
_ ⊥ _ ⊥ _ ⊥ ‖ _ ⊥ _ ⊥ _ ⊥
_ ⊥ _ ⊥ _ ⊥ ‖ _ ⊥ _ ⊥ _ ⊥ _
_ ⊥ _ ⊥ _ ○ ‖ _ ○ _ ⊥ _ ⊥ _

XII

Плывет. Куда ж нам плыть? . . . .

. . . .

. . . .

(1833)

_ ⊥ _ ⊥ _ ⊥ ‖ _ _ _ _ _

_ _ _ _ _ ‖ _ _ _ _ _ _

_ _ _ _ _ ‖ _ _ _ _ _

***

Exegi monumentum (Я воздвиг памятник) (лат.)

Я памятник себе воздвиг нерукотворный,
К нему не зарастет народная тропа,
Вознесся выше он главою непокорной
Александрийского столпа.
_ ⊥ _ ○ _ ⊥ _ ⊥ _ ○ _ ⊥ _
_ ⊥ _ ○ _ ⊥ _ ⊥ _ ○ _ ⊥
_ ⊥ _ ⊥ _ ⊥ _ ⊥ _ ○ _ ⊥ _
_ ○ _ ⊥ _ ○ _ ⊥

Нет, весь я не умру — душа в заветной лире
Мой прах переживет и тленья убежит —
И славен буду я, доколь в подлунном мире
Жив будет хоть один пиит.
\ ⊥ _ ○ _ ⊥ _ ⊥ _ ⊥ _ ⊥ _
_ ⊥ _ ○ _ ⊥ _ ⊥ _ ○ _ ⊥
_ ⊥ _ ⊥ _ ⊥ _ ⊥ _ ⊥ _ ⊥ _
\ ⊥ _ ⊥ _ ⊥ _ ⊥

Слух обо мне пройдет по всей Руси великой,
И назовет меня всяк сущий в ней язык,
И гордый внук славян, и финн, и ныне дикой
Тунгус, и друг степей калмык.
\ ⊥ _ ○ _ ⊥ _ ⊥ _ ⊥ _ ⊥ _
_ ○ _ ⊥ _ ⊥ \ ⊥ _ ⊥ _ ⊥
_ ⊥ _ ⊥ _ ⊥ _ ⊥ _ ⊥ _ ⊥ _
_ ⊥ _ ⊥ _ ⊥ _ ⊥

И долго буду тем любезен я народу,
Что чувства добрые я лирой пробуждал,
Что в мой жестокий век восславил я Свободу
　　　И милость к падшим призывал.
_ ⊥ _ ⊥ _ ⊥ _ ⊥ _ ⊥ _ ⊥ _
_ ⊥ _ ⊥ _ o̲ _ ⊥ _ o̲ _ ⊥
_ ⊥ _ ⊥ _ ⊥ _ ⊥ _ ⊥ _ ⊥ _
_ ⊥ _ ⊥ _ o̲ _ ⊥

Веленью божию, о муза, будь послушна,
Обиды не страшась, не требуя венца,
Хвалу и клевету приемли равнодушно
　　　И не оспоривай глупца.
(1836)
_ ⊥ _ ⊥ _ o̲ _ ⊥ _ ⊥ _ ⊥ _
_ ⊥ _ o̲ _ ⊥ _ ⊥ _ o̲ _ ⊥
_ ⊥ _ o̲ _ ⊥ _ ⊥ _ o̲ _ ⊥ _
_ ⊥ _ ⊥ _ o̲ _ ⊥

부록 II (시 해석)

파티를 벌이고 있는 대학생들

I

친구들이여! 여가 시간이 되었다;
모든 것이 조용하고 모든 것이 안정적이다;
식탁에 보를 얼른 깔고 술잔을 준비하자!
황금빛 포도주를 이리로 가져와라!
샴페인아 유리잔 속에서 특유의 쉬쉬 소리를 내렴.
친구들아 무슨 연유로
세네카와 타키투스를 칸트와 함께 식탁 위에 올려놓는가,
그저 포트폴리오 하나를 다른 포트폴리오 위에 올려놓는 것 아닌가?
차가운 현자들은 식탁 밑으로 보내버려라,
우리는 바닥을 점령할 것이다.
바보스러운 학자들도 식탁 밑으로 보내버리면 어떨까?
우리는 그런 학자들 없이도 술 마실 줄 알잖아.

II

대학생의 식탁보 너머에서
술에 취하지 않은 사람을 진정 발견할 수 있단 말인가?
만일을 대비하여 우리는
대표자를 서둘러 선발할 것이다.
그 대표자는 술을 마시는 사람들에게 상으로
펀치와 향기로운 럼주를 따를 것이다.
대신 스파르타 용사들인 술을 마시지 않는 사람들에게는
깨끗한 물을 유리잔에 담아 내 올 것이다!
부드러움과 냉정함의 사도인 그대,
나의 선량한 갈리치여, 건강하시오!
그대는 에피쿠로스의 동생이며
그대의 영혼은 술잔 속에 머물러 있다.

왕관으로 머리를 장식하고
　　　　우리의 대표자가 되어 주오.
그러면 황제들 스스로가
　　　　대학생들을 부러워하게 될 거라오.

III

델비크여 손을 내밀어 악수를 하자! 왜 잠이나 자고 있는 거냐?
　　　　잠에서 깨어나라. 잠에 취한 게으름뱅이야!
그대는 학과에 앉아 있는 것이 아니다.
　　　　라틴어에 심취해 있는 친구야.
주위를 둘러보라. 이곳에는 그대의 친구들이 주변에 모여 있다.
　　　　그리고 술병은 포도주로 가득 차 있다.
우리의 시신(詩神)의 건강을 위해 술잔을 들어라,
　　　　파르나르의 난봉꾼아.
경구의 대가인 내 친구여, 손에서 손으로 전달하라!
　　　　파티의 잔을 가득 채워라!
그리고 적을 제물로 삼든 친구를 제물로 삼든
　　　　수백 개의 경구를 쏟아 내라.

IV

잘 생긴 젊은이,
　　　　그대는 빛나는 난봉꾼이다!
그대는 주신 바커스의 용맹스런 전도사가 될 것이다.
　　　　오늘 우리는 공부를 하지 않을 것이다.
내가 비록 대학생이지만, 내가 비록 취해 있기는 하지만
　　　　나는 겸양을 높이 평가한다.
거품이 이는 잔을 내게로 옮겨다오,
　　　　내가 전투에 참여한 사람들을 찬미하리라

V
내 좋은 친구여, 반듯한 친구여,
악수를 하자.
학자연하는 사람들과 관련된 지겨움은
동그란 잔속에다 가둬버리자.
우리가 함께 마시는 것이 처음이 아니다.
게다가 우리가 다투는 것도 그렇게 드문 일이 아니다.
그렇다고 하더라도 우정의 잔을 한 잔 들고 나면 그
즉시 우리는 화해를 하곤 한다.

VI
그리고 그대, 소싯적부터
오로지 명랑함 하나로 호흡을 해 온 그대,
그래, 맞다. 그대는 재미있는 시인이다.
비록 우화를 잘 쓰지는 못하지만 말이다.
나는 그대와 아무런 이유 없이도 어울리곤 한다.
그대를 영혼으로 사랑한다.
술잔을 끝까지 채워라.
이성이여! 신의 축복이 있으라!

VII
그리고 그대, 난봉꾼 중의 난봉꾼이여,
악의 없는 장난을 위해 태어난 사람,
놀랍도록 기회를 잘 포착하는 사람, 무법자,
나의 따뜻한 친구여!
플라토프의 건강을 위해
술병도 술잔도 깨트려 버리자.
카자크 용사의 모자에 펀치를 따라
함께 또다시 마시자!

VIII
사랑하는 우리의 가수여,
　　　　아폴론에게 사랑받는 가수여, 가까이 다가오시오!
기타의 조용한 소리로
　　　　마음을 사로잡은 사람을 노래하시오.
기타소리의 나른함이
　　　　부끄러워하는 가슴속으로 얼마나 달콤하게 흘러드는지!..
하지만 내가 열정으로 한숨지어야 하는가?
　　　　아니다! 술 취한 사람은 그저 웃을 따름이다!"

IX
모든 사람이 명성을 인정해주는 로데여,
　　　　바커스 세상의 영광을 위해
지금은 그대에 의해 조율되지 않은 바이올린이기는 하지만
　　　　한 번 켜 주는 것이 더 좋은 일이 아니겠는가?
친구들이여 합창으로 노래를 불러라.
　　　　노래를 잘 못 부르는 것은 문제가 되지 않는다.
코를 골았다고? 이것은 불행이 아니다.
　　　　술 취한 사람들에게는 모든 것이 다 좋기만 하나!

X
그런데 어찌된 일인가?.. 내게는 모든 것이 다 이중으로 보인다.
　　　　아락주가 든 1.2리터짜리 병이 두 개로 보인다.
방 전체가 빙빙 돈다.
　　　　두 눈동자가 어둠으로 뒤덮였다...
친구들이여, 그대들은 어디 있는가? 나는 어디에 있는가?
　　　　바커스를 위해서라도 내게 말을 해 다오...
친구들이여 그대들은

공책 위에 머리를 떨어트리고 졸고 있는가...
자기의 죄상들이나 밝히는 작가여!
그대가 다른 어떤 사람보다도 더 술이 덜 취한 것처럼 보인다.
빌헬름이여, 나의 시 구절을 읊어라.
그러면 내가 더 빨리 잠에 빠질 터이니.

단검

I
불멸의 복수의 신인 네미지다의 손을 위하여
대장장이 신이 그대를 만들었다.
그대는 자유의 비밀스런 수호자요, 징벌을 가하는 단검이요,
창피와 모욕에 대한 최후의 심판자다.

II
제우스신의 뇌우가 침묵하고 있는 곳, 법의 검이 잠들어 있는 곳
그곳에서 그대는 저주와 희망의 환성자요,
왕관의 그림자 밑에 숨어 있으며
화려한 축제 의상 밑에 숨어 있다.

III
지옥의 불꽃처럼, 신들의 뇌우처럼
차가운 단검의 날은 악을 행하는 자들의 눈에 빛나고 있다.
그리고 좌우를 둘러보면서
단검은 자신의 향연 속에서 흔들리고 있다.

IV
그대의 예기치 않은 일격이 그를 여러 곳에서 찾아내고 있다.
땅 위에서도, 바다에서도, 수도원에서도, 텐트 속에서도,
비밀스러운 성채 너머에서도,
꿈의 침대 위에서도 그리고 자신의 친 가족들 사이에서도.

V
케사르의 발밑에서 루비콘이 울고 있다.
로마의 권력자는 무너졌고 그의 법은 머리를 숙였다.

그러나 자유를 사랑하는 브루투스는 분연히 일어났다.
그대는 케사르를 베었고 그는 죽었다. 그는
폼페이의 자랑스러운 대리석을 안았다.

VI
복수의 자손이 악의에 찬 외침소리를 드높인다.
멸시할 만한, 우울하고 피에 물든,
괴물 같은 형리 집행자가
머리가 잘려 없어져버린 자유의 시신 위에 우뚝 섰다.

VII
죽은 자들의 사도는 희생된 자의 숙명으로
지친 아이드에게 왕관을 씌워주었다.
그러나 상급의 재판이 그 사도에게
그대와 복수와 싸움의 신인 에브메니다를 보냈다.

VIII
오! 젊은 정의로운 사람이여, 운명에 의해 선택된 자여,
오! 잔드여! 그대의 시대는 재속에서 사그러들었다.
그러나 신성하고 선량한 사람의 눈길은
처형당한 유해 속에 남아있다.

IX
그대의 독일에서 그대는 영원한 그림자가 되었다.
악한 힘에 대해 불행으로 위협을 가하면서
아무런 새김이 없는 단검은
승리의 묘지 위에서 빛나고 있다.

수인(囚人)

나는 철창 너머 습기 찬 감옥에 앉아 있다.
억압 속에서 길러진 젊은 독수리 한 마리가
나의 슬픈 동지인 그 독수리가 날갯짓을 하면서
창 밑에서 피 묻은 음식을 쪼고 있다.

음식을 쪼다가 버리고 창문을 통해 바라본다.
이 독수리는 마치 나와 동일한 것을 생각하고 있는 듯.
이 독수리가 나를 시선으로 부르고 자기의 외침소리로
내게 이렇게 말 하려는 듯하다. "같이 날아가자!

우리는 자유로운 새들이다. 친구여, 때가 되었다! 때가!
구름 너머 산이 하얗게 빛나는 그곳으로,
바다의 끝이 푸르게 빛나는 그곳으로,
바람과 독수리만 거닐고 있는 그곳으로... 그리고 나도!"

인생의 마차

비록 때로는 실은 짐이 무거울지라도
수레는 길에서 가볍게 가고 있다.
위풍당당한 마부가 오랫동안
마부 석에서 내리지 않고 계속해서 마차를 몰고 있다.

아침부터 우리는 마차에 앉는다.
우리는 머리를 쥐어짜며 학습하는 것을 즐거워한다.
그리고 우리는 게으름과 안일함을 업신여긴다.
그래서 우리는 외친다. 달리자! . . . .

그러나 한 낮이 되자 이전에 있었던 그런 모험심은 이미 없다.
우리는 이미 한동안 까불렸다. 그래서 우리에게는
가파른 언덕도 더 두렵고 계곡도 더 두렵다.
그래서 우리는 외친다. 좀 살살 몰아라, 이 바보야!

마차는 이전처럼 계속해서 굴러간다.
저녁때가 되어가자 우리는 마차에 이미 익숙해져
졸면서 밤을 지새울 수 있는 곳을 향해서 간다.
하지만, 시간은 말을 재촉하고 있다.

바다에게

I
자유로운 자연의 구성요소여, 안녕!
그대는 내 앞에서 마지막으로
푸른 물결을 굴리고 있고 자랑스러운
아름다움으로 빛나고 있다.

II
마치 친구의 괴로운 듯한 불평과 같은,
마치 그가 마지막 인사를 나눌 때 부르는 소리와 같은
그대의 슬픈 소음과 그대의 부르는 소리를
나는 마지막으로 들었다.

III
오랫동안 갈구되었던 내 영혼의 분열이여!
신성한 계획으로 고민을 하고 있던
조용하고 안개에 쌓인 나는
얼마나 자주 그대의 해변을 따라 헤매고 다니곤 했던가!

IV
나는 얼마나 그대의 소리를 좋아했는가,
공허한 소리, 심연의 소리,
그리고 저녁나절의 고요함을
그리고 변화무쌍한 물결의 돌진을!

V
말을 잘 듣는 어부의 돛은
그대의 변덕스러움에 사로잡히어

높고 낮은 물결 사이에서 과감하게 미끄러지고 있다.
그러나 정복당하지 않는 그대는 사나워졌다.
그리고 새떼가 배를 물속에 가라앉힌다.

VI
지루하고 움직이지 않는 해변을
영원히 내버려두는 것을 나는 할 수 없었다.
그대에게 환희에 찬 인사를 할 수 없었고
나의 시적인 새싹을
그대의 등줄기를 따라 향하게 할 수 없었다.

VII
그대는 기다렸다. 그대는 불렀다... 나는 족쇄에 채여 있었다.
덧없이 나의 영혼은 찢겨졌다.
강한 열정으로 매료된 나는
해변에 남았다...

VIII
무엇에 대해 아쉬워할 것인가? 아무런 차이도
만들지 않는 이 길을 나는 어디로 돌린단 말인가?
그대의 황야에서 단 하나의 물건이
나의 영혼을 놀라게 할 것인데.

IX
하나의 바위, 영예의 고분...
그곳에서 위대한 기억들이
차가운 꿈속에 묻혀있다.
그곳에서 나폴레옹이 죽었다.

X
그곳에서 그는 고통 속에서 영면을 하고 있다.
그의 뒤를 이어 마치 폭풍우의 소리처럼
또 다른 천재가 우리들로부터 그곳으로 내달았다.
그는 우리의 영혼을 지배한 또 다른 지배자다.

XI
자유로 인해 괴로워했던 그는 사라졌다.
이 세상에 자신의 왕관을 남긴 채.
소리를 내거라, 나쁜 날씨로 휘저어라,
오, 바다여, 그는 그대의 시인이었노라.

XII
그대의 형상이 그에게는 매우 중요했으며
그는 그대의 영혼으로 피조 되었으며
그대와 마찬가지로 강력하고 깊고 우울했다.
그는 그대와 마찬가지로 그 어떤 것에도 굴복되지 않는 사람이었다.

XIII
세상은 황폐해졌다... 대양이여
이제 어디로 나를 인도하고자 하는가?
이 땅의 운명은 어느 곳에서나 다 같은 것,
선의 조그만 조각이라도 존재하는 곳이면
그곳에는 이미 계몽 아니면 폭군이 경계를 서고 있다.

XIV
바다여, 영원히 안녕! 나는 그대의
성대한 아름다움을 잊지 않을 것이며
저녁때마다 그대의 낮은 소리를

오래오래 들을 것이다.

XV
그대로 가득 찬 나는 숲으로도
침묵하고 있는 황야로도
그대의 바위들과 그대의 물결들과 그대의 반짝거림
그리고 그림자와 그대 파도의 말소리를 날라 갈 것이다.

*****에게**

나는 기적적인 순간을 기억한다.
내 앞에 그대가 나타났었다.
마치 순간적인 환영처럼,
마치 순수한 아름다움의 화신처럼.

희망이 없는 슬픔의 고뇌 속에서
시끌벅적한 공허함의 걱정 속에서
내게 그녀의 부드러운 목소리가 오랫동안 사라지지 않고 들려왔다.
그리고 내게 그녀의 아름다운 자태들이 꿈속에서 보였다.

세월이 흘렀다. 폭풍우의 격렬한 돌진이
이전의 꿈들을 산산조각 내버렸다.
그래서 나는 그대의 부드러운 목소리를 잊어버렸고
거대의 천상의 자태를 잊어버렸다.

벽촌에서, 영어의 어둠속에서
나의 시간이 조용히 연장되고 있다.
숭배의 대상도 없이, 창조의 의욕도 없이
눈물도 없이, 삶도 없이, 사랑도 없이.

영혼에 일깨움이 일어났다.
자, 여기 그대가 나타났다.
마치 순간적인 환영처럼,
마치 순수한 아름다움의 화신처럼.

그래서 가슴이 환희에 차 뛰고 있고,
그래서 그 가슴을 위해 다시 부활했다.

숭배의 대상도, 창조의 의욕도,
삶도, 눈물도, 사랑도.

불에 탄 편지

영원히 안녕, 사랑 편지야! 영원히 안녕. 그 사랑이 명령했다.
내가 얼마나 주저하였던가! 얼마나 오랫동안 원하지 않았던가,
손이 나의 모든 기쁨을 불길에게 건네주기를!..
그러나 충분하다. 시간이 도래했다. 불타라, 사랑 편지야!
나는 준비가 되었다. 나의 영혼은 그 어떤 것에도 주의를 기울이지 않는다.
강력한 불길이 이미 그대의 낱장들을 받아들이고 있다...
잠깐만!.. 불길에 휩싸여 버렸다! 가벼운 연기가
휘감기면서 나의 기도와 함께 자취를 감추고 있다.
신실한 손 가락지의 감명을 이미 잃으면서
불붙은 밀랍이 끓고 있다... 오! 신의 섭리여!
완수되었다! 새까만 편지의 낱장이 말려 오그라든다.
편지의 낱장이 타고 그 가벼운 재위에
신성한 글씨의 흔적이 하얗게
드러난다... 나의 가슴은 양보하지 않았다. 사랑스런 재여,
나의 슬픈 운명의 불행한 위안이여,
슬픈 내 가슴속에서 나와 함께 영원히 남으라...

*****(생이 그대를 속일지라도)**

혹여 생이 그대를 속이더라도
슬퍼하지도 말고 화를 내지도 말라!
의기소침한 날에는 스스로를 누그러뜨려라.
밝은 날이 오게 된다는 것을 믿어라.

마음은 미래에 사는 것.
현재는 의기소침한 것이다.
모든 것은 순간적이며 모든 것은 지나가게 될 것이다.
지나가게 되어있는 모든 것은 미래에 사랑스러울 것이다.

예언자

영적인 목마름으로 고통을 받으면서
나는 어둡고 황량한 들판을 헤매고 있었다.
그리고 나의 갈림길에
여섯 날개를 한 세라핌이 나타났다.
그는 꿈결과 같이 가벼운 손길로
나의 눈동자를 만졌다.
마치 놀란 암 독수리가 가진 눈처럼
나의 예언자적 눈이 열렸다.
그가 나의 귀를 만졌다.
그랬더니 나의 귀는 소리와 소음으로 가득 찼다.
그래서 나는 하늘이 떨리는 소리를 들었고,
천사가 높이 날고 있는 소리를 들었고,
바다 물밑에서 짐승이 움직이는 소리를 들었고
계곡에서 식물의 줄기가 자라는 소리를 듣게 되었다.
그는 나의 입으로 몸을 숙였다.
그리고 나의 죄 많고 달콤한 소리나 좋아하고 쓸데없는 소리나 좋아하는
나의 혀를 뽑아버렸다.
그리고 현명한 뱀의 침을
나의 무감각해진 입에
피 묻은 오른 손으로 집어넣었다.
그는 검으로 나의 가슴을 갈랐다.
그리고 떨고 있는 나의 심장을 도려냈다.
그리고 불꽃이 활활 타오르는 석탄을
나의 가슴속에다 집어넣었다.
나는 송장처럼 황야에 누워있었다.
그러자 신의 음성이 내게 들려왔다.
"일어나라, 예언자여, 그리고 보라, 들어라!

나의 의지로 가득 채워라.
그리고 땅과 바다를 건너다니며
말로써 사람들의 마음을 불태워라."

그대와 당신

아무런 의미 없이 말을 하면서 그녀는
공허한 당신이라는 호칭을 정감어린 그대로 바꿨다.
그렇게 함으로 그녀는 사랑에 빠진 나의 영혼에
온갖 행복한 꿈들을 불러일으켰다.

나는 생각에 잠겨 그녀 앞에 서 있다.
그녀에게서 눈을 뗄 힘이 없다.
그리고 그녀에게 말을 한다. "당신이 얼마나 다정한지!"라고.
하지만 나는 "내가 그대를 얼마나 사랑하는지!"하고 생각한다.

***에게

나는 한 때 당신을 사랑했었소. 그 사랑은 어쩌면
내 영혼 속에서 완전히 사라진 것은 아닐지도 모릅니다.
그러나 그 사랑이 당신을 더 이상 괴롭히지 않게 하소서.
나는 그 어떤 것으로도 당신을 슬프게 하고 싶지가 않습니다.

나는 당신을 말없이 그리고 희망 없이 사랑했었습니다.
때로는 소심함으로 때로는 질투로 괴로워하기도 했습니다.
나는 당신이 다른 남자에 의해 사랑을 받는 여인이 되게 해 주소서
하고 신께 기도를 할 정도로 그렇게 진실 되고 그렇게 부드럽게 당신을 사랑했습니다.

악마들

I
먹구름이 내 닫는다, 먹구름이 휘감긴다.
보이지 않는 달이
휘날리는 눈을 하얗게 빛낸다.
하늘은 어둡고 밤은 깜깜하다.
나는 계속해서 텅 빈 들판을 따라 마차를 달리고 달린다.
조그만 종은 딩-딩-딩 울린다.
알지 못하는 황야 가운데 있음으로 인해
무서워지고 무서워지는 것을 어쩔 수 없다!

II
마부야! 자, 가세! - 힘이 없습니다.
나리 말들에게 너무 힘이 듭니다.
눈보라가 내 눈꺼풀에 붙습니다.
모든 길이 다 덮여 버렸어요.
비록 저를 죽도록 때리신다 해도 저는 길의 흔적을 찾아낼 수가 없습니다.
우리는 길을 잃었습니다. 우리가 무엇을 해야만 합니까!
들판으로 악마가 우리를 안내하고 있으며 아마도
우리로 하여금 온 사방으로 빙글빙글 돌게 만들고 있는 듯합니다.

III
보라, 저기, 저기에서 놀고 있으며
바람을 일으키고 있고 내게 침을 뱉는다.
이제는 계곡 속으로 거칠어진
말을 밀어 넣는다.
저곳에 전에 없었던 이정표처럼
악마가 내 앞에 불쑥 나타났다.

그곳에서 악마는 조그만 불꽃으로 빛나고
공허한 어둠 속에서 사라져버렸다.

IV
먹구름이 내닫는다, 먹구름이 휘감긴다.
보이지 않는 달에 의하여
날아다니는 눈이 하얗게 빛난다.
하늘은 어둡고 밤은 깜깜하다.
우리는 더 이상 빙빙 돌 힘이 없다.
갑자기 방울 소리가 멈췄다. 말들이 섰다…
"저 들판에 있는 것들이 무엇인가?" –
"저것들을 누가 알겠습니까? 나무 그루터기인지 아니면 늑대인지?"

V
눈보라는 더 사나워지고 눈보라가 울부짖고 있다.
민감한 말들은 힝힝거린다.
저 멀리에 악마는 더 멀리 달아나고 있다.
단지 악마의 눈들만이 어둠 속에서 빛난다.
말들은 다시 움직이기 시작하였다.
방울소리가 딩-딩-딩…
나는 허옇게 빛나는 들판에
악마들이 모이는 것을 본다.

VI
수없이 많고 무시무시한
그리고 다양한 악령들이
마치 동짓달 낙엽처럼
희미한 달빛 속에서 빙빙 돌고 있다…
저들이 몇이나 되는가! 저들을 어디로 데리고 가는가?

도대체 무엇 때문에 저토록 구슬프게 우는가?
집 귀신의 장례를 치르고 있는가?
아니면 마녀를 시집보내기라도 하는가?

VII
먹구름이 내 닫는다, 먹구름이 휘감긴다.
보이지 않는 달에 의하여 날아다니는
눈이 하얗게 빛난다.
하늘은 어둡고 밤은 깜깜하다.
악마의 무리들이 떼를 지어
한없이 높은 곳에서 내 달리고 있다.
애달픈 외침소리와
길고 높게 우는소리로 내 가슴을 찢어 놓으면서...

***(신이시여 나로 하여금 미치지 않게 해 주소서)

신이여 내가 미치지 않도록 해 주소서.
아니오, 기다란 지팡이와 비렁뱅이 바랑이 더 가볍습니다.
아니오, 노동과 배고픔이 더 가볍습니다.
내가 나의 이성을 높이 평가하자고 함도 아니요,
나의 이성과 떨어짐이
내게 기쁜 일이 아니어서도 아닙니다.

나를 자유로운 상태로 내버려둔다면
그때 나는 즉시
깊은 숲 속으로 사라질 것이다!
나는 의식이 강력해져 노래를 부를 텐데,
나는 질서 정연하지도 않고 이성적으로 설명할 수도 없는
기적적인 환상에 망연자실하여 자신의 존재에 대한 의식 자체를 잊어버릴 텐데.

그리고 나는 물결을 주의 깊게 들을 텐데,
그리고 나는 행복으로 가득 차
텅 빈 하늘을 우러러 볼 텐데,
그럼으로 나는 강하고 자유로워져
들판을 마구 헤집고 숲을 부숴버리는
회오리바람처럼 될 텐데.

하지만 슬픈 일이다. 미쳐버려라.
그러면 그대는 역병과 같이 무시무시해 질 것이다.
그 즉시 사람들이 그대를 가둬버릴 것이며
바보들의 쇠창살 속에 앉혀버릴 것이며
마치 짐승을 보듯이 창살 너머로

그대를 약 올리기 위해 찾아 올 것이다.

하지만 나는 밤에 들을 것이다.
선명한 꾀꼬리의 소리도 아니오,
참나무들의 들리지 않는 저음의 소음도 아니라
내 동지들의 외침 소리와
밤에 보초를 서는 사람들의 욕지거리와
단말마와 가쇄의 소리를 듣게 될 것이다.

가을

I
시월이 이미 다가왔다. 숲이 이미 헐벗은
나뭇가지에서 마지막 잎사귀들을 흔들어 떨어트리고 있다.
가을 추위가 강하게 나타났다. 길이 꽁꽁 얼어붙는다.
물방앗간 뒤편의 시냇물은 아직 졸졸 흐르고 있다.
그러나 고여 있는 연못의 물은 이미 얼어붙었다.
나의 이웃은 들판으로 사냥을 하러 서둘러 떠난다.
그러자 가을에 싹이 난 곡물이 내 이웃의 광포한 오락으로 인해 고통을 받는다.
그리고 개 짖는 소리는 이미 잠든 떡갈나무 숲을 깨운다.

II
지금이 나의 계절이다. 나는 봄을 사랑하지 않는다.
해빙이 내겐 지겹다: 악취, 더러움 – 봄에 나는 몸이 아프곤 한다.
피가 방황하여 서서히 흐른다. 감정과 예지는 우수에 사로잡혀 부끄러워하고 있다.
나는 혹독한 겨울에 더 큰 만족을 느낀다.
나는 겨울의 눈을 사랑한다. 달이 떠 있는 밤에
애인과 함께 타고 가는 썰매의 가벼운 질주는 얼마나 날쌔고 자유로운지!
그럴 때면 모피로 몸을 감싼 그녀가 몸이 따뜻해지고
기분이 상쾌해져서 얼굴이 빨갛게 달아오르고 몸을 파르르 떨며 그대의 손을 꼭 잡는다!

III
얼마나 즐거운가! 발에는 날카로운 쇠를 단 구두를 신고
잔잔한 강의 명경 같은 얼음 위를 지치는 것은.

겨울 잔치 날들의 반짝이는 걱정들은 또 어떻게 하고?
그러나 양심은 있어야 하는 법이다. 반년이나 눈이 오고 또 눈이 온다.
그러다 보니 이 겨울이 결국은 동굴의 거주자인
곰에게도 염증이 나게 되는 것이다. 우리도 백 년 내내
아리따운 여인들인 아르미다들과 썰매를 타고 있을 수만은 없다.
그렇다고 이중문을 닫은 난로 앞에 앉아 아무것도 하지 않고 의기소침해 있을 수도 없다.

IV
오! 아름다운 여름이여! 나는 너를 사랑했을 수도 있었는데!
폭염과 먼지 그리고 모기 떼와 파리 떼만 아니라면.
그대는 우리의 모든 정신적 능력을 파멸시키며 우리를 괴롭힌다.
'들판처럼 우리는 가뭄에 시달리고 있다.
그저 물이나 실컷 마셨으면 그리고 좀 시원해질 수 있으면 좋으련만.
겨울 할미가 아쉽다.
나는 블린과 포도주로 겨울을 보냈다.
그러니 겨울에게 아이스크림과 얼음으로 선물을 만들어 보내자.

V
늦가을의 날들을 사람들은 저수한다.
그러나 친애하는 독자여 내게는 그 늦가을이
고요한 아름다움과 겸허한 광채로 내게는 사랑스럽게 여겨진다.
자기 집에서도 사랑 받지 못하는 아이처럼
독자 여러분께 솔직히 말씀드리건대 나는 계절 중에서 오직 이 계절로만 기쁨을 느낍니다.
이 늦가을이 나를 끌어당겨 내 마음을 끈다.
늦가을에는 좋은 게 참으로 많다. 나는 허영심이 많은 애인은 아니다.
나는 나의 변덕스러운 몽상으로 늦가을에서 무언가를 찾았다.

VI
이것을 어떻게 설명할까? 때로는 폐병에 걸린 처녀가
당신의 마음에 드는 것이 분명한 사실이듯
그렇게 이 늦가을이 내 마음을 사로잡는다. 폐병 걸린 처녀는 이미 죽을 운명에 처해있다. 그럼에도 불구하고 불쌍한 그녀는 불평도 하지 않고 분노를 표출하지도 않고 스러져간다. 그녀의 시들은 입술에 미소가 엿보인다.
무덤이 입을 벌리는 소리를 그녀는 듣지 못한다.
그녀의 얼굴에는 아직 발그레한 홍조를 띠고 있다.
그녀는 오늘은 살아 있지만 내일은 이미 존재하지 않을 것이다.

VII
우울한 계절이여! 지극히 매혹적인 아름다움이여!
내게는 그대의 꺼져가는 아름다움이 매혹적이다.
나는 자연이 화려하게 시들어가는 것을 사랑한다.
숲이 자줏빛과 황금빛으로 옷을 갈아입는다.
숲의 그늘에 있는 바람 소리와 더욱 더 신선한 숨결,
하늘을 감싸고 있는 파도처럼 굽이치는 짙은 안개,
그저 가끔 비치는 햇빛과 첫 서리,
백발의 겨울이 멀리서 위협을 가하는 것.

VIII
해마다 가을이면 나는 다시 소생한다.
러시아의 추위가 내 건강에 좋다.
나는 다시 일상으로 되돌아가고 사랑을 느낀다.
내겐 공상도 차례대로 지나가고 또 식욕도 되돌아온다.
나의 심장에서 피가 가볍고도 즐겁게 요동친다.
내 욕망이 끓어오르고 나는 다시 행복해 지고 다시 젊음을 느낄 수 있게 된다.

나는 다시 생명으로 가득 차게 되고 그것이 나의 신체적 유기체다.
(독자들이여, 쓸데없이 산문체에서나 사용하는 용어를 쓴 것에 대해 용서해 주시오).

IX

사람들이 내게 말을 한 필 끌고 온다. 탁 트인 들판에서
갈기를 휘날리며 그 말은 잔등에 앉은 사람을 업고 달린다.
그러면 말의 빛나는 발굽 아래서 얼어붙은 골짜기가
쩌렁쩌렁 울리고 얼음이 툭툭 갈라진다.
그러나 짧기만 한 낮은 저물고 조그만 난로에는
또다시 불길이 타 오른다. 그러자 밝은 빛이 흘러나오기도 하고
또 때로는 불빛이 사그라지기도 한다. 한편 나는
그 앞에 앉아 책을 읽기도 하고 또 내 마음은 하염없는 상념에 빠지기도 한다.

X

나는 세상을 다 잊는다. 그리고 달콤한 정적 속에서
나는 나의 공상으로 달콤하게 취한다.
그러자 내 안에서는 시가 잠에서 깨어난다.
내 영혼은 서정시가 흘러나옴을 부끄러워하고,
서정시는 떨리기도 하고 소리를 내기도 하고
마치 꿈속에서처럼 마침내 자유로운 형태로 모습을 띠고 나오려 한다.
바로 이때 눈에 보이지 않는 손님들 무리가 내게로 온다.
이 손님들은 내 꿈의 산물들로 오래된 친구들이다.

XI

그러면 내 머릿속에는 생각들이 용감하게 들끓고,
가벼운 각운들이 서로가 서로를 향해 달려간다.
그러자 손가락들이 펜을 요구한다. 펜은 종이를 요구하고.

순식간에 시가 저절로 흘러넘친다.
이런 식으로 움직이지 않는 배가 잔잔한 바다에서 졸고 있다.
그러나 보라! 선원들이 갑자기 내 달린다. 위로 아래로 자신들의 자리를 찾아 분주하다.
그러자 돛이 바람을 가득 머금고 부풀어 오른다.
거대한 선체가 움직이면서 파도를 가른다!

XII
항해를 하고 있다. 그런데 우리는 어디로 항해를 해야 하는가? . . . .
. . . .
. . . .

***(나는 내 스스로에게 기념비를 세웠다)

나는 나 스스로에게 인간의 손으로 만들지 않은 기념비를 세웠다.
이 기념비로 가는 길에는 잡초가 자라지 않을 것이다.
이 기념비는 숙일 줄 모르는 머리로
알렉산더 탑보다도 더 높이 올라갔다.

아니다, 나는 죽지 않을 것이다. 나의 영혼은 신성한 서정시 속에 남아 있을 것이며
나의 재가 살아남을 것이며 내게는 썩는 일도 없을 것이다.
그리고 나는 칭송을 받을 것이다. 달 아래 세상에 단 한 사람의
시인이라도 살아 있게 된다면.

위대한 러시아 전 지역을 따라 나에 대한 소문은 퍼질 것이며
러시아에 존재하는 모든 언어들이 나를 부를 것이다,
자랑스러운 슬라브의 자손들, 핀 족, 그리고 지금은 야만족인
퉁구스, 그리고 스텝의 친구인 칼미크 족.

그리고 나는 민중에 의해 오랫동안 사랑 받을 것이다.
내가 서정시로 선량한 감정을 불러일으킨 것에 대하여,
그리고 나의 잔인한 시기에 내가 자유를 구가한 것에 대하여,
그리고 쓰러지는 사람들에 대하여 내가 동정을 불러일으키게 한 것에 대하여.

오! 시의 신이여, 부디 들으소서.
비방을 두려워하지 말고, 왕관을 요구하지도 말고
칭찬도 중상도 무관심하게 받아들이시오
그리고 쪼다와는 다투지 마오.

서 상 국

한국외국어대학교 러시아어과 졸업
미국 University of Wisconsin-Madison(슬라브어문학석사)
미국 University of Wisconsin-Madison(러시아문학박사)
서울대학교, 고려대학교, 한국외국어대학교 강사 역임
현재 단국대학교 러시아어전공 교수

저 서

『대학 러시아어』(중급편), 이진출판사, 2000.(공저)
『대학 러시아어』(고급편), 이진출판사, 2000.(공저)
『일화로 배우는 러시아어』, 문예림, 2001.
『대학생을 위한 러시아어』, 신아사, 2005.
『러시아시 Ⅰ』, 단국대학교출판부, 2009. 외 다수

역 서

『부활』, 작가정신, 2008.

논 문

「솔제니친의 암병동에 나타난 인물설정 연구」, 2004.
「Хронотоп шаламовской Сибири」, 2005.
「L.N. 톨스토이의 "이반 일리치의 죽음"과 M. 베르나르의 "연인의 죽음" 비교연구」, 2007.
「수용소 공간 비교연구: V. 샬라모프, S. 도블라토프, A. 솔제니친을 중심으로」, 2008. 외 다수

알렉산드르 세르게예비치 푸시킨 詩

지은이 _ 서 상 국
펴낸이 _ 장 호 성
펴낸곳 _ 단국대학교출판부
등 록 _ 1968.2.27 : No. 제03-00095호
주 소 _ 경기도 용인시 수지구 죽전동 126번지
전 화 _ 031-8005-2405 팩 스 _ 031-8005-2406
편 집 _ 박 보 혜

2010년 2월 20일 초판 인쇄
2010년 2월 25일 초판 발행

인 쇄 _ 신양사

[값 15,000원]

Published by Dankook University Press

Printed in Korea
ISBN 978-89-7092-441-0 93890